AF643540

Das Herzportal
Neues Wissen aus der geistigen Welt

Ansata

CHRISTIANE HANSMANN

DAS HERZPORTAL

Neues Wissen aus der geistigen Welt

Die Manifestation deines wahren Seins

Ansata

Die in diesem Buch vorgestellten Informationen und Empfehlungen sind nach bestem Wissen und Gewissen geprüft. Dennoch übernehmen die Autorin und der Verlag keinerlei Haftung für Schäden irgendwelcher Art, die sich direkt oder indirekt aus dem Gebrauch der hier beschriebenen Anwendungen ergeben. Bitte nehmen Sie im Zweifelsfall bzw. bei ernsthaften Beschwerden immer professionelle Diagnose und Therapie durch ärztliche oder naturheilkundliche Hilfe in Anspruch.

Der Verlag behält sich die Verwertung der urheberrechtlich geschützten Inhalte dieses Werkes für Zwecke des Text- und Data-Minings nach § 44 bUrhG ausdrücklich vor. Jegliche unbefugte Nutzung ist hiermit ausgeschlossen.

MIX
Papier | Fördert gute Waldnutzung
FSC® C014496

Penguin Random House Verlagsgruppe FSC® N001967

Dritte Auflage
Copyright © 2023 by Ansata Verlag, München,
in der Penguin Random House Verlagsgruppe,
Neumarkter Straße 28, 81673 München
Alle Rechte sind vorbehalten. Printed in Germany.
Redaktion: Diane Zilliges
Umschlaggestaltung: Guter Punkt, München
unter Verwendung eines Motivs von © pixelparticle / iStock / Getty Images Plus
© Alexyz3d / iStock / Getty Images Plus
Foto Christiane Hansmann: © Luca. B. Hansmann
Satz: Satzwerk Huber, Germering
Druck und Bindung: GGP Media GmbH, Pößneck
ISBN 978-3- 7787-7590-5

www.Integral-Lotos-Ansata.de

Inhaltsverzeichnis

Kapitel 9

Seid gegrüßt.
Wir möchten uns hier zeigen als eine Energieform aus den Weiten des Horizonts. Blickt in den Horizont und lasst eure Sehnsucht sprechen. Eine Sehnsucht, die euch suchen lässt.
Wir sind die Antwort auf viele Bitten eurerseits, die ihr in euren Tiefen ausgesendet habt. Es ist kein Mysterium, es ist das Gesetz der Resonanz. Energien, die gesendet werden, bewirken eine Reaktion.
Wir sind die Reaktion.
Lange haben wir gewartet, im Sinne eures Zeitverständnisses, bis wir erscheinen durften in eurem Bewusstsein.
Wir als Energieform sind eine definierte Gruppe, die den Transport von Wissen, von Informationen erfahren dürfen. Wir sprechen von »wir«, da eine klare Trennung der Wesenheiten untereinander in unserer Sphäre nicht existiert. Und doch spricht durch unser Medium Salvador. Versteht es als zwei Tore, die diese beiden Welten miteinander verbinden. Salvador auf unserer Seite als Tor, von unserer Seite auf eure Seite – und das ebenbürtige passende Tor auf eurer Seite durch Christiane Hansmann, durch das die Energien in Form von Wissen, von Informationen in eure Welt weitergeleitet werden können. Salvador adaptiert Energien, um sie für das System seines Mediums zur Verfügung zu stellen, und sein Medium gebärt sie in die Materie hinein. Diesen Weg nimmt das, was euch hier zuteilwird.
Wir danken euch für eure Öffnung. Amen.

Salvador

Einleitung

Die Entstehung der Materie als Folge der Seelenerfahrungen aller Menschen, die Entwicklung des körperlichen Gefäßes als Vorbereitung für das Erdenleben des menschlichen Bewusstseins, die atlantanische Geschichte, die einen erheblichen Schlüsselmoment für die gesamte Menschheit darstellt, und die daraus resultierende Entstehung und Dynamik des Massenbewusstseinsraumes der Menschen sind umwälzende, wertvolle Informationen und Eckpfeiler in diesem Buch, die uns Menschen genau in dieser jetzigen Zeit im Erwachen unseres Schöpferseins dienen.

Weiterhin erklärt Salvador im Detail die Entstehung des Schattenuniversums, dessen Kräfte und wie wir Menschen aus der Ohnmacht in unsere Wirkungskraft gelangen. Die Spiegelung der entstandenen Polarität im materiellen Raum in den geistigen Raum hinein sowie der energetische Aufbau aller Räume des All-Eins-Seins im Zusammenspiel mit uns Menschen sind nur einzelne Bausteine in seinen Erläuterungen. Salvadors Klarheit und Wertfreiheit durchdringt all seine Erklärungen und enthüllt die Essenz allen Seins.

In der Tiefe zu erfahren, welche energetischen Dynamiken uns in die Abtrennung gebracht haben und wie wir genau jetzt in uns und als Gemeinschaft im Massenbewusstsein wirken können, um wieder in Anbindung zu kommen und unser vollkommenes Sein zu enthüllen, übersteigt alle bisherigen Vorstellungen.

Während das erste Buch *OHNE WORTE* die Energieanatomie eines Individuums erläutert und das Herzzentrum als Quelle des Erwachens in der fünften Dimension offenbart, setzt das Buch *Das Herzportal* den vollen Fokus in die Raum-in-Raum Erfahrung, die fünfte Dimension.

Dieses Buch öffnet uns die gesamte Tragweite der universellen Energieanatomie, der Realitäten aller Räume unseres multidimensionalen Wesens und es taucht tief in die Entstehung der Menschheitsgeschichte ein.

Der Mensch im Zentrum der Abtrennungserfahrung, dem abgespaltenen Bewusstsein, erhält mit den Informationen aus diesem Buch so viel Wissen und Werkzeug für sein Leben, dass das so große Potenzial darin liegt, als gesamte Menschheit genau jetzt große lichtvolle Veränderungen im Massenbewusstsein zu bewirken und einen Wandel von unermesslicher Tragweite zu initiieren.

Hinweis zu den Matrixerfahrungen

Die in diesem Buch erwähnten Matrixerfahrungen sind gechannelte, geführte Meditationen, die das Wissen in eigene Erfahrungen verwandeln.
Das Audio-Paket mit allen achtzehn Matrixerfahrungen kannst du als Download auf der Webseite www.christiane-hansmann.com erwerben.

www.christiane-hansmann.com/shop-matrixerfahrungen-herzportal

Kapitel 1

Bewusstsein

1. Flut und Ebbe des Bewusstseins

Wir sind in unendlicher Dankbarkeit, dass ihr eintaucht in unseren gemeinsamen Erfahrungsraum dieses zweiten Buches. Denn wir möchten mit euch tiefer vordringen in die Unendlichkeit des universellen Wissens. Dies ist ein Seinsanliegen aus unserem Tor heraus. Dem Tor, das euch diese Energien, diese Informationen sendet. Schaut, Energien sind Informationen. So sammelt die Informationen, die euch dienen, euer abgespaltenes Bewusstsein zu integrieren. Hier in diesem Punkt möchten wir durch unser Sein dienen. Wir möchten euch zurückbegleiten in das All-Eins-Sein. Für euch zu wirken, erfüllt unseren Ausdruck in dem Raum, in dem wir definiert sind. Unser Sein dient eurem Sein. **Unser Raum umhüllt euren Raum und doch seid ihr aus uns geboren, so wie wir aus der Wesenheit Gott geboren sind. So seht, auch ihr seid aus der Gottwesenheit geboren.** Der einzige Unterschied ist, dass euer Weg durch viele weitere Tore geflossen ist bis hin zu dem materiellen Raum, in dem sich nun euer Bewusstsein hinein fokussiert und identifiziert hat.

Eure Geburt ist durch die Räume der Unendlichkeit von Ewigkeit zu Ewigkeit geflossen und so habt ihr mit eurem Wesenskern die Abtrennung, das Stoppschild für die Energien des All-Eins-Seins, erschaffen. Hier an diesem Punkt des Bewusstseins geschieht eine heilige Erfahrung. **Durch euer Sein spiegelt sich das Bewusstsein selbst. Das All-Eins-Sein kann sich durch euch erfahren. Dies ist Schöpferkraft in Vollendung.**

Also warum glaubt ihr, ihr seid in Schuld gefallen, wenn ihr die heilige Erfahrung für das All-Eins-Sein erschaffen habt? Durch euch kehrt das

Bewusstsein in der Fließrichtung zurück in die Ureinheit. Hier kollabieren die Räume zurück in sich selbst.
Wir möchten euch einladen, den Fokus eures Seins auf diese Wirklichkeit zu setzen und die Erfahrung der Vollkommenheit eures eigenen Seins zu erfahren. Ihr seid vollkommene Wesen, die einen vollkommenen Ausdruck kreiert haben. Nicht mehr und nicht weniger.
So sei es. So ist es. Und so wird es immer sein.

Wir möchten in diesem Buch beginnen, euch die Entstehung der Räume von innen nach außen mit der gleichzeitigen Ummantelung der Energien des All-Eins-Seins zu erläutern. Denn dadurch werdet ihr erfassen, dass ihr bereits zurück seid, dass ihr gehalten seid im All-Eins-Sein und niemals fort wart.
Die reale Erfahrung zu machen, von dem All-Eins-Sein gehalten zu sein, eröffnet euch eure eigene Unschuld, eure eigene Schönheit, euer eigenes Sein in Vollkommenheit. Ihr seid Wesen des Lichts, schon immer gewesen, auch wenn ihr die Wesen seid, die das Schattenuniversum kreiert haben.
Aber dazu erfahrt ihr mehr in späteren Kapiteln. JETZT ist der Zeitpunkt, in dem wir euch tiefer führen in die Unendlichkeit der Räume.

Der Ausdruck »von Ewigkeit zu Ewigkeit« bedeutet übersetzt: von Raum zu Raum in der Unendlichkeit aller Räume. Seht, Ewigkeit ist ein Wort aus der Linie der Zeit. Zeit ist ein Werkzeug aus dem Raum der Abtrennung der Materiellen Ebene (ME). So bindet euch der Ausdruck »von Ewigkeit zu Ewigkeit« an die Linie der Zeit. Wir möchten euch nun sagen, übersetzt euch diesen Ausdruck »von Ewigkeit zu Ewigkeit« in »von Raum zu Raum« in der Unendlichkeit aller Räume bis hin zum Punkt der Ureinheit, aus der alle Räume als Ausdruck entstehen.
So erlangt euer Bewusstsein die Möglichkeit, sich aus der Linie der Zeit zu lösen und in die fünfte Dimension zu tauchen, um die Raum-in-Raum Erfahrung zu erfahren.

Ihr wisst bereits aus der Sicht der fünften Dimension, dass die Räume ineinander liegen. Die Tore, durch die der nächste Raum eröffnet wird,

liegen aufeinander. So liegt beim Menschwesen das Herztor der Matrix-Kopie auf dem Herztor der Original-Matrix und das Herztor der Original-Matrix, des Geistwesens, liegt auf dem Tor der Seele, dem Seelentor.
So entsteht die Raumöffnung von einem Punkt ausgehend.
Ein Lichttunnel, der von der Ureinheit in jeglichen Raum die Energien einfließen lässt.
Die Räume entfalten sich von der Ureinheit aus bis hin zu dem materiellen Raum, den ihr Menschen durch euer Bewusstsein eröffnet habt. Von hier aus geschieht ein Zauber, denn ihr Menschwesen bringt die Schöpferwelle zum Stoppen und dann dreht ihr das Focusing des Bewusstseins, das bis jetzt von innen nach außen gerichtet war, in Richtung von außen nach innen.
So beginnt das Bewusstsein, sich selbst als dieses zu erkennen.
Diesen heiligen Prozess möchten wir euch hier in der Tiefe erklären.

Ihr Menschwesen in der Materiellen Ebene (ME) erschafft durch euer Bewusstsein den Raum der Projektionen, der sich in eurem Inneren eröffnet. Durch das dritte Auge gelangt ihr in euer inneres Universum der Unendlichkeit. Hier in diesem Raum wird das All-Eins-Sein gespiegelt. Die Reflexion allen Seins kann dort mit eurem Bewusstsein erfahrbar gemacht werden. Die Fließrichtung des Bewusstseins wird somit durch das vollkommene Abkapseln, Verschließen des Abtrennungsraumes vorerst gestoppt und wird dann durch die Wiedereröffnung des Abtrennungsraumes gedreht.
Die Fließrichtung der Energien dreht sich und sie strömen somit zurück durch die Räume bis hin zur Ureinheit. Dies geschieht durch die Raumöffnung der Projektionsebene (PE), die als Spiegel für das All-Eins-Sein dient.
In der Entstehung aller Räume erschafft das erste Tor, die Ureinheit, den ersten Raum, der sich nach außen stülpt. In der Entstehung dieses Raumes bildet sich gleichzeitig ein Zentrum, ein Tor, das sich über das Tor der Ureinheit legt. Im Erschaffen des Ausdrucks des ersten entstandenen Raumes strömen die Energien der Ureinheit in diesen ersten Raum ein und legen sich als Energieraum um den ersten entstandenen

Raum, sodass der erste Raum aus dem Tor der Ureinheit entstanden ist, aber gleichzeitig vom Raum der Ureinheit umgeben und gehalten ist. **So strömt die Flut, die Entstehung der Räume in die Unendlichkeit, aus.**

Jeder neu entstandene Raum ist eine Geburt aus dem Zentrum des vorherigen Raumes. Die Energien erschaffen Ausdruck, das Bewusstsein fließt so durch alle weiteren Räume und durchdringt diese. So kristallisieren sich die vorherigen Räume um jeden neu entstandenen Raum herum.

(siehe Abbildung 1)

Dies bedeutet, dass die Fließrichtung des Bewusstseins von innen nach außen geht. Räume entstehen von innen nach außen. Doch nun wisst ihr bereits, wurde ein Raum eröffnet und das Bewusstsein ist eingeströmt. Wurde der Raum also definiert, legen sich die vorherigen Räume drum herum. So ist der entstandene Raum von innen nach außen nun innerhalb aller vorherigen Räume. Er ist gehalten in all den vorherigen Räumen und wird durchströmt von deren Energien. Von innen nach außen ist die Entstehung und durch den erschaffenen Ausdruck in der Entstehung wird er umkleidet von den Räumen, aus denen er entstanden ist. So befindet er sich im Zentrum aller vorherigen Räume. So ist seine Existenz im Inneren aller vorherigen Räume.

(siehe Abbildung 2)

Uns ist es wichtig, dass ihr diese Zusammenhänge versteht. Denn aus eurem Herztor der Original-Matrix, aus dem Zentrum eures Geistwesen-Daseins, ist der Raum, die Materielle Ebene (ME), entstanden und doch sind alle Räume bis hin zur Ureinheit um den Raum der Materiellen Ebene (ME) herum. Ihr seid im Abtrennungsraum gehalten von dem All-Eins-Sein, denn alle Räume wurden durch euch erfahrbar gemacht. So haben sich alle Räume um euch herum kristallisieren können. Das Bewusstsein strömt ein in die Unendlichkeit bis in den Raum der Materiellen Ebene (ME).

Die Materielle Ebene (ME) ist von besonderer Art und wir möchten euch erklären, warum hier in eurem Raum die Flut zur Ebbe wird, warum sich in eurem Raum durch euch Menschwesen die Fließrichtung des Bewusstseins dreht – von einer Fließrichtung von innen nach außen hin zu einer Fließrichtung von außen nach innen. Schaut, auch die Matrix-Kopie hat ein Zentrum, das Herztor, und eigentlich könnte im Ablauf der vorherigen Entstehung aus dem Herztor eurer Matrix-Kopie ein weiterer Raum entstehen. Aber hier greift nun ein anderer Mechanismus.
Das Herztor der Matrix-Kopie wurde durch den Egomechanismus geschlossen, sodass die Entstehung eines weiteren Raumes in der Unendlichkeit des All-Eins-Seins gestoppt wurde. Kein weiterer Raum ist fähig, sich aus diesem Zentrum heraus in die Unendlichkeit hinein auszustülpen. Die Fließrichtung des Bewusstseins wurde durch den Egomechanismus gestoppt. Wie ein Stoppschild wirkt die Eihaut, die sich durch den Egomechanismus über das Herztor der Matrix-Kopie gelegt hat. Das Bewusstsein ist somit fixiert im materiellen Raum, abgespaltenes Bewusstsein ist entstanden. Der Bewusstseinsfokus erlebt sich im Ausdruck in einem abgetrennten Raum und wird somit zu einem abgespaltenen Bewusstsein. Hier blockieren sich die Bewusstseinsenergien und der Vorhang des Vergessens fällt.

(siehe Abbildung 3)

Durch das Stoppschild, das Beenden des Energieflusses von innen nach außen, dreht sich die Fließrichtung erst langsam stockend, später flüssiger. Der Bewusstseinsfokus von euch Menschwesen auf der Materiellen Ebene (ME) richtet sich mittlerweile immer mehr nach innen. So begannen die Energien, von außen nach innen zu strömen. Der Raum der Projektionsebene (PE) wurde eröffnet. Die Projektionsebene (PE) ist der Spiegel allen Bewusstseins. In diesem Raum wird die Blockade der Energien in der Materiellen Ebene (ME) nach und nach aufgelöst und die Strömungsrichtung fließt mehr und mehr nach innen.

(siehe Abbildung 4)

Während des Strömens von außen nach innen, wenn alle blockierten, gehaltenen Energien des abgespaltenen Bewusstseins in der Materiellen Ebene (ME) gelöst sind, kollabieren die Räume in sich. Die Materielle Ebene (ME) geht über das Herztor der Matrix-Kopie aller Menschwesen in die Authentische Geistige Ebene (AGE) über. Dies bedeutet, dass das Kollabieren der Räume in der Ebbe über die jeweiligen Zentren der entstandenen Räume fließt. Das Bewusstsein strömt durch die Tore zurück in Richtung des All-Eins-Seins und die kristallisierten Räume um die Materielle Ebene (ME) kollabieren durch die Herztore mit in die Authentische Geistige Ebene (AGE) hinein. Der Ausdruck des kollabierenden Raumes ist vollendet. Die Erfahrung wurde erfahrbar gemacht. Unmengen an Energien strömen so durch das Tor der Materiellen Ebene (ME) in den Raum der Authentischen Geistigen Ebene (AGE).
An dieser Stelle möchten wir kurz erwähnen, dass wir die Authentische Geistige Ebene (AGE) als die Ebene definieren, die ihr durch das Hindurchtauchen durch das Seinsmatrixherzportal erfahrt. Die Geistige Ebene (GE) als Projektion könnt ihr in der Projektionsebene (PE) als Spiegelerfahrung der Authentischen Geistigen Ebene (AGE) erfahren. Der Raum der Authentischen Geistigen Ebene (AGE) kann sich als Spiegelraum in der Projektionsebene (PE) eröffnen. Daher verwenden wir in diesem Buch die Abkürzung AGE in Bezug auf die Geistige Ebene.

(siehe Abbildung 5)

Auf der Authentischen Geistigen Ebene (AGE) sind keine blockierten Energien vorhanden, so läuft der Prozess des Kollabierens in der Ebbe aller Räume bis hin zur Ureinheit im JETZT. In der Materiellen Ebene (ME) wurde durch die Abspaltung des Bewusstseins, durch das Blockieren von Energien, durch das Nichtfließen der Energien ein Anker des Erfahrens gesetzt. In diesem Anker, in diesem Gehaltensein in der Linie der Zeit kann sich Bewusstsein erfahren, kann sich Bewusstsein spiegeln und somit alle entstandenen Räume als Ausdruck erfahrbar machen.
So ist die Welle der Entstehung, die Flut, für euch von innen nach außen zu verstehen und doch seid ihr im Inneren des All-Eins-Seins. Die Einleitung der Ebbe ist zu verstehen als das Kollabieren der Räume

bis hin zur Ureinheit, durch den Egomechanismus und die dadurch entstandene Spiegelung des Bewusstseins mithilfe des Raumes der Projektionsebene (PE).

(siehe Abbildung 6)

2. Bewusstseinswirken im materiellen Raum (ME)

Wie könnt ihr dieses Wissen selbst anwenden? Wie könnt ihr dieses relevante Wissen für euch nutzen?
So schaut, ihr befindet euch meistens mit eurem Bewusstseinsfokus im materiellen Raum (ME). So seid ihr identifiziert mit dem abgespaltenen Bewusstsein in der Materiellen Ebene (ME). **Dies fixiert euch mit eurem Sein im Raum der Materie und in der Linie der Zeit.** Wie ihr bereits wisst, ist die Zeit ein Werkzeug aus dem Abtrennungsraum, um Erfahrungen erfahrbar zu machen. So bleibt euer Bewusstsein in diesem Zustand gehalten. Die Energien sind blockiert und können nicht fließen durch die Räume des All-Eins-Seins.
Hier bleibt der Abspaltungsraum erhalten und der Anker des Bewusstseins bleibt in diesem Raum der Abtrennung fest.
Ihr seid so viel mehr als abgespaltenes Bewusstsein hinter dem Vorhang des Vergessens. Ihr seid fließendes Bewusstsein durch all die Räume der Unendlichkeit bis hin zur Ureinheit. Mit eurem freien Bewusstsein, integriert in das All-Eins-Sein, könnt ihr mit eurem Bewusstseinsfokus strömen in all diese Räume und euch in allen Dimensionen erfahren.
Wir sind hier, sodass sich der Anker lösen darf, sodass sich das abgespaltene Bewusstsein integrieren darf. **Kommt nach Hause in das All-Eins-Sein. Löst euch von festgehaltenen Energien, löst auf all die Blockaden, Energiestauungen und erlaubt euch wieder die Erfahrung des integrierten Bewusstseins.**
In diesem Buch möchten wir euch weiter hinein begleiten in die Möglichkeiten des Lösens der gehaltenen, blockierten Energien, sodass ihr

befähigt werdet, euch zielgerichteter zu fokussieren. Eure Sehnsucht ist groß, so nutzt dieses Wissen, um in Anbindung zu gehen.

Nun wisst ihr darum, dass der Egomechanismus eine Blockade eures Herztores ist und somit das abgespaltene Bewusstsein erschaffen hat. Hier dürft ihr wirken. Denn euer Egomechanismus wurde bereits deaktiviert, sicher bei denen, die dieses Buch lesen. So seid ihr fähig, durch das Herztor in die Authentische Geistige Ebene (AGE) hineinzutauchen. Durch diese Fokussierung und diese energetische Verbindung zu eurem eigenen Geistwesen hin stärkt ihr das Einströmen authentischer Energien in den Abtrennungsraum. So seid ihr versorgt mit Informationen, die euch dabei dienen, wieder zurückzukehren, euch wieder anzubinden an euch selbst und somit an euer Geistwesen, euer Original. **Die Eröffnung und das Focusing eures Herztores ist sehr relevant. Ebenso könnt ihr euch schulen in der Wahrnehmung eurer Projektionsebene (PE), eures inneren Universums. Denn hier spiegelt sich das All-Eins-Sein, hier seid ihr im Kontakt mit der Informationsquelle eurer Seele. Hier werden euch Botschaften gesendet. Hier erfährt sich das Bewusstsein als Bewusstsein. Der Fokus im Außen, in dem materiellen Raum (ME), erschafft weiter die Abtrennungserfahrung und stabilisiert diesen Raum. So wird die Blockade der Energien, das Nichtfließen, stabilisiert und gefördert. Der Fokus in den Spiegel des All-Eins-Seins, in die Projektionsebene (PE) hinein, bringt den Energiefluss langsam ins Fließen und dreht gleichzeitig die Richtung von außen nach innen.**

Dieser Prozess wird durch euch eingeleitet, richtet ihr euch immer mehr aus in euer inneres Universum hinein. Sammelt ihr Informationen aus dem Raum und geht in eurem Leben mit den Informationen aus diesem Raum in die Handlung, so verwandelt ihr die blockierten Energien aus dem Abtrennungsraum in fließende Energien und die Blockade, der Anker des abgespaltenen Bewusstseins, kann sich nach und nach lösen. Hierin besteht eure Bewusstseinsarbeit, die ihr leistet. **So eröffnet mehr und mehr euer inneres Universum, denn so nutzt ihr den Spiegel des All-Eins-Seins, damit er euch wieder nach Hause begleitet.**

>> **1. Matrixerfahrung: Die Reise in dein inneres Universum**
(im Audiopaket zum Buch – siehe Einleitung vorn im Buch)

>> **2. Matrixerfahrung: Öffnung deines Herztores**
(im Audiopaket zum Buch – siehe Einleitung vorn im Buch)

Wichtig ist dabei die Schulung der inneren Wahrnehmungsorgane, denn diese sind in der Fixierung des äußeren Raumes verkümmert. Im ersten Buch habt ihr bereits viele Hinweise zu diesem Thema bekommen und Übungen für euer Bewusstseinstraining erhalten. So taucht weiter und weiter dort ein und übt in der Linie der Zeit, um euch hier zu stärken und um euch den Raum der Projektionsebene (PE) mehr und mehr zu erschließen. Durch unsere Erklärungen habt ihr jetzt Einblicke in die größeren Zusammenhänge, warum dieses Focusing für euch und für das All-Eins-Sein so relevant ist.
Euer Bewusstseinsfokus ist es, der die Flut zur Ebbe werden lässt. Wir sind hier, um euch dabei an die Hand zu nehmen. Denn im Raum der Illusion, im Raum hinter dem Vorhang benötigt ihr Informationen, um den Heimweg anzutreten.

>> **3. Matrixerfahrung: Schulung deiner inneren Wahrnehmungsorgane**
(im Audiopaket zum Buch – siehe Einleitung vorn im Buch)

Zusammengefasst: Die Fixierung der äußeren Wahrnehmungsorgane in der Materie erschafft weiterhin den Raum der Abtrennung, erschafft weiter die Materielle Ebene (ME) und stabilisiert diese. Die Öffnung der inneren Wahrnehmungsorgane hinein in das innere Universum, hinein in die Projektionsebene (PE), lässt die Ebbe beginnen, eröffnet die Spiegelfunktion der Projektionsebene (PE) und läutet somit die Fließrichtung von außen nach innen ein. Das All-Eins-Sein kann sich so nach und nach vollständig in all seinen Ausdrücken selbst erfahren und darf dann in Vollkommenheit zurück zur Ureinheit strömen.

Je mehr ihr also euer inneres Universum in den äußeren Raum der Materie hineinlegt durch die Handlungen, die ihr nach den Informationen aus eurem inneren Universum ausrichtet, desto mehr löst ihr den Anker des abgespaltenen Bewusstseins und desto mehr geht ihr in Verbindung mit dem All-Eins-Sein.

3. Erfahrbarkeit des Bewusstseins

Ein weiterer wichtiger Punkt, den es zu verstehen gilt, ist die Erfahrbarkeit des Bewusstseins in den Räumen der Unendlichkeit.
Bewusstsein strömt durch die Definition von Energien aus. So seht, durch Bahnen und Tore, durch die Definierung von Energien entsteht Ausdruck, entsprungen aus der Ureinheit, dem Punkt des Nichts, der Leere, die mit Worten für euch nicht zu beschreiben ist. Ausdruck, ein definiertes vollkommenes Informationsnetz, das sich durch all die Räume in der Unendlichkeit auswirft. Dies bewirkt das gleichzeitige Einströmen des Bewusstseins. Bewusstsein ist die Basis in all den Räumen der definierten Energien, dem erschaffenen Ausdruck durch definierte Energiestrukturen.
Im All-Eins-Sein erschaffen die Energiedefinitionen (Energiestrukturen, Energiegitter, Energietore) Bewusstsein. Dieses Bewusstsein entsteht durch die Definition der Energien. Doch ist das Bewusstsein die Energie zwischen den Strukturen der Energien, die erst entstehen kann durch die Energiestrukturierung, die Energiedefinition. Diese beiden Zustände bedingen sich.
So ist Bewusstsein die ausströmende Ureinheit, das ausströmende Nichts, die ausströmende Leere, die nicht für euch in Worte zu fassen ist. ES ist der Nichtausdruck.
So ist Bewusstsein der Zustand des Nichtausdruckes zwischen den Zeilen des Lebens, zwischen den Zeilen der Energiedefinitionen.

In der Ausstülpung der Räume bis hin zur Materiellen Ebene (ME) entsteht Definition und gleichzeitig strömt das Bewusstsein, die Ur-

einheitsenergie mit ein in jegliche Räume. Die Räume sind davon ausgefüllt und gleichzeitig davon umgeben.
Erst in der Materiellen Ebene (ME), in dem Prozess des Stoppschildes, kann der Spiegel gesetzt werden. Die Energiedefinition kann als Ausdruck erkannt werden und das Bewusstsein wird erfahrbar gemacht, denn ES ist die Nichtenergie zwischen den Zeilen der Energiedefinitionen.
So seht, erst durch den Ausdruck, die Energiedefinitionen, kann der Nichtausdruck mit einströmen in die Räume allen Seins. So erfährt sich das Bewusstsein als die Quelle allen Ausdrucks. Die Ureinheit erfährt sich als Quelle der Energiedefinitionen, des Ausdrucks. Denn das Bewusstsein, der Nichtausdruck, kann sich erst durch die Räume des Ausdrucks als eigene Quelle erfahrbar machen.
Die Materielle Ebene (ME) lässt die Projektionsebene (PE), den Spiegel der Reflexion, entstehen. Hier taucht ihr für das All-Eins-Sein in jegliche Erfahrungsausdrücke ein und durchdringt die Erkenntnis des Bewusstseins, die Quelle des Nichtausdruckes, die Leere, das Nichts, dessen Worte für euch nicht zu finden sind.

Nun wisset, mit eurem Bewusstseinsfokus lasst ihr euch in einen ausgewählten Raum fließen, erlebt dort den Ausdruck dieses Raumes, um gleichzeitig in den Nichtausdruck zwischen den Zeilen der Energiedefinitionen zu tauchen.
Denn das Lösen aus der Identifikation mit dem Ausdruck, das Lösen eures Seins aus den Energiedefinitionen, lässt euch erfahren, dass ihr das Bewusstsein zwischen dem Ausdruck, die Quelle der Ureinheit, seid.
So erwacht ihr in dem Bewusstsein, in der Nichtdefinition und erfahrt euch als Schöpfer jeglicher Energiedefinitionen. Ihr selbst seid die Quelle aller entstandenen Räume. Ihr selbst, wir selbst sind die Ureinheit, die Leere, das Nichts, aus dem jeglicher Ausdruck, jegliche Erfahrung geboren wird. So erfährt sich das Bewusstsein selbst in der Erkenntnis, selbst die Quelle allen Seins zu sein.

Wir gehen noch einen Schritt weiter: Selbst das Sein ist eine Energiedefinition, denn alle Wesenheiten sind erschaffene Tore, die den nächsten Erfahrungsraum aus sich selbst heraus erschaffen. So ist eine Wesenheit eine Definition, die den nächsten Raum eröffnet, den nächsten Erfahrungsraum. So ist selbst die Wesenheit eine definierte Energiestruktur im Ausdruck aller Energien. **Das Sein selbst ist Ausdruck, es ist definierte Energie.**
So erkennt sich der Ausdruck selbst als Produkt des Bewusstseins, der Ureinheit, des Nichts, der Leere, die nicht mit Worten zu beschreiben ist.
Das Lösen aus sich selbst als Energiedefinition, als Ausdruck, lässt euch fallen in die Leere, ins Nichts, in die Quelle, in die Ureinheit. Hier ist die Auflösung allen Seins, allen Ausdrucks hinein in das pure Bewusstsein, das sich nur durch den Ausdruck aller Energien erfahren konnte.

Nutzt für euch die Raum-in-Raum Erfahrung, um in die Räume des Ausdrucks zu reisen, euch dort als Ausdruck zu erfahren und gleichzeitig eure Identifikation mit diesem Raum zu lösen, um in diesem Raum in das pure Bewusstsein, in die Quelle der Ureinheit, zu fallen. Spiegelt euch dort als Schöpfer und Kreation von euch selbst.
Ihr seid, wir sind Schöpfer und Schöpfung in einem. Ihr seid, wir sind Ausdruck und Nichtausdruck in einem. Ihr seid, wir sind das All-Eins-Sein. Ihr seid, wir sind ES.

www.christiane-hansmann.com/herzportal/kapitel-1

Kapitel 2

Räume in euch

Ihr selbst als Wesen befindet euch in eurem eigenen Universum eurer Räume. Allein in eurem System existieren viele Räume, die es zu durchdringen gilt. Wir möchten euch einen Leitfaden geben durch die Räume eures Seins, sodass ihr euren Fokus setzen könnt und euch nach und nach aus den Identifikationen lösen könnt, um euch selbst als pures Bewusstsein zu erfahren. So gehen wir in diesem Kapitel auf die detaillierten Räume und deren Energiedefinitionen ein, sodass ihr eine Orientierungshilfe für euch habt. Kraftvolle zielgerichtete Entscheidungen im Sinne eures Fokus zu treffen, ist ein sehr kraftvolles Werkzeug, um das abgespaltene Bewusstsein zu integrieren.

1. Die Matrix, das Basisgitter eurer Räume

Im ersten Buch *OHNE WORTE* erklärten wir euch ausführlich den Aufbau der Matrix mit seinen drei Hauptanteilen, der Seinsmatrix, der Verbindungsmatrix und der Zeitmatrix.
Die Seinsmatrix ist das Energiegitter, das den Anker eures Geistwesens in den abgetrennten Raum, die Materiellen Ebene (ME), wirft.
Die Verbindungsmatrix ist die Tür hinein ins Massenbewusstsein des materiellen Raumes. Hier speist ihr euch von Energien, Informationen aus dem Massenbewusstsein. All die Informationen, die jegliche Wesen miteinströmen lassen, die durch ihre Systeme in den Raum eingeströmt sind, sei es aus dem Abtrennungsraum oder aus dem All-Eins-Sein, stehen euch hier zur Verfügung. So wie auch ihr selbst eure Energien über die Verbindungsmatrix in den Raum des Massenbewusstseins einströmen lasst.

Die Zeitmatrix ist das Basisgitter, das euch auf der Materiellen Ebene (ME), dem Abtrennungsraum, in der Linie der Zeit hält und euch gleichzeitig ermöglicht, die kreierten Egoräume wieder zu integrieren. Wir erzählten euch von den Raumwächtertoren, die jeweils in jeder der drei Matrizen die Grundplatte strukturieren und halten. Diese Raumwächtertore sind relevant, um zu verstehen, wie sich ein jeweiliger Raum in euch kristallisiert.

Diese Raumwächtertore ziehen die Energien in die Raum-in-Raum Erfahrung mit hinein. Sie eröffnen den Erfahrungsraum und durch sie strukturiert sich der Raum in der Unendlichkeit. So ist es wichtig, diese Tore zu authentizitieren, möchtet ihr mit eurem Fokus durch die Räume reisen.

Je nachdem, in welchen Raum ihr eintauchen möchtet, fokussiert die entsprechenden vier Tore dieser Matrix und lasst durch eure Hingabe die entsprechenden Energien einströmen.

So erschafft ihr einen stabilen Raum, in dem ihr wirken könnt.

(siehe Abbildung 7)

Widmen wir uns vorerst dem Seinsmatrixraum. Hier im Zentrum ist das Herztor, der Lichttunnel hinein in die Authentische Geistige Ebene (AGE). Hier befindet sich der Zugang zu eurem Geistwesen. **Genau hier in diesem Herztor, in diesem Zentrum, greift der Egomechanismus, der die Eihaut über dieses Energietor gelegt hat und somit den Zugang in den geistigen Raum geschlossen hat. Die Abtrennungserfahrung wurde so energetisch erschaffen.**

Durch die Deaktivierung des Egomechanismus ist die Eihaut nun für eure inneren Wahrnehmungsorgane wieder durchlässig geworden und so habt ihr die Fähigkeit, euch wieder mit eurem Geistwesen und somit mit dem All-Eins-Sein zu verbinden.

Euch mit eurem Bewusstsein in den geistigen Raum hineinfließen zu lassen, ermöglicht euch die Authentizitierung eures Seins. Denn durch eure Herzöffnung strömen die authentischen Energien aus eurer Seele in euer Matrix-Kopie System ein und ihr werdet wieder zu eurem authentischen Seinsausdruck in Verbindung mit dem All-Eins-Sein. In

Anbindung zu sein, stabilisiert euch in dem Abtrennungsraum der Materie.
So wisset darum: Benötigt ihr die Stabilisation in eurem alltäglichen Leben, so setzt in der Innenschau euren Fokus in den Raum der Seinsmatrix und lasst euch durchströmen von euren Seelenenergien durch das geöffnete Herztor.

Ja, wie macht ihr das?
Das dritte Auge ist das Tor hinein in den Raum der Projektionsebene (PE). Durch dieses Tor gelangt ihr in den Raum des Spiegels des All-Eins-Seins. In der Projektionsebene (PE) existieren alle Räume des All-Eins-Seins in der Unendlichkeit der Räume. Hier in diesem Raum der Projektionen könnt ihr mit eurem Bewusstseinsfokus in jegliche Räume eintauchen und diese bereisen bzw. Informationen aus diesen Räumen sammeln, um euer Bewusstsein zu integrieren. Der Raum der Projektionen ist die erste Welle der beginnenden Ebbe und befindet sich somit im materiellen Raum, in eurem System.
Reist ihr mit eurem Bewusstsein in euer inneres Universum, könnt ihr zielgerichtet wirken oder euch unbewusst in Räumen befinden, die dann euer Bewusstsein beeinträchtigen bzw. beeinflussen.
Zum Beispiel kann es sein, dass ihr mit eurem Bewusstseinsfokus durch das dritte Auge in euer inneres Universum reist und euch dort dann automatisch im Raum der Verbindungsmatrix befindet. Wie kann dies geschehen?
Durch Egoprogramme seid ihr auf das abgespaltene Bewusstsein ausgerichtet. Eine Egoprogrammierung könnte sein: »Ich stehe der Gemeinschaft mit meiner Kraft zur Verfügung.« Dieser Glaubenssatz programmiert eure Ausrichtung in das Massenbewusstsein hinein. So wird der Anker des Bewusstseins in den Raum der Verbindungsmatrix gesetzt, sodass ihr hier mit euren Energien zur Verfügung steht. Der Fokus ist auf die Gemeinschaft gerichtet und dementsprechend auch die Handlungen in eurem eigenen Leben. Im inneren Universum befindet sich dann das Bewusstsein im Verbindungsmatrixraum und sammelt ständig Informationen aus diesem Raum. Zum Beispiel werden Energien vom Gegenüber dauerhaft aufgenommen, um zu

scannen, wie es ihm geht, um dann dem Gegenüber mit den eigenen Kräften zur Verfügung zu stehen. Das eigene Sein wird so in den Verbindungsmatrixraum gelegt, das eigene Sein ist somit mit dem Verbindungsmatrixraum identifiziert.
So koppelt das Ego mit seinen kreierten Glaubenssätzen das eigene Sein in bestimmte Räume hinein, je nach Glaubenssatz.
Reist diese Person mit dem oben beschriebenen Glaubenssatz nun durch das dritte Auge in die Projektionsebene (PE), landet sie unbewusst direkt im Raum der Verbindungsmatrix und sammelt von dort Energien und Informationen, die sie dann verwendet, um ihre Handlungen im Leben auszurichten.

Ist ein Menschwesen sehr mit der Zeit und den kreierten Egoerfahrungen in Bezug auf die eigene Person identifiziert, so kann es sein, dass dieses Menschwesen bei der Reise durch das dritte Auge unbewusst im Raum der Zeitmatrix landet. Hier im Raum der Zeitmatrix, identifiziert mit dem Ego, legt sich das eigene Sein in diesen Raum hinein. In dem Moment fällt es schwer, die inneren Wahrnehmungsorgane zu öffnen, denn diese sind im Abtrennungsraum eher inaktiv.
Ist es ein unbewusster Prozess, so identifiziert sich dieses Menschwesen mit den Egoräumen und legt sein Sein in die Abtrennungserfahrung.

So seht, das unbewusste Hineinfallen in die Räume in euch selbst ermöglicht euch nicht immer den Zugang zu Informationen im Sinne des All-Eins-Seins. Vielmehr stärkt es in diesem Falle die Egoerfahrungszyklen aus eurem System. (Im Buch *OHNE WORTE* wurde dies in Abbildung 3 dargestellt.)
So werden die Egoräume gestärkt und weiter stabilisiert. Ihr kreiert euch wieder und wieder die Erfahrung des abgespaltenen Bewusstseins.
Versteht es als Programmierung und Umprogrammierung eurer Räume in euch selbst.
Ein unbewusstes Hineingleiten in einen Raum verstärkt die vorhandene Programmierung, die Ausrichtung des Bewusstseinsausdruckes im Sinne des Egos.

Ein bewusstes Hineingleiten in einen Raum schenkt euch die Möglichkeit der Umprogrammierung. Hier könnt ihr eure Schöpferkraft anwenden und die vorhandenen Programme durch eine neue Entscheidung und eine neue Handlung in der Materie umprogrammieren.
Als Beispiel möchten wir den Glaubenssatz von vorhin verwenden: »Ich stehe der Gemeinschaft mit meiner Kraft zur Verfügung.« Ist euch dieser Glaubenssatz bewusst, so könnt ihr direkt durch das dritte Auge in euer inneres Universum eintauchen und euch gezielt für den Raum der Verbindungsmatrix entscheiden. In dem Moment bleibt Beobachter und seht, wie sich der Raum der Verbindungsmatrix energetisch in der Projektionsebene (PE) um euch herum kristallisiert. So befindet ihr euch in diesem Informationsraum. In dem bewussten Prozess löst ihr vorerst eure Identifikation mit dem Raum.
Allein diese Entwicklung des Bewusstseins löst euer Sein aus diesem Raum heraus und ihr werdet zum inneren Beobachter. **Der innere Beobachter ist wertfreies Bewusstsein. Durch den inneren Beobachter taucht ihr durch diesen Raum und sammelt Informationen, die euch dienen, den Glaubenssatz als damaligen Anker in diesem Raum zu verstehen.**
Um auf das Beispiel einzugehen: Taucht ihr in diesen Verbindungsmatrixraum, bekommt ihr zum Beispiel die Information, dass der Glaubenssatz aus der Ahnenreihe der Mutter stammt. Hier könnt ihr euch weiter hineinöffnen und weitere Energien empfangen. **Bleibt stets Empfänger aus dem inneren Beobachter heraus ohne Wollen, ohne Vorstellung. Begebt euch innerlich in eine Leere und lasst die Bilder wie auf einer weißen Leinwand erscheinen.** Dies ist Übung und je öfter ihr dies übt, desto leichter wird es euch fallen. Lasst ab von Bewertungen über euch selbst, denn diese blockieren das freie Fließen all der wertvollen Informationen.
Der Glaubenssatz könnte entstanden sein in der dritten Generation in der zurückliegenden Frauenreihe der Mutter. Ein Menschwesen könnte die Erfahrung einer Krankheit gemacht haben, woraufhin sie keine Kraft für ihre Kinder mehr hatte und dadurch ein Kind verhun-

gert ist. Dies ist eine schmerzhafte Erfahrung im Abtrennungsraum und kreiert einen Glaubenssatz, um sich vor einer gleichen Erfahrung zu schützen. Nichts ist schlimmer für euch im Abtrennungsraum als das Ohnmachtsgefühl. Ohne Handlungsmöglichkeit in Schmerz und Leid zu verfallen, ist der dunkelste Punkt in der Abtrennung, aber dazu später mehr.

So hat sich dieser Glaubenssatz manifestiert und der Egoerfahrungszyklus beginnt. Glaubenssätze können in den Generationen in der Linie der Zeit als Energiestrahl hindurchfließen und ihre Wirkung bei einem anderen Menschwesen setzen.
Dazu möchten wir sagen, dass die Manifestation eines Glaubenssatzes aus einer vorherigen Generation sehr häufig eine Manifestation aus einer eigenen Inkarnation, also einer weiteren Matrix-Kopie ist und diese Manifestation jetzt in dieser heutigen Inkarnation von dem gleichen Menschwesen gelöst werden möchte. So habt ihr es häufig mit Glaubenssätzen aus euren vorherigen Inkarnationen zu tun.
Habt ihr durch das Eintauchen in diesen Raum Informationen gesammelt, die euch dienen, diesen Anker zu lösen, so fängt die blockierte Energie an, zu fließen, und der Egoraum wird nach und nach transformiert. Wichtig im Prozess der Transformation ist: Sammelt Informationen aus dem jeweiligen Raum, in unserem Beispiel aus dem Raum der Verbindungsmatrix, aber legt euer Sein in den Raum der Seinsmatrix. Denn hier in dem Raum der Seinsmatrix seid ihr angebunden an euer Geistwesen, an das All-Eins-Sein und ihr könnt sicher sein, dass die Informationen euch dienen, das gespaltene Bewusstsein zu integrieren.
Hierzu identifiziert euch mit dem Raum der Seinsmatrix, mit eurem Geistwesen. So setzt ihr vorerst einen Anker in das Bewusstsein des All-Eins-Seins. Von dort aus, aus dieser Heimat, könnt ihr als wertfreier Beobachter in die Räume tauchen, hier in unserem Beispiel in den Raum der Verbindungsmatrix, um die Puzzleteile zur Vervollständigung des Egobildes mit der gleichzeitig stattfindenden Transformation zu sammeln.

>> **4. Matrixerfahrung: Transformation eines Glaubenssatzes im Raum der Zeitmatrix**

(im Audiopaket zum Buch – siehe Einleitung vorn im Buch)

2. Programmieren und Umprogrammieren

Nun möchten wir vorerst noch einmal die Thematik der Zahlencodes aus dem ersten Buch *OHNE WORTE* aufgreifen und tiefer dort einsteigen. Ihr wisst bereits, die Tore eures Matrixnetzes sind programmiert durch bestimmte Codes. So funktionieren die Tore wie ein Schlüssel-Schloss-Prinzip. Es wird die entsprechende Frequenz von Energien durch dieses bestimmte Tor einfließen können, auf die der Code des Tores ausgerichtet ist. So wird durch das entsprechende Tor die entsprechende Energie in das Matrixsystem einströmen und dem System zur Verfügung gestellt. So weit, so gut.

Übertragt dies nun auf den Raumgedanken. Ein Raum wird von einem Energienetz erschaffen. Der Zeitmatrixraum zum Beispiel wird von dem Energienetz der Zeitmatrix erschaffen. Das Energienetz ist versorgt von speziellen Energien, nämlich den Energien, die an den Toren eingelassen werden. Dies bedeutet, die einzelnen Tore sind programmiert und lassen die entsprechenden individuellen Energien einströmen. So entsteht ein individuelles Energienetz und ein individueller Raum, der durch das Energienetz, das Energiefeld des Matrixgitters der Zeitmatrix erschaffen wird.

So versteht, ein Raum ist ein entstandenes Energiefeld durch die von den Toren eingelassenen, speziellen Energien. Ihr befindet euch mit eurem Bewusstsein in einem Energiefeld. Ein Energiefeld ist ein Informationsfeld. Seid ihr in diesem Informationsfeld, so ernährt ihr euch von diesen Energien, von diesen Informationen und richtet eure Handlung in der Materie nach diesen Informationen aus dem speziellen Energiefeld, in dem ihr euch befindet, aus.

Räume sind Energiefelder. Energiefelder entstehen durch die Energien, die die Tore eures Matrixnetzes einlassen. Nun seht, befindet

ihr euch unbewusst in einem Energiefeld, dann lebt ihr unbewusst die Programme aus diesem Energiefeld. Seid ihr bewusst mit eurem Bewusstseinsfokus in einen Raum gereist, in ein Energiefeld gereist, so habt ihr die Möglichkeit, das Energiefeld wertfrei zu beobachten und zu realisieren: Dies ist ein Programm in dem speziellen Raum und nicht euer Sein. Dies ist ein Zaubermoment, denn in dieser Erkenntnis distanziert sich euer eigenes Sein, euer eigenes Bewusstsein von dem laufenden Programm und erkennt dieses als Programm. JETZT, in diesem Moment befähigt ihr euch selbst, das Programm umzuschreiben, denn ihr seid Schöpfer in Fleisch und Blut. Ihr seid fähig, die Codes durch gezielte Entscheidungen an den Toren umzuprogrammieren. Somit fließen durch das Schlüssel-Schloss-Prinzip neue Frequenzen ein und ein neues Energienetz und somit ein neues Energiefeld entsteht. Befindet ihr euch mit eurem Bewusstsein nun in diesem neuen Energiefeld, erschafft ihr durch neu ausgerichtete Handlungen neue Erfahrungen.
Handlungen in der Materie besiegeln den neu programmierten Raum. Denn dadurch wird das Energiefeld zur Materie. Dies ist die Kraft des Menschseins: Energiefelder in Materie verwandeln.
Seht, diese Gabe wurde euch gegeben. Geistwesen und Lichtwesen sind nicht fähig, Energiefelder zu Materie werden zu lassen. In der Materie wird die Erfahrung, das Energiefeld, erfahrbar gemacht. Das Energiefeld wird zur sichtbaren, anfassbaren Materie.
Versteht nun den Begriff »Schöpfer in Fleisch und Blut«. Ihr selbst seid ein sehr großes Energiefeld mit unterschiedlichen Energiefeldern in euch selbst und seid bereits erschaffene Materie.
Die erschaffene Materie selbst durchdringt nun sich selbst als eigenen Schöpfer seiner selbst. Ihr kreiert aus euch Energiefelder, in denen ihr euch mit eurem Bewusstsein befindet, und aus diesem heraus erkennt ihr euch selbst als Schöpfer der Räume, der Energiefelder.

Damit ihr in eurem menschlichen Verständnis dieses Wissen besser greifen könnt, möchten wir das auf Erden von euch geschaffene bestehende Internetnetz als Gleichnis heranziehen.

So nehmt einen Laptop. Ihr seid bei euch zu Hause und verbunden mit dem WLAN. Wie ist das möglich? Der Router sendet eine bestimmte Energiefrequenz und erschafft dadurch um sich selbst herum ein bestimmtes Energiefeld, einen Raum. Dieser Raum hat eine bestimmte Information in sich gespeichert. Euer eigener Laptop hat ein »Tor«. Ihr gebt den Code des Routers in dieses »Tor« ein und in diesem Moment verbindet sich der Laptop mit dem Energiefeld des Routers und ist nun mit den Informationen aus dem Raum des Routers versorgt. Seid ihr mit eurem Laptop zu Besuch bei Freunden, so braucht ihr den Schlüsselcode des Routers eurer Freunde für euer »Tor«, damit ihr in den Raum des Routers eurer Freunde kommt. Sobald ihr den Code eingegeben habt, habt ihr Zugang zu dem Energiefeld des fremden Routers, seid mit eurem System damit dann verbunden und habt Zugriff auf all die Informationen.
Nun gibt es Router, die schneller sind und dadurch höhere Frequenzen transportieren, und Router, die veraltet sind und nicht so schnell Informationen übertragen und mit niedrigen Frequenzen ein Energiefeld erzeugen. Stellt euch vor, ihr verbindet euch mit einem veralteten Router, so seid ihr in einem Energiefeld gebunden, das euch nicht mit genügend Energien, Informationen versorgt. Ihr seid gebunden an diesen Raum und damit unterversorgt.
Der unbewusste Prozess wäre, wenn ihr euch mit eurem Laptop durch die Gegend bewegt, euer Laptop bereits die verschiedenen Codes als Schlüssel in sich trägt und ihr euch, je nachdem wo ihr euch gerade befindet, unbewusst mit verschiedenen Energiefeldern (durch die verschiedenen Router, die in verschiedenen Haushalten herumstehen) verbindet. Mal befindet ihr euch in langsamen, niederschwingenden Energiefeldern von Routern, mal in Energiefeldern, die hochfrequent sind und viele wertvolle Informationen zur Verfügung stellen können.
An diesem Beispiel erkennt ihr, dass ihr selbst mit eurem Laptop abhängig von dem Router seid, der ein bestimmtes Energiefeld um sich herum aufbaut, mit dem ihr euch dann verbindet, unbewusst oder bewusst.

Jetzt übertragt dies auf euch selbst. Ihr befindet euch mit eurem Bewusstsein in einem niederfrequenten Raum, zum Beispiel dem Raum der Zeitmatrix. Das Energiefeld, der Raum, ist durch ein Programm aus Egoentscheidungen entstanden, es befinden sich also Codes an den Toren der Zeitmatrix, die einen Egoerfahrungszyklus in der Materie kreieren. So werdet ihr hier versorgt von den Energien, von den Informationen aus diesem Energiefeld. Seid ihr unbewusst in diesem Raum, so identifiziert ihr euch mit den vorhandenen Energien und kreiert mit diesen Informationen weiter Materie, Egomaterie.
Befindet ihr euch bewusst in diesem Energiefeld, so habt ihr jetzt die Möglichkeit, dieses umzuprogrammieren. Erstens erkennt ihr, dass ihr euch mit eurem Sein in einem bestimmten Raum befindet. Ihr löst eure Identifikation und könnt somit als innerer Beobachter Informationen aus diesem Energiefeld sammeln. **Durch das Treffen neuer Entscheidungen verändert ihr den Code an den entsprechenden Toren, die das Energiefeld erschaffen. So strömen neue Energien in das Feld und der Raum ist somit umprogrammiert.** Ihr befindet euch nun mit eurem Sein in einem höherschwingenden Feld und werdet mit Informationen versorgt, die euch befähigen, den Geisterfahrungszyklus in der Materie zu erschaffen. (Im Buch *OHNE WORTE* wurde dies in Abbildung 3 dargestellt.)
So sind die Matrixtore die Schlüssel, die einen Raum mit neuen Energien versorgen und somit das Energiefeld verändern.

3. Die Besonderheit der Zeitmatrix

Die Zeitmatrix ist der Anker in den Abtrennungsraum hinein. Sie ist sozusagen die Gegenbewegung zur Seinsmatrix, die der Anker hinein in das All-Eins-Sein ist.
Im ersten Buch *OHNE WORTE* sprachen wir davon, dass die Zeitmatrix die Informationen aus allen Egoräumen des entsprechenden Menschwesens in sich sammelt. Diese Zusammenhänge möchten wir mit euch näher beleuchten.

Im Prozess der Aktivierung des Egomechanismus schließt die Eihaut das Herztor im Raum der Seinsmatrix. Ihr fallt mit eurem Bewusstsein in den Abtrennungsraum.
Energetisch gesehen fallt ihr aus dem Raum der Seinsmatrix in den Raum der Zeitmatrix. Vielmehr noch, das Matrixgitter der Zeitmatrix wird dadurch aktiviert, der Raum der Zeitmatrix wird dadurch eröffnet. Euer Sein ist nun identifiziert mit der Zeit, also mit dem Zeitmatrixraum. Ihr befindet euch mit dem Fokus des abgespaltenen Bewusstseins voll und ganz im Raum der Zeitmatrix. In diesem Raum existiert ebenso ein Herztor. Wie in Kapitel 1 beschrieben, hat jeder entstandene Raum ein eigenes Zentrum, aus dem ein weiterer Raum entsteht.

So hat der Raum der Zeitmatrix ein eigenes Zentrum, ein eigenes Herztorenergiegitter, das über dem Herztor des Seinsmatrixraumes und über dem Herztor des Verbindungsmatrixraumes liegt. Jedes Herztor in den drei Räumen der Matrizen hat ein eigenes Herztorenergienetz.
Ihr wisst nun, dass ihr euch mit eurem Bewusstsein in diesem Energiefeld der Zeitmatrix, identifiziert mit der Zeit, befindet. Ihr sammelt Informationen aus dem Abtrennungsenergiefeld und kreiert damit neue Erfahrungen im Sinne des Egos in der Materie. Die Tore der Zeitmatrix lassen die entsprechenden Energien einströmen, die dieses Energiefeld der Abtrennungserfahrung stärken.
Wir gehen jetzt noch einen Schritt weiter. Ihr wisst bereits, dass der Wesenskern der Seele alle authentischen Erfahrungen eines Menschwesens als Energie-DNA gespeichert hat, eure Akasha-Chronik. Die Wesenskern-Energie-DNA hat ebenso die Erfahrung des Egos in sich als Information enthalten und hat durch den Bewusstseinsfokus den Egomechanismus aktiviert.
Der Fall hinter den Vorhang durch die Egoaktivierung hat euch mit eurem abgespaltenen Bewusstsein in das Energiefeld der Zeitmatrix hinein fokussiert und fixiert. Ab da war euer Sein gebunden an den Raum der Zeitmatrix. Ihr wart in diesem Raum abgespalten und habt euch als eigenen unabhängigen Schöpfer wahrgenom-

men, ohne Anbindung an die Energiequelle, an die Informationsquelle des All-Eins-Seins. So wurde der Raum der Zeitmatrix zu eurem Universum, in dem ihr zu eurem eigenen Gott wurdet. In diesem Universum, in eurem Schattensystem, wurde das Herzzentrum der Zeitmatrix zum Hauptspeicher jeglicher Egoerfahrungen. Das Herzzentrum der Zeitmatrix wurde zum Wesenskern des Schattensystems. Hier, im Zentrum des Energiefeldes der Zeitmatrix, sind alle Codes jeglicher Egoerfahrungen hinterlegt. Die Wesenskern-RNA des Schattensystems ist das Herzzentrum der Zeitmatrix.

Die RNA ist eine Kopie der ursprünglichen DNA aus dem Wesenskern der Seele. Dies funktioniert körperlich auf die gleiche Weise, vielmehr funktioniert es körperlich so, da es energetisch so angelegt wurde. Die DNA der Egoerfahrungen existiert als Original im Wesenskern in der Seelen Ebene (SE). Die Ego-RNA ist die Kopie dieses DNA-Abschnittes im Seelen-Wesenskern und wird in das Zentrum der Zeitmatrix hineingelegt. Darauf gehen wir später noch mal im Detail ein.

Der Raum der Zeitmatrix funktioniert wie ein Hologramm. Je nachdem, welcher Abschnitt auf der Energie-RNA des Schattensystems fokussiert wird, erscheint der entsprechende Raum in dem Zeitmatrixraum. So seht, durch das Focusing geht der Raum, das Energiefeld, auf und das eigene Sein befindet sich dann mit seinem Bewusstsein im Raum der Hologramme in dem aufgerufenen, fokussierten Energiefeld.

Wir möchten euch ein Beispiel geben. Eine Egoerfahrung könnte sein, ihr habt den Glaubenssatz: »Ich bin nicht gut genug.« Glaubenssätze sind die Grundbausteine, mit denen ein Code auf der Ego-RNA programmiert wird. Durch die Veränderung eines Glaubenssatzes wird der Code in der Ego-RNA umprogrammiert.

Nun lauft ihr durch euer Leben mit diesem Glaubenssatz, mit diesem Programm auf der Ego-RNA, im Herzzentrum der Zeitmatrix.

Eure äußeren Wahrnehmungsorgane setzen den Fokus.

Sie nehmen Informationen aus der Welt der Materie auf und diese setzen den Fokus auf der Ego-RNA. So hat der Fokus zum Beispiel folgende

Situation gescannt: Die Person ist bei der Arbeit, hat einen Fehler begangen und der Chef sagt liebevoll und ohne Vorwurf: »Mach das das nächste Mal bitte etwas sorgsamer.« In diesem Moment wird der Glaubenssatz, der Code im Egowesenskern, »Ich bin nicht gut genug« aktiviert und der Raum der Hologramme, der Raum der Zeitmatrix, wirft das Energiefeld dieses Codes, dieses Glaubenssatzes aus. So kristallisiert sich dieses Energiefeld um diese Person herum. Das ganze Sein dieser Person befindet sich jetzt in dem Energiefeld dieses Glaubenssatzes. Dieser Code hat einen ganzen Energiefeldraum aufgebaut und in diesem sind noch weitere Informationen enthalten, Energien, die dort gespeichert und noch nicht zum Ausdruck gebracht worden sind. Zum Beispiel könnten sich in diesem Energiefeld Informationen aus der Ursprungserfahrung befinden, dass die Mutter dieser Person sie damals bestraft hat, wenn sie etwas falsch gemacht hat. Trauer und Kummer als Energien wären in diesem Energiefeld gehalten und würden nicht ins Fließen kommen. Dieser Raum, dieses Energiefeld würde jedes Mal erscheinen, wenn der Code auf der Ego-RNA durch den Fokus der äußeren Wahrnehmungsorgane aktiviert würde. **Diese Person würde dieses Energiefeld wieder und wieder als eigene Realität erleben, bis zu dem Moment, wo sie erkennt, dass sie sich mit ihrem Sein in einem Raum der Hologramme befindet und sie ja gar nicht dieser Raum ist.** Sie selbst darf sich als Schöpfer des Raumes erkennen und wissen, dass der Glaubenssatz an sich das Programm ist, das jedes Mal das Energiefeld um sie herum erschafft, in dem sie sich dann befindet.
Die Ego-RNA kann von euch durch gezielte Bewusstwerdung umprogrammiert werden.
Zu diesem Thema findet ihr mehr Informationen in Kapitel 9: »Praktische Anleitungen«.

So seht, diese Programme, gespeichert auf der Ego-RNA, werfen die entsprechenden Energiefelder, Räume aus. Entsprechend des Programms verändern sich in dem Moment auch die Codes an den Toren, denn diese lassen ja jetzt die Energien ein, die dieses gestartete Energiefeld stabilisieren. Das Herzzentrum der Zeitmatrix ist sozusagen die Quelle aller Egoräume. Aus ihm entspringen alle Egoräume.

Ihr selbst seid die Quelle des Schattenuniversums. Das Schattenuniversum beinhaltet alle Programme eures Egodaseins. Ihr habt Egoprogramme, die durch euren äußeren Fokus aktiviert werden. Doch die Programme sind als Code in der Ego-RNA hinterlegt und müssen nur aktiviert werden, sodass dieses Energiefeld sich aufbaut und euer Sein sich dann darin befindet.
Dieses Schattensystem ist das Paralleluniversum, von dem eure Quantenphysiker sprechen.
Das Schattensystem besteht aus all euren eigenen Egoräumen, die als Code hinterlegt sind, und all den Egoräumen aller Menschwesen im materiellen Raum. Es ist die Gegenbewegung zum Lichtuniversum und erschafft sozusagen eine Polerfahrung zu dem All-Eins-Sein. In diesem Schattensystem seid ihr die Quelle, die Schöpfer. Ihr seid es, die dieses Schattensystem mit Energien versorgen und die Energiefelder, die Räume entstehen lassen.
Bitte seht ab von jeglichen Schuldgedanken und jeglichen Bewertungen. Ihr habt eine heilige Erfahrung erschaffen, ihr dient dem All-Eins-Sein, sodass es sich selbst erfahren darf. Jegliche Schuldgedanken aktivieren Glaubenssätze und eröffnen somit einen Code auf der Ego-RNA, wodurch sich ein altes Energiefeld öffnet. Die Schuld ist ein Werkzeug, um euch im Schattensystem zu halten. So lasst euch innerlich nicht auf diese Frequenz ein. Vielmehr erlaubt euch bewusst, in dieses Energiefeld einzutauchen und euch mit eurer Identifikation daraus zu lösen. So programmiert ihr den Raum der Schuld um.

>> 5. Matrixerfahrung: Erkenne deine Unschuld
(im Audiopaket zum Buch – siehe Einleitung vorn im Buch)

4. Der Wesenskern des abgespaltenen Bewusstseins

Wir möchten hier noch weiter in die Tiefe gehen und euch im Detail erläutern, wie der Wesenskern der Egopräsenz entsteht und in welchem Raum ihr diese Codierung findet. Durch dieses Wissen um die Zusammenhänge könnt ihr eure Wirkungskraft gezielter einsetzen.

Die Raum-in-Raum Entstehung geschieht, wie ihr wisst, aus dem Zentrum des vorherigen Raumes. Eine Besonderheit existiert durch die Aktivierung des Egomechanismus im Wesenskern der Seele. Das Herztor der Seinsmatrix wird durch die Eihaut verschlossen. Euer Wahrnehmungszugang in die geistige Welt ist damit verschlossen.
Der codierte Egomechanismus auf der Energie-DNA im Wesenskern der Seele beinhaltet noch eine weitere Auswirkung neben der Entstehung der Eihaut über dem Herztor der Seinsmatrix.
Gleichzeitig zur Entstehung der Eihaut wird das Herztor der Zeitmatrix, das aus dem Herztor der Seinsmatrix und aus dem Herztor der Verbindungsmatrix entspringt, also darüber liegt, mit seinen Codierungen aktiviert.
Dies bedeutet, jeder Matrixraum – der Seinsmatrix, der Verbindungsmatrix sowie der Zeitmatrix – hat ein eigenes Herznetz in seinem Zentrum. Ihr seid, je nachdem in welchem Raum euer Fokus gesetzt ist, in Verbindung mit dem Herznetz des jeweiligen Raumes.

Die Codierungen auf dem Herznetz der Zeitmatrix sind im Wesenskern auf der Energie-DNA in der Seele ebenso als Information hinterlegt. Diese Codierungen auf dem Herznetz der Zeitmatrix sind der Stempel der individuellen Egoerfahrungen dieses Menschwesens.
Das abgespaltene Bewusstsein, durch die aktivierte Eihaut entstanden, fällt nun mit seiner Präsenz in den Zeitmatrixraum.
Die Codierungen auf dem Herznetz der Zeitmatrix werden nun zum Wesenskern des Schattenuniversums. Die Codierungen auf dem Herznetz der Zeitmatrix werden nun zur Energie-RNA des Egodaseins. Das Egofocusing aktiviert nun die einzelnen Codierun-

gen und die Egoenergiefelder werden zu den Räumen eurer Seinspräsenz, denn die entsprechenden Energien fließen nun durch eure Matrix. Die Tore sind entsprechend der aktivierten Codierungen auf dem Herznetz der Zeitmatrix programmiert, sodass die Resonanzenergien in euch einströmen.

5. Das Schattenuniversum

Die Informationen, die in euren Energiefeldern gespeichert sind, kreieren sich in die Materie hinein. Frequenzen, die hochschwingender sind, können mehr Informationen transportieren und sind schneller als niederfrequente Energien. So ist die Wirkungskraft der Energien, der Informationen aus dem All-Eins-Sein, um ein Vielfaches größer als die Wirkungskraft der Informationen und der Energien aus dem Schattenuniversum.

Das Einloggen eures Seins in die Informationsquelle des All-Eins-Seins ist von daher sehr, sehr kraftvoll und durchströmt die Quelle des Schattenuniversums. Die Quelle, euer Herzzentrum in der Zeitmatrix, wird somit von den Energien des All-Eins-Seins umspült. Jegliche Codes können hier den Informationen des All-Eins-Seins angepasst, auf sie umprogrammiert werden, sofern ihr euch an euch selber hingebt und euch loslöst aus dem Raum der Hologramme.

Materie materialisiert sich um ein Energiefeld herum. So dürft ihr die Effektivität des Wirkens in den Energiefeldern verstehen.

Programmiert ihr eure Codes um, so erschafft ihr neue Energiefelder. Kauft ihr euch einen neuen Router, der höher schwingende Frequenzen empfangen kann, so erschafft ihr euch ein neues Energiefeld, das viel hochschwingendere Informationen und mehr Informationen zu euch transportieren kann. Vielmehr seid ihr dann fähig, diese Informationen durch einen neuen Code an den Toren des Feldes zu empfangen. Denn euer Laptop wird dem Router entsprechend angepasst und bekommt einen neuen Schlüssel, um sich in das Energiefeld einzuloggen. So seht den Router als Herzzentrum der Zeitmatrix und den

Laptop als die Tore, die dann die entsprechenden Energien empfangen, die dann in das Energiefeld eintreten und dieses als Raum weiter stabilisieren können.

Im Schattenuniversum sind also die Informationen zu den entsprechenden Energiefeldern durch die hinterlegten Programme vorhanden. Diese Energiefelder öffnen sich durch das Focusing der äußeren Wahrnehmungsorgane. Alle Egoräume öffnen sich als Hologramm im Zeitmatrixraum. So ist das Schattenuniversum ein Energienetz, das dementsprechend jeweils aktiviert wird und doch energetisch stets vorhanden ist.
Euer Sein fällt mit seiner Identifikation in diese Räume und definiert so das eigene Sein.

Nun möchten wir die Bedeutung der Verbindungsmatrix miteinflechten. Die Verbindungsmatrix ist der Raum in euch, der sich mit dem Massenbewusstsein verbindet. Ihr gebt Informationen aus euren inneren Räumen an das Massenbewusstsein ab und ihr bekommt Informationen aus dem Massenbewusstsein. So entsteht ein großes Energiefeld, ein großer Raum, der von allen Menschwesen stabilisiert und mit Energien versorgt wird.
Welche Energien hier in dieses Energiefeld einströmen, hängt jeweils von den Entscheidungen der einzelnen Menschwesen ab.
Dieser Raum, dieses Energiefeld ist sehr ausgedehnt und ihr alle befindet euch darin. Die einzelnen Herztore der einzelnen Menschwesen sind ein Tor auf dem Netz um das Zentrum des Raumes des Massenbewusstseins. So seht, jeder von euch ist Teil des Zentrums euer aller Energienetze. Jeder einzelne ist verantwortlich dafür, welche Energien er in diesen großen Raum des Massenbewusstseins einfließen lässt.
Über eure Verbindungsmatrix seid ihr selbst in diesen Raum eingeloggt.

(siehe Abbildung 8)

Das Herztor in eurer Verbindungsmatrix beinhaltet den Code, welche Energien ihr in das Herznetz des Massenbewusstseins einfließen lasst. Das Zentrum des Massenbewusstseins ist ein Herznetz. Dieses Herznetz erschafft mit den Codierungen, die jedes darauf liegende Tor (Herztor der Verbindungsmatrix jedes einzelnen Menschwesens) miteinbringt, ein Energiefeld des Massenbewusstseins.
Seht eure Verantwortung, wie ihr das Energiefeld des Massenbewusstseins mitkreiert. Die hohe Bedeutung über die Aufklärung der Zusammenhänge aus energetischer Sicht wird hierdurch sehr deutlich.
Je mehr Menschwesen die Codierung ihrer Ego-RNA mit in das Herznetz des Massenbewusstseinsraumes einflechten, desto stärker wird das Energienetz im Sinne des Massenegoraumes gestärkt. So befindet sich das Massenbewusstsein im Abtrennungsraum, in der Abtrennungserfahrung, und die Menschwesen werden versorgt mit niedrigschwingenden Energien aus dem Egozyklus. Dadurch, wie ihr bereits wisst, erschafft ihr als Gemeinschaft Egoerfahrungen, Egomaterie und jegliche Menschwesen – denn ihr sitzt alle in einem Boot – müssen sich mit der Egomaterie auseinandersetzen.
Je mehr von euch eine Codierung im Sinne des All-Eins-Seins in das Herznetz des Massenbewusstseinsraumes einflechten, desto heller wird dieser Raum im Sinne von höherschwingenden Frequenzen. Das Energiefeld hält Informationen aus dem All-Eins-Sein bereit und ermöglicht jedem Einzelnen, in das Wissen des All-Eins-Seins einzutauchen. So seid ihr fähig, für euch Informationen in euer System einzulassen und euch von diesen hochschwingenden Frequenzen versorgen zu lassen.
Ihr profitiert sozusagen von Menschwesen, die schon höher schwingen als ihr in eurem System. Denn diese Energien findet ihr dann als Frequenz im Energiefeld des Massenbewusstseinsraumes. Zusammen gestaltet ihr einen neuen Raum voller hochschwingender Frequenzen. Ist die kritische Masse erreicht, so geht der Massenbewusstseinsraum aus dem Schattenuniversum in das Lichtuniversum über. Euer Massenbewusstsein kippt in das Energiefeld des All-Eins-Seins.

Nun ist die Frage, mit welchem Focusing der momentane Egoraum des Massenbewusstseins erfasst wird.
Es gibt zwei Möglichkeiten: mit dem Focusing des Egos, also mit den äußeren Wahrnehmungsorganen, oder mit dem Focusing des All-Eins-Seins, das durch die inneren Wahrnehmungsorgane erfasst wird. Wir möchten euch sagen, dass die kritische Masse der Menschwesen erreicht ist, sodass das Focusing des All-Eins-Seins in den Massenegoraum gesetzt ist. Damit ihr diesen Mechanismus versteht, möchten wir uns vorerst dem System des Einzelnen widmen.

6. Focusing

Wir berichteten bereits davon, dass die Energiefelder im Raum der Hologramme, der Zeitmatrix durch die äußeren Wahrnehmungsorgane ins Focusing gesetzt werden, und zwar durch die Aktivierung des entsprechenden Codes. Und dass dadurch das Energiefeld aufgeht und sich um euer eigenes Sein herum kristallisiert.
Dadurch läuft das Egoprogramm ab.
Wurde nun allerdings der Egomechanismus im Wesenskern der Seele deaktiviert, löst sich die Eihaut vom Herzzentrum der Seinsmatrix langsam auf. Der Raum der Seinsmatrix bekommt nun Zugang zu Energien aus dem All-Eins-Sein. Im gesamten Matrixnetz dieses Menschwesens fließen nun auch Energien mit höheren Frequenzen.
Der Raum der Hologramme hat dadurch Zugang zu neuen Energien, neuen Informationen, und hat die Möglichkeit, neue Codierungen zu kreieren im Sinne des All-Eins-Seins.
Je offener das Herztor der Seinsmatrix ist, desto mehr Wirkungskraft hat euer eigenes Geistwesen, eure Original-Matrix, im Bereich des Raumes der Hologramme, im Schattenuniversum.
Folgendes geschieht: Steigt der Einfluss des All-Eins-Seins auf das Schattenuniversum, wirkt das Focusing des All-Eins-Seins auf das Zentrum der Zeitmatrix, das Herztor mit seinen Codierungen im Sinne des Egos. Durch dieses Focusing werden im Sinne der Vollkommen-

heit des All-Eins-Seins im Raum der Hologramme Egoräume aktiviert. Das All-Eins-Sein Focusing aktiviert in der Ego-RNA Abschnitte, sodass dieses Energiefeld geöffnet wird.

In diesem Moment wirkt das integrierte Bewusstsein dieses Menschwesens mithilfe der inneren Wahrnehmungsorgane und erschließt sich dieses Egoenergiefeld mit all den enthaltenen Informationen als innerer Beobachter.

Durch die Wertfreiheit und die Lösung der Identifikation des Seins aus diesem Raum programmiert das Bewusstsein des eigenen Geistwesens den Ego-Code auf der Ego-RNA um. Glaubenssätze, die Grundbausteine des Ego-Codes, werden gelöscht und somit kollabiert der Egoraum, dieses Energiefeld, in sich. Da der Code im Sinne des All-Eins-Seins umprogrammiert wird, existiert die angelegte Information aus dem Schattenuniversum nicht mehr.

So seht, vorerst kollabieren die Räume des Schattenuniversums durch eure Umprogrammierung im Sinne des All-Eins-Seins in sich, durch das Focusing aus dem All-Eins-Sein.

Ihr macht es euch noch leichter, wenn ihr euer Sein, wie schon erwähnt, vollständig in den Raum der Seinsmatrix legt, euch hier versorgen lasst von den Informationen, den Energien aus dem All-Eins-Sein und von dort aus jegliche Egoenergiefelder im Sinne des Focusing des All-Eins-Seins verändert. Dies bedeutet ebenso Hingabe, denn das Focusing des All-Eins-Seins geschieht aus sich selbst heraus, es ist nicht eurem Willen unterlegen. In der Hingabe darf das fließen, was fließen möchte.

So löst das All-Eins-Sein Focusing in eurem Sinne die Egoräume in der Reihenfolge und in dem Zeitpunkt der Perfektion im Sinne aller. Dies bedeutet für euch, sich dem Lebensstrom hinzugeben, sich dem Focusing des eigenen Geistwesens hinzugeben. Hat sich euer Sein in den Raum der Seinsmatrix gelegt, vertraut darauf, dass euer System stets für euch arbeitet, auch wenn ein Egoraum durch das Focusing des All-Eins-Seins aktiviert wurde und ihr mit den Energien dieses Raumes konfrontiert seid. Nutzt diesen perfekten Moment im JETZT, um euch dem hinzugeben und um euch fließen zu lassen, sodass die Umprogrammierung dieses Egoenergiefeldes stattfinden darf.

Kollabieren diese Energiefelder, beginnen die vorher dort gehaltenen Energien, wieder frei zu fließen. Frei fließende Energien empfindet ihr als Liebe. Je mehr von den gehaltenen Egoenergiefeldern kollabieren, desto mehr fließende Energien stehen euch in eurem System zur Verfügung, desto mehr empfindet ihr euch verbunden mit dem All-Eins-Sein und desto mehr befindet ihr euch in Liebe zu allem, was ist.
So hat das All-Eins-Sein Wirkung auf das Schattenuniversum durch die Deaktivierung des Egomechanismus und den dadurch erschaffenen Zugang in euer Matrixnetz hinein.
Darin könnt ihr schon erkennen, dass die Erfahrung der Erschaffung eines Schattensystems als Erfahrung vorgesehen ist.
Später in diesem Buch möchten wir hier noch tiefer einsteigen.

Durch das Kollabieren der Egoräume verändert sich die Dominanz der Zeitmatrix im gesamten Matrixsystem. **Je mehr Egoräume im Raum der Hologramme, der Zeitmatrix, kollabiert sind, desto mehr Kraft bekommt die Präsenz des Raumes der Seinsmatrix.**
Die Gewichtung der Räume Seinsmatrix und Zeitmatrix verändert sich im gesamten Matrixsystem. Dies hat Bedeutung und wir möchten später in Kapitel 3 »Egostrom und Gottesstrom« näher darauf eingehen.

Nun möchten wir die Bedeutung des Focusing in Bezug auf den Massenbewusstseinsraum besprechen:
Das Herzzentrum eurer Verbindungsmatrix übernimmt den Code des jeweils aktiven Raumes, entweder den des Seinsmatrixraumes oder den des Zeitmatrixraumes.
Ein Raum ist aktiv, wenn ihr euer Sein dort hinein identifiziert habt.
Seid ihr identifiziert mit dem Raum der Zeitmatrix, so legt sich der Code des Herzzentrums der Zeitmatrix als Quelle über das Herzzentrum der Verbindungsmatrix. Die Verbindungsmatrix kopiert sozusagen entweder das Herzzentrum der Zeitmatrix oder das der Seinsmatrix und gibt diese Information an das Massenbewusstsein weiter. Ihr wisst bereits, dass jeder Einzelne von euch ein Tor auf dem Herz-

zentrum des großen Energienetzes des Massenbewusstseinsraumes ist. Nun seht, sind viele Menschwesen im Raum der Zeitmatrix identifiziert, so sind sie eine Quelle, die die Energien, Informationen aus dem Schattenuniversum heraus in das Massenbewusstsein leitet. Das Massenbewusstsein wird zu einem Energiefeld aus dem Schattenuniversum.

(siehe Abbildung 9)

Je mehr Menschwesen mit dem Raum der Seinsmatrix identifiziert sind, ihr Sein dort hineingelegt haben und sich ihrem Original, ihrem Geistwesen hingeben, desto mehr Energien strömen im Sinne des Lichtuniversums durch das Zentrum des Massenbewusstseins ein. Ist die kritische Masse an Menschwesen, die mit der Seinsmatrix verbunden sind, erreicht, wird euer jetziges Massenbewusstsein, das im Schattenuniversum beheimatet ist, kippen und sich im Lichtuniversum als Energiefeld kristallisieren.

(siehe Abbildung 10)

So ist jeder Einzelne von euch gefragt, sich mit dem inneren Seinsraum zu verbinden, sodass das Herzzentrum der Verbindungsmatrix das Herzzentrum der Seinsmatrix kopiert und diese Informationen dem Massenbewusstseinsraum zukommen lässt. Hier wirkt ihr gemeinsam und seid fähig, eine neue Gemeinschaft, angebunden an das Lichtuniversum, zu kreieren.
Ihr erschafft ein Energiefeld in Anbindung an einen Raum, der durchflutet ist von angebundenem Bewusstsein. So erschafft ihr angebundenen Materie, Materie im Sinne des All-Eins-Seins. Diese Erfahrung möchte nun erfahren werden.
Es sind bereits so viele Menschwesen mit ihrer Präsenz im Herzzentrum des Massenbewusstseins, mit ihrer Präsenz im Seinsmatrixraum anwesend, dass das Focusing des All-Eins-Seins eingesetzt hat. So seht, auch in diesem Raum des Massenbewusstseins wirkt das entsprechende Focusing. Dieser Egoraum, in dem ihr euch zurzeit befindet,

wurde im Strom des Lebens eröffnet. Es ist ein Massenegoraum, der aktiviert wurde, sodass ihr – jeder Einzelne für sich – wirken könnt, um ihn umzuprogrammieren. Vorerst, ihr wisst es bereits, in eurem eigenen System.
Legt euer Sein in eure Seinsmatrix, verbindet euch mit eurem Geistwesen, so wird sich der Code eures Herznetzes der Seinsmatrix in das Herztor der Verbindungsmatrix hineinlegen und die Energien werden entsprechend an das Massenbewusstsein gesendet.
Bitte verfallt nicht in Angst und identifiziert euch nicht mit euren Egoräumen. Dies ist eine tiefe Bitte an euch. Wacht auf und erkennt euch als großen, lichtvollen Schöpfer in eurem eigenen System.

>> 6. Matrixerfahrung: Deine Seinsherzenergien im Raum des Massenbewusstseins

(im Audiopaket zum Buch – siehe Einleitung vorn im Buch)

Taucht bewusst in die Räume. Erkennt diese als Energiefelder, die entspringen aus der Quelle, aus dem Zentrum dieses Raumes. Das Zentrum ist codiert und kreiert dementsprechend das Energiefeld und somit die Erfahrung. Das Herztor der Seinsmatrix ist ein Tor hinein in den Raum der Geistigen Ebene (AGE) und weiter hinein in die Seelen Ebene (SE), um von dort aus durch die Codierung der Seele mit Energien im Sinne des All-Eins-Seins versorgt zu werden.
Wollt ihr eure Materie verändern, so wisst darum, in welchen Raum ihr eintauchen könnt, um euch innerlich in diesem Energiefeld umzuprogrammieren. **Die Umprogrammierung eines Energiefeldes, eines Raumes, bewirkt die Veränderung der Materie.**
Erinnert euch, Materie ist träge. So gebt euch in der Linie der Zeit Zeit, sodass sich die Materie, die an die Zeit gebunden ist, verändern kann. Nehmt nicht die Materie als Spiegel für eure Wirkungskraft, denn in dem Moment setzt ihr mit euren äußeren Wahrnehmungsorganen den Fokus und aktiviert wieder einen noch bestehenden Egoraum im Raum der Hologramme. Geht eher in die Innenschau und beobachtet von dieser Perspektive aus, ob sich das Energiefeld bereits verändert hat und neue Informationen zur Verfügung stehen.

Zu wissen, wann ihr wo eure Wirkungskraft einsetzen könnt, ermächtigt euch zum Schöpfer in eurem System und zum Schöpfer von angebundener Materie im Sinne eures Geistwesens.

www.christiane-hansmann.com/herzportal/kapitel-2

Kapitel 3

Egostrom und Gottesstrom

1. Notaggregat-Energienetze

Wir berichteten euch im ersten Buch *OHNE WORTE* von dem Universalenergienetz und dem Seelenenergienetz. In der Dreidimensionalität sind diese beiden Energienetze die Notaggregate im Abtrennungsraum. Durch den Egomechanismus wird euer Herztor geschlossen und ihr fallt in das abgespaltene Bewusstsein. Hier seid ihr nicht an die Energiequelle des All-Eins-Seins angebunden.
Dieser Abtrennungsraum muss dennoch mit Energien versorgt werden, ansonsten würde er nicht stabilisiert und als Energiefeld aufrechterhalten werden können. So würde sich das Bewusstsein nicht spiegeln und die Erfahrungen würden nicht erfahrbar gemacht werden können.
So schaut, im ersten Kapitel berichteten wir davon, dass sich die jeweiligen Räume, aus denen der neue Raum entsteht, um den neuen Raum herum kristallisieren, sodass sich der neue Raum im Inneren aller vorherigen befindet. So ist der Abtrennungsraum, die Materielle Ebene (ME), im Inneren aller vorherigen Räumen bis hin zur Ureinheit.
Die anderen Räume sind um euch herum, so seid ihr gehalten im All-Eins-Sein. Dieses Gehaltensein bezieht sich energetisch auf das Universalenergienetz, denn hier seid ihr gehalten im All-Eins-Sein auch in der Abtrennung des abgespaltenen Bewusstseins.
Wie ein Netz, das sich durch den Abtrennungsraum zieht, strömen definierte Energien aus dem All-Eins-Sein durch den Abtrennungsraum.

(siehe Abbildung 11)

So seht, der materielle Raum, euer Universum, ist umgeben von dem geistigen Raum und von dem Seelenraum und so weiter.
Euer Universum im Raum der Materie wird durchzogen von den neun Energiestrahlen der neun Erzengel. Die Erzengel befinden sich am Rand des Raumes des Universums, in dem sich alle Ebenen bis hin zur Materiellen Ebene (ME) befinden, und definieren so die Wesenheit Gott. Nun wisst ihr um die Raum-in-Raum Erfahrung. Sind die vorher beschriebenen Ebenen übereinander, sind Räume ineinander. So befindet sich die Materielle Ebene (ME) im Raum der Geistigen Ebene (AGE) und diese im Raum der Seelen Ebene (SE) und so weiter. **Ganz außen von unserer Stufe** (im Buch *OHNE WORTE* wurde dies in Abbildung 21 dargestellt)**, von unserer Gottwesenheit öffnen die neun Erzengel die Tore für die Energien unserer Stufe, unseres Universums.**
Jede Ebene in sich (ME, AGE, SE und so weiter) können wir nun als Universum beschreiben. So seht euer materielles Universum. Hier am Rand des Raumes fließen durch die Tore der Erzengel Energien in das Energiefeld dieses Raumes. Da die Energien von dem äußeren Raum der Gottwesenheit bis hier zu eurem Raum der Materie in ihrer Frequenz stark sinken, sind es nicht direkt die Energiedefinitionen der Erzengel, die die Tore in euer Universum öffnen, sondern Geistwesen, die in den Frequenzen der neun Erzengel beheimatet sind.
Diese neun Geistwesen, wir nennen sie Eliten, halten den Abtrennungsraum in einem Energienetz, sie stabilisieren diesen. Sie halten den Raum, sodass ihr euch als Menschwesen darin als abgespaltenes Bewusstsein erfahren könnt und so dem All-Eins-Sein dient. Dies sind die neun Eliten: Michaelit, Raphaelit, Chamuelit, Gabrielit, Metatronelit, Jophielit, Zadkielit, Hanielit, Urielit.
Durch sie als die neun Tore strömt das Universalenergienetz ein und bindet euch als Menschwesen an das All-Eins-Sein an, ohne dass ihr dadurch die Erfahrung der Abgetrenntheit beenden müsst. Denn euer Herztor kann als Quelle geschlossen bleiben und doch seid ihr an das Notaggregat angebunden. So strömt Energie von außen in euren äußeren Matrixring ein und durchströmt euer System. Ihr seid durch alle Universalenergiekraftlinien im Herzzentrum verankert. Hier seid ihr gehalten und mit euren individuellen Energien versorgt.

(siehe Abbildung 12)

Das Seelenenergienetz ist ebenso ein Notaggregat im dreidimensionalen Raum, im Sinne des Denkens von oben und unten. Auch eure eigene Seele befindet sich um euch herum, denn der Seelenraum hat sich um den Abtrennungsraum herumgelegt. So befindet sich auch eure Seele um euch herum. Euer eigenes Geistwesen ist ein Tor, wie die Eliten am Rand des materiellen Universums, und lässt somit Energien aus eurer Seele einströmen, die ihr dann (in der Oben-/Unten-Wahrnehmung) oben in euer Scheitelchakra, die obere Spitze der Matrix einfließen lasst. Diese Seelenenergien strömen durch das Herzzentrum. Es ist eine Versorgung von außen.

(siehe Abbildung 13)

So seht, im Abtrennungsraum ist die Fixierung im Außen, so auch in den Notaggregaten, da das eigene innere Tor, die eigene innere Quelle, das Herztor der Seinsmatrix, verschlossen ist.

Es ist wichtig für euch, dass diese beiden Versorgungssysteme, das Universalenergienetz und das Seelenenergienetz, gut funktionieren, denn sie versorgen euch in dem Bewusstseinsprozess bis hin zur vollständigen Öffnung des Herztores der Seinsmatrix.

Im ersten Buch *OHNE WORTE* beschrieben wir euch, wie ihr diese Notaggregatsysteme authentizitieren könnt. Versteht nun die tiefere Bedeutung dieses Wissens. Ihr seid gehalten vom All-Eins-Sein, auch in dem Abtrennungsraum. So seid ihr befähigt, diesen Abtrennungsraum zu transformieren und die Fließrichtung der Flut in die Fließrichtung der Ebbe zu verwandeln.

2. Egostrom

Mit diesen Energien aus den Notaggregaten kreiert ihr neue Räume im Schattensystem. Ihr seid präsent im Raum der Hologramme und dadurch werden neue Codierungen aktiviert und dann als Energiefeld zum Ausdruck gebracht, welche dann auch in der Materie entstehen.

Das Herztor der Zeitmatrix, das Zentrum des Raumes der Hologramme, ist ebenso ein Tor, das sich in einen anderen Raum hinein öffnet. Das Herztor der Zeitmatrix öffnet sich in den Raum der Geistigen Ebene (AGE). Doch die Strömungsrichtung ist vom Raum der Zeitmatrix in den geistigen Raum hinein. Hier lässt der Raum der Hologramme die Energien hindurchströmen, die durch die Entstehung der Energiefelder im Egosinne entstanden sind.

So seht, es geht noch einen Schritt weiter. **Wird ein Code im Egowesenskern durch die äußeren Wahrnehmungsorgane, durch den Egofokus aktiviert, so öffnet sich das entsprechende Energiefeld und ihr befindet euch mit eurem Sein in diesem Raum.**

Nun passiert Folgendes: Identifiziert ihr euch mit diesem Egoraum, legt ihr euer Sein dort hinein, öffnet sich das Herztor der Zeitmatrix und die Energien des Energiefeldes strömen in die Geistige Ebene (AGE) hinein. So wird die Geistige Ebene (AGE) durchströmt von Egoenergien. Hier definieren sich diese Energien als Schattensystem im geistigen Raum. So versteht, die Polarität in den »oberen« Ebenen wird durch euch als Menschwesen kreiert.

Dies ist der Egostrom. Der Egostrom wirft Schatten in das All-Eins-Sein hinein.

Die Energien des Egostroms werden durch Deals mit anderen Wesen von außen, von außerhalb des Matrixsystems des Menschwesens, in die Zeitmatrix gezogen.

Da ihr euer Sein in dieses Energiefeld gelegt habt, beseelt ihr dieses Energiefeld und der Egostrom in dem geistigen Raum kreiert eine Schattenkopie dieses Egoenergiefeldes in den geistigen Raum.

So entstehen unangebundene Wesen in den Räumen des All-Eins-Seins.

Unangebundene Wesen haben ein geschlossenes Energienetz, bestehend aus abgespaltenem Bewusstsein. Diese unangebundenen Wesen müssen sich mit Energien aus anderen Systemen stabilisieren, zum Beispiel aus den Energienetzen von Menschwesen oder aber auch von anderen unangebundenen Geistwesen. **Alle unangebundenen Wesen in den Räumen um den Raum der Abtrennung sind unangebundene Schattenwesen, entstanden aus einer Identifizierung eines Menschwesens mit einem Energiefeld des Egodaseins.**
So projiziert ihr das Schattenuniversum in die Räume des All-Eins-Seins hinein. Alle entstandenen unangebundenen Wesen im All-Eins-Sein sind eure Kinder. Hier seid ihr die Gottwesenheit.

In Kapitel 7 werden wir im Detail auf die Entstehung der Schattenwesen eingehen, sodass ihr die vollkommenen Zusammenhänge aus Sicht der Energieanatomie verstehen könnt.

(siehe Abbildung 14)

Bitte, versteht auch hier die energetischen Zusammenhänge. Es geht weder um Schuldzuweisungen noch darum, dass ihr euch hierdurch in den Minderwert begebt.
Dies wird in Schriften als »eure Sünde« niedergeschrieben. Nein, hier seid ihr Schöpfer im Sinne des All-Eins-Seins. Glaubt ihr wirklich, dass etwas fernab des All-Eins-Seins geschehen kann? Glaubt ihr wirklich, ihr könnt etwas schöpfen, was nicht im Sinne des All-Eins-Seins ist? **Alles ist vollkommen, alles ist ES. Alles ist gehalten in der Unendlichkeit der Liebe.**
So überhebt euch nicht und glaubt, ihr könnt außerhalb von allem, was ist, agieren. Nein, hier dürft ihr euch entspannen, hier dürft ihr wissen, dass ihr einer vollkommenen Liebe unterlegen seid.
Polarität möchte erfahren werden. Polarität ist ein Ausdruck, der erschaffen wurde und bereits als Erfahrungscode im All-Eins-Sein angelegt ist. So projiziert ihr das Schattenuniversum in das Lichtuniversum hinein. So darf sich die Polarität in den anderen Räumen des All-Eins-Seins erfahren.

Der Raum des Massenbewusstseins hat, wie ihr wisst, durch euch ein Herznetz. Identifiziert sich der Hauptanteil der Menschwesen mit diesem Energiefeld des Schattensystems, so wird das Energiefeld des Massenbewusstseins durch das Herztor in die Geistige Ebene (AGE) hinein projiziert. So entstehen sehr kraftvolle, unangebundene Schattenwesen, denn sie sind aus dem Massenbewusstsein der Menschwesen beseelt worden. Beseelt werden diese, wie ihr wisst, durch eine Identifikation des Seins mit dem entsprechenden Egoraum.

Je mehr von euch ihre Egoräume im Raum der Hologramme umprogrammiert und ihr Seins in die Seinsmatrix hineingelegt haben, desto weniger werden die unangebundenen Schattenwesen in den darum liegenden Räumen von euch versorgt, bis sie ganz in sich kollabieren. Wir möchten euch hier Worte formulieren, die euch helfen, euch mit eurem Sein in eurer Seinsmatrix aufzuhalten:

Erlaube dir, dich zu verbinden mit dir selbst.
Erlaube dir, dich in deinen eigenen Schoß zu legen.
Entspanne dich in dich selbst hinein.
Vertraue dir wieder, denn du bist vollkommen.
Du bist vollkommenes Bewusstsein, das sich erschaffen hat als Definition in den Räumen der Unendlichkeit.
Setze deinen Fokus in deinen heiligen Raum deines Seins.
Hier dehne dich aus und wisse um deine Unschuld.
Du hast kreiert im Sinne des All-Eins-Seins.
Nun ist das JETZT gekommen, um diesen Ausdruck der Abtrennung zu beenden.
Du kannst dich öffnen in deinem Seinszentrum, dem Zentrum deines Seinsraumes, in Hingabe zu dir selbst. Empfange deine eigenen Energien aus deiner Seele heraus.
So erschaffst du dich selbst als authentisches Wesen im Raum der Materie.
In Hingabe zu dir selbst wirst du neu geboren und bringst dich als die Schöpfung Gottes zum Ausdruck.

3. Gottesstrom

In Kapitel 2 berichteten wir euch, dass durch das Kollabieren der Egoräume die Präsenz eures Seins in der Seinsmatrix steigt. Dies hat eine Bedeutung für die Wirkungskraft des Egostroms beziehungsweise des Gottesstroms.
Ist die kritische Masse an Egoräumen von euch umprogrammiert worden, kippt eure Präsenz aus der Zeitmatrix, dem Zeitraum, in die Seinsmatrix, den Seinsraum, hinein. Dies bedeutet, ihr seid mit eurem Sein vorwiegend mit der Seinsmatrix, eurem Seinsraum, identifiziert und könnt von dort aus Bewusstseinsarbeit leisten, um die weiteren Egoräume zu schließen.

Hier möchten wir noch weiter ins Detail gehen.
Ihr wisst bereits, dass die Egoaktivierung die Aktivierung der Codierungen auf dem Herznetz der Zeitmatrix beinhaltet. Durch eure Bewusstseinsarbeit transformiert ihr diese Codierungen. Lest dazu mehr in Kapitel 9 »Praktische Anleitungen«.
Ist eine Codierung auf dem Herznetz der Zeitmatrix transformiert, so wird dieses Herznetz freier. Dies bedeutet, die Wirkungskraft der Codierungen verliert an Bedeutung. Dadurch kann sich, bei einem deaktivierten Egomechanismus im Wesenskern der Seele, das Herznetz der Seinsmatrix weiter öffnen. Die Öffnungsfähigkeit des Herztores in der Seinsmatrix ist abhängig von der Löschung der Codierungen auf dem Herznetz der Zeitmatrix.
Je mehr Egorealitäten von euch durchdrungen wurden, desto weiter kann sich das Herztor der Seinsmatrix, des Seinsraumes, öffnen.
Hier gibt es die sogenannte kritische Masse. Habt ihr die kritische Masse an Codierungen im Herznetz der Zeitmatrix transformiert, so kippt eure Seinspräsenz dauerhafter in den Seinsmatrixraum und der Gottesstrom beginnt zu strömen. Von hier ab strömen vorwiegend authentische Energien aus dem geistigen Raum in eure Matrix.

Nicht nur eure Präsenz befindet sich dann vorwiegend im Seinsmatrixraum, ein anderer wichtiger Moment in eurem System wird dadurch in eurem System eingeleitet. Dieser Moment setzt den dauerhaften Punkt ins Focusing des All-Eins-Seins. Alles im Lebensstrom eures Seins ist dann geführt aus dem angebundenen Sein eures Geistwesens heraus. Denn in diesem besonderen Moment ist die Kraft des Egostroms aus dem Zeitmatrixraum heraus in die Geistige Ebene (AGE) weniger wirkungsvoll als das lichtvolle Einströmen der Energien eures wundervollen Geistwesens, das begonnen hat, kraftvoll zu fließen. Hier werdet ihr aus eurer inneren Quelle heraus versorgt. Die Quelle eurer Energien ist ab sofort überwiegend das Herztor der Seinsmatrix, durch das der Gottesstrom einfließt.

Der Gottesstrom ist jetzt die Hauptversorgungsquelle an Energien für das eigene Matrixsystem. **Dies ist ein Zaubermoment für jedes Menschwesen, denn es ist jetzt seine eigene Quelle und kann sich tiefer von Abhängigkeiten im Außen lösen.**

Das eigene Sein in vollkommener Größe und Schönheit kann im eigenen Leben manifestiert werden. Die Notaggregate, das Universalenergienetz und das Seelenenergienetz, dürfen weiterhin authentizitiert werden, sind jedoch Nebenquellen und haben an Wichtigkeit verloren.

Der Gottesstrom ermöglicht die eigene Autarkie und Authentizität.

Die eigene Quelle in euch zu eröffnen, ermächtigt euch zum Schöpfer des Lichts auf Erden. Ihr werdet zu Lichtträgern, angebunden an euer Geistwesen, in Hingabe zu euch selbst und zu dem All-Eins-Sein.

Die Fließrichtung in eurem Matrixsystem verändert sich. Denn ab jetzt strömt ein Hauptteil der Energien aus eurem Herztor in alle Bahnen und durch alle Tore von innen nach außen.

Euer Zentrum, das Herztor der Seinsmatrix, erstrahlt hell in eurem Licht. Von dort herausströmend fließen die Energien in das Sammelgitter aller drei Matrizen. Dann in die Tore aller drei Matrizen und von dort verteilen sich die Energien in alle Bahnen der drei Matrizen.

(siehe Abbildung 15, Abfolge 1–3)

Die drei Auraschichten bekommen ebenso einen Glanz, denn auch in sie strömen jetzt authentische Energien aus dem Gottesstrom ein.

(siehe Abbildung 16)

Zu diesem Zeitpunkt, wenn die kritische Masse an Egoräumen geschlossen wurde und der Gottesstrom zu fließen beginnt, wird die Matrix aus zwei Richtungen versorgt:
Energien strömen noch von außen nach innen. Der Egostrom fließt noch und fallt ihr wieder mit eurem Sein in diesen Raum, projiziert ihr weiterhin Schattenwesen in die Geistige Ebene (AGE).
Energien strömen von innen nach außen. Der Gottesstrom wurde als Quelle im Herztor der Seinsmatrix eröffnet und durch ihn fließen authentische Energien in euer Matrixsystem, die euch dann zur Verfügung stehen, um authentische Materie zu kreieren.

Fließt der Gottesstrom, wird es euch leichter und leichter fallen, euch aus Identifikationen mit Egoräumen zu lösen. Das Focusing des All-Eins-Seins dient euch ebenso, in eurem Lebensstrom entsprechend die Zwiebelschichten der Egoräume zu transformieren.
Je mehr Egoräume ihr ab diesem Zeitpunkt für euch löst, desto stärker wird der Gottesstrom. Ein erleuchtetes Menschwesen hat die volle Kraft des Gottesstromes eröffnet und der Egostrom ist vollkommen zum Erliegen gekommen. Die Erleuchtung besteht darin, dass das gesamte Matrixsystem allein durch den Gottesstrom mit Energien versorgt ist. Stellt euch die Strahlkraft des Gottesstromes vor. Welch wundervolles Licht erscheint in eurer Welt! Ihr erleuchtet alle in eurem Gottesstrom. Es ist bereits so, wir sehen dies, denn wir befinden uns außerhalb der Zeit. Euer Bewusstseinsfokus ist gesetzt in den Moment davor, sodass die Erfahrung der Erleuchtung erfahrbar gemacht wird. **Erleuchtung, ein schönes Wort für diese Erfahrung, denn euer inneres Licht wird vollständig angeknipst. So erleuchtet ihr tatsächlich in eurem Licht, durch die vollständige Öffnung der Energiequelle in euch.**

4. Anatomie der drei Herznetze auf der Materiellen Ebene (ME) im Zusammenhang mit Gottesstrom und Egostrom

Tauchen wir noch tiefer in die energetische Landkarte, um euch weiter und weiter zu befähigen, in eurem Sinne zu wirken.
Ihr wisst bereits, ihr besitzt drei Herznetze in eurer Matrix-Kopie auf der Materiellen Ebene (ME). Jeweils die Seins-, die Verbindungs- und die Zeitmatrix haben ein Herznetz mit unterschiedlichen energetischen Funktionen und Strömungsrichtungen der Energien. Hier möchten wir spezifizieren.

a.) Das Herznetz der Seinsmatrix

Dieses wichtige Herznetz ist das energetische Portal aus dem geistigen Raum in den Raum der Materie. Den anatomischen Aufbau beschreiben wir euch bereits im ersten Buch (siehe im Buch *OHNE WORTE* Abbildung 62). Nun möchten wir noch ein wenig ins Detail gehen.

(siehe Abbildung 17)

Das Herznetz hat drei Zonen. Das Herzzentrum, das Herzchakrennetz und das Herzmatrixnetz. Jede Zone ist wie ein energetisches Portal zu verstehen. Das Herzzentrum ist der Zugang aus dem geistigen Raum, hier strömt der Gottesstrom aus dem geistigen Raum (AGE) hinein durch den Projektionsraum (PE) in den materiellen Raum (ME). Das Herzchakrennetz ist das energetische Portal in den materiellen Raum (ME), in das Chakren-Meridiansystem, und das Herzmatrixnetz hat im Zentrum den Zugang in die Projektionsebene (PE) hinein.
So seht, das körperliche Zentrum des Herznetzes beschrieben wir euch im Buch *OHNE WORTE* beim vierten Brustwirbel.
An dieser körperlichen Stelle könnt ihr aus dem materiellen Raum (ME) eintauchen, entweder in die Projektionsebene (PE) hinein

oder sogar direkt in den geistigen Raum (AGE). Eure Intention und euer Fokus setzt das Ziel eurer Bewusstseinsreise.
In der Reise nutzt das anatomische Bild des Herznetzes, denn hier könnt ihr die Türen zu dem jeweiligen Raum finden.
Die Herznetzringe sind wie eine Grenze zu verstehen, die die Räume voneinander trennt. Doch ihr habt die Macht, diese Grenzen zu durchtauchen.
Beobachtet in dem Bild, das Herzmatrixnetz befindet sich um das Herzchakrennetz. Es umgibt und hält das Herzchakrennetz. Übertragt dies auf die Räume. Der materielle Raum wirkt so, als wäre er der Raum, der am weitesten außen manifestiert ist. **Doch seht, das Energienetz ist zwar im Projektionsraum beheimatet, und doch wirft es sein Energiefeld um den materiellen Körper herum. Dies bedeutet, ihr kreiert innerlich euer Energiefeld, das dann im Außen um euren Körper herum geworfen wird und seine Wirkung entfaltet, indem es die Materie formt. So wird der materielle Raum geformt und gehalten durch die Projektionsebene (PE), die ihr in euch findet und die sich um euch herum manifestiert.**
Wir haben euch bisher durch das dritte Auge in die Projektionsebene (PE) hineingeführt. Das dritte Auge ist ein klarer Zugang aus dem materiellen Raum hinein in die Projektionsebene (PE), eurem inneren Universum.
Ist euch jedoch die Anatomie des Herzzentrums vertraut und erkennt ihr darin die Brücken zwischen den drei beschriebenen Räumen, so könnt ihr den vierten Brustwirbel ebenso als energetisches Portal nutzen.

b.) Das Herznetz der Verbindungsmatrix

(siehe Abbildung 18)

Der Raum des Massenbewusstseins wird von der Summe aller Energien der Wesen, die im Abtrennungsraum mit ihrer Präsenz vorhanden sind, geformt. Jedes Wesen selbst entscheidet, ob es Egoenergien oder Energien des All-Eins-Seins in den Raum einströmen lässt. **Das energetische Portal in den Raum des Massenbewusstseins ist das Zentrum des Herznetzes der Verbindungsmatrix eines jeden Menschwesens.**

Fokussiert ihr euch direkt hinein in dieses Zentrum, landet ihr im authentischen Raum des Massenbewusstseins.

Dieser Raum beinhaltet alle Egoenergien der Menschwesen, die durch ihre Herznetze eingeströmt sind. So haben sich Massenegoräume geformt, die chronisch im Untergrund wirken bzw. gerade aktiviert worden sind. Die Aktivierung eines Massenegoraumes funktioniert durch die kritische Masse, genau wie die Integration eines Egoraumes durch die kritische Masse initiiert werden kann. So ist jeder Einzelne in der Transformation der Massenegoräume gefragt. Massenegoräume gehen gern in Resonanz zu den Egoräumen in jedem Einzelnen. So triggern Massenegoräume eigene Egoräume in euren individuellen Systemen. Seid euch dessen bewusst.

Werdet ihr durch das Massenbewusstsein getriggert und geht ihr damit in Resonanz, ohne das Bewusstsein dafür zu haben, dass ihr in diesem Moment in einen eigenen Egoraum verfallt, so zieht ihr diese Egoenergien aus dem Massenbewusstsein durch euer Herzzentrum der Verbindungsmatrix in eure Matrix hinein. Ihr ernährt damit euren eigenen Egoraum.

Seid ihr euch dessen bewusst, dass ihr selbst in diesem Moment in einen eigenen Egoraum verfallt, so nutzt dies und verwandelt zuerst euer eigenes Egofeld. Anschließend habt ihr das Privileg, die hochschwingenden, authentischen Energien aus eurem System durch euer Herzzentrum der Verbindungsmatrix in das Massenbewusstsein hineinströmen zu lassen.

So seht, die Arbeit mit dem Massenbewusstsein ist um einiges komplexer als das Wirken nur im eigenen System.

Schaut, alle Menschwesen haben zusammen den Raum des Massenbewusstseins erschaffen. Nun triggern euch diese von euch gesammelten Informationen. Nutzt den Mechanismus. Nutzt die Trigger, verwandelt die Egoenergien des Massenbewusstseins in euren eige-

nen Systemen und sendet dann die angebundenen Energien im Sinne des All-Eins-Seins wieder hinaus in den Raum des Massenbewusstseins.
Bleibt ihr unbewusst, so reflektiert ihr den einströmenden Egostrom aus dem Massenbewusstsein zurück als Egostrom. So fördert der Egostrom des Massenbewusstseins den Egostrom, der aus dem Einzelnen zurück ins Massenbewusstsein strömt, und stärkt gleichzeitig die Schattenwesen in der Geistigen Ebene (AGE).

(siehe Abbildung 19A)

(siehe Abbildung 19B)

Seid ihr Lichtträger, so strömt der Egostrom durch das Herzzentrum der Verbindungsmatrix ein, ihr verwandelt diesen in einen Gottesstrom in eurem eigenen System und lasst anschließend den Gottesstrom durch euer Herzzentrum der Verbindungsmatrix in den Raum des Massenbewusstseins einströmen.

(siehe Abbildung 20)

Je mehr Menschwesen ihren Gottesstrom in das Massenbewusstsein einströmen lassen, um so lichter und hochschwingender wird dieser Raum. Habt ihr gemeinsam die kritische Masse an integrierten Egoräumen erreicht, kippt der Raum in die Anbindung des All-Eins-Seins hinein.

Zurzeit ist die stärkste Kraft im Massenbewusstseinsraum der Egostrom. Natürlich existieren im Raum des Massenbewusstseins hochschwingende, lichtvolle Energien.

Habt ihr die Intention, euch zu ernähren und zu stabilisieren, so besteht die Möglichkeit, diese Energien zu fokussieren und in euer System einzuladen. Ebenso steht es euch frei, euren Gottesstrom in den Raum des Massenbewusstseins bewusst einströmen zu lassen.

Es ist von hoher Bedeutung, dass ihr die energetischen Zusammenhänge eures eigenen, individuellen Systems und des Raumes des Massenbewusstseins versteht.
So erkennt das Herznetz der Verbindungsmatrix als Tor hinein in dieses Wirkungsfeld.

Wie ihr als Individuum kraftvoll wirken könnt, um den Massenbewusstseinsraum in seiner Frequenz zu erhöhen und um die vorhandenen, kreierten Egoräume zu transformieren, werden wir in Kapitel 5 detailliert in der Tiefe erklären.
Dies ist ein zentrales Wirkungsfeld für euch und eine der wichtigsten Informationen, die wir euch in diesem Buch schenken möchten. Denn seht, die Menschheit möchte als Gemeinschaft erwachen. So ist das Massenbewusstsein der Raum, der Erlösung und Erleuchtung bedarf.

c.) Das Herznetz der Zeitmatrix

(siehe Abbildung 21)

Das Zentrum des Herznetzes der Zeitmatrix stellt den Zugang des Egostroms in den geistigen Raum dar. Durch dieses Portal fließen Egoenergien aus dem materiellen Raum in den Raum der geistigen Welt.
Um das Zentrum herum spannt sich ein Netz, das die Codierungen der Egoerfahrungen in sich birgt. Dieses Netz baut eine Spannung auf, abhängig davon, wie viele dieser Codierungen noch aktiv sind. **Das bedeutet, je mehr Codierungen noch am Wirken sind, desto weiter wird das Zentrum dieses Herznetzes aufgehalten, aufgespannt. Es verbraucht Kraft, Energien, um diesen Prozess am Wirken zu halten. Je mehr ihr eure Egoräume transformiert habt, umso mehr fällt das Herzzentrum der Zeitmatrix in sich zusammen. Es kollabiert sozusagen, bis es sich im Gesamten schließt und die Rotation der Zeitmatrix dadurch stoppt.**

(siehe Abbildung 21, Abfolge 1–2)

Die Portale hinein in den materiellen Raum und in die Projektionsebene (PE) durch das Herzchakrennetz und das Herzmatrixnetz sind mit dem Herznetz der Seinsmatrix identisch. Der einzige Unterschied sind die Energiequalitäten, die durch diese Portale in die Räume strömen.

Das Herznetz der Zeitmatrix verteilt niederfrequente Energien in die oben beschriebenen Räume. Im Gegensatz dazu lässt das Herznetz der Seinsmatrix hochschwingende, authentische Energien aus den Räumen des All-Eins-Seins einströmen.

5. Der Raum des Herznetzes auf der Materiellen Ebene (ME)

Das Herznetz ist also ein Portal, durch das ihr in die unterschiedlichen Räume tauchen könnt. Dies ist ein Grundprinzip in der Raum-in-Raum Erfahrung. Portale öffnen Räume und das nächste Portal in diesem eröffneten Raum eröffnet den nächsten Raum.

So ist es für euch relevant, die energetischen Portale zu erkennen, um durch die Räume zu tauchen und aus diesen Energien in euch strömen zu lassen. So seid ihr im Punkt des JETZT und authentiziziert euer Wesen im Abtrennungsraum.

Das Herznetz ist ein sehr zentrales Energieportal in einer Komplexität, die wir euch tiefer und tiefer offenbaren. Wisset darum, je detaillierter ihr eurem Verstand eine Landkarte präsentieren könnt, umso fokussierter und kraftvoller könnt ihr wirken. So versteht dieses neue Wissen als ein Werkzeug eurer Schöpferkraft.

Wir möchten hier vorerst das Herznetz der Seinsmatrix als Bild nehmen.

(siehe Abbildung 22)

Im ersten Buch beschrieben wir euch das Herznetz mit seinem äußeren Herznetzring und seinen achtzehn Herzmatrixtoren sowie die Unterscheidung zwischen Rahmengitter und Sammelgitter der Matrix. Hier möchten wir darauf zurückkommen und euch weitere Details eröffnen.
Das Sammelgitter beinhaltet das Herznetz und die achtzehn Bahnen, die vom Herzen jeweils zu den einzelnen achtzehn Matrixtoren führen. Nun erkennt, dass auf dem äußeren Herznetzring achtzehn Herzmatrixtore liegen. Jeweils ein Tor auf dem äußeren Herznetzring versorgt ein Tor im Rahmengitter der Matrix. So sind die Tore auf dem äußeren Herznetzring Portale für Energien, die aus dem Herzmatrixnetz in diese Tore einströmen, im Sammelgitter ausströmen und dann durch die Matrixtore einströmen, um sich im Rahmengitter zu verteilen.
So erkennt das Herzmatrixnetz als Sammelbecken für Energien, die sich dann durch die äußeren Herzmatrixtore, das Sammelgitter, die Matrixtore im Rahmengitter ergießen.

(siehe Abbildung 23)

Aus dem Sammelbecken des Herzmatrixnetzes strömen Energien ebenso in die achtzehn Herzchakrentore und weiter ins Chakrensystem ein. Erinnert euch an die Schnittstellen zwischen Matrixsystem und Chakrensystem. Das Herztor ist die zentrale Schnittstelle dieser beiden Energiesysteme. Nun wisst ihr im Detail, wie die Verteilung im Herznetz selbst fließt.

(siehe Abbildung 24A)

(siehe Abbildung 24B)

Doch habt ihr zwei weitere Schnittstellen im achten und im neunten Chakra. Der Aufbau dieser Tore gleicht dem des Herznetzes mit dem Unterschied, dass es kein Zentrum mit dem Durchgang in den geistigen Raum gibt.

(siehe Abbildung 25)

Diese Tore sind ebenso Räume, die einen Übergang vom Matrixsystem zum Chakrensystem und umgekehrt ermöglichen.
Das Herznetz hat die Besonderheit des Zuganges in drei Räume.

Wir beschrieben euch im ersten Kapitel, dass die Räume zwar in euch sind, aber gleichzeitig um euch herum. Die Ausstülpung eines Raumes geschieht aus dem Inneren.
Versteht, das Matrixsystem ist beheimatet in der Projektionsebene (PE) und spiegelt sich im materiellen Raum um das Chakrensystem herum.

Nun möchten wir Bezug auf den Gottesstrom nehmen.
Schaut, je weiter sich der Gottesstrom durch euer Herztor ergießt, desto weiter dehnt sich das Herznetz aus.
Der Raum des Herzens wächst und dehnt sich mehr und mehr. Stellt es euch wie eine Kugel vor, die sich weiter und weiter ausdehnt, und der Raum wird dadurch größer und größer.
Mit der Ausdehnung dehnt sich auch das gesamte Herznetz aus. Euer Körper bleibt in seiner Materialisierung. **Vorerst hat er das Zentrum in sich gehalten, doch in der Erweiterung des Gottesstromes und durch das zunehmende Einströmen eurer Geistwesenenergien wird der Körper mit der Zeit umgeben vom Raum des Herznetzes.**
Die achtzehn Herzmatrixtore befinden sich dann um euch herum und das Sammelgitter strömt von außen in die Tore des Rahmengitters und dann weiter ins Rahmengitter eurer Matrix.
Das Herzchakrennetz geht nicht mit in die Ausdehnung. Es bleibt in eurem Körperraum.
Ein weiteres Phänomen geschieht in dieser Bewegung. Das Zentrum des Herznetzes stülpt sich nach außen, sodass das Herzmatrixnetz und das Herzchakrennetz umgeben sind vom Zentrum des Herzens. Der vollkommene Gottesstrom ersetzt das Notaggregat in seiner Funktion.

(siehe Abbildung 26)

Der innere Raum stülpt sich nach außen und hält in sich die anderen Räume. So seid ihr im Gottesstrom gehalten im geistigen Raum. Euer Geistwesen kristallisiert sich im Abtrennungsraum selbst, integriert diesen und löst somit die Blockaden des abgespaltenen Bewusstseins auf. Wie im Kleinen, so im Großen. Den Ablauf im Großen beschrieben wir euch in Kapitel 1.

Je weiter sich der Herzraum ausdehnt und je weiter das Zentrum sich als Raum um euch ausstülpt, umso mehr Gottesstromenergien strömen durch euer Matrixsystem.

Denn schaut auf die Abbildungen. In der Ausstülpung der Räume hat das Herzmatrixnetz direkteren Kontakt mit dem Herzzentrum. Im zusammengezogenen Zustand wird es eher von Energien aus dem Chakrensystem und viel mehr von dem Notaggregatsystem versorgt. Hier kommen wir zum nächsten Punkt der Energieversorgungsanatomie.

Je mehr die Eihaut verschlossen ist, das Zentrum also keinen Zugang zur geistigen Welt hat, desto mehr Energien werden von dem Universalenergienetz gebraucht.

Die drei Kraftlinien des Universalenergiestromes strahlen in das Herzzentrum ein. Hier ist der Punkt, an dem Energien einströmen und weiter ausströmen.

(siehe Abbildung 27A)

(siehe Abbildung 27B)

(siehe Abbildung 27C)

Bei verschlossener Eihaut strahlen nun diese sechs Energien in das Herzzentrum ein, verteilen sich dort vorerst in das Herzchakranetz, weiter durch die achtzehn Herzchakrentore, weiter in den Raum des Herzmatrixnetzes und dort durch die achtzehn Herzmatrixtore. So wird vorerst der Raum der Materie versorgt und anschließend der Raum der Projektionsebene (PE) mit dem Matrixsystem.

Der Raum der Materie wird somit als der Ursprungsraum erfahren, von dem aus das Energiefeld versorgt wird.
Hier geschieht energetisch die Entstehung der Illusion, dass der materielle Raum der Raum der Entstehung ist. Denn die Energien fließen vorerst in den materiellen Raum und versorgen von dort aus das gesamte System.
So erhält das Notaggregatsystem den Raum der Materie und erschafft gleichzeitig die Erfahrung, dass alles in der Materie seinen Ursprung findet. Das Erwachen durch die Deaktivierung des Egomechanismus offenbart das Zentrum als Portal in die geistige Welt und als Ursprungsenergiequelle allen Seins.
Hier beginnt die Autarkie sowie die Authentizitierung. Mit Beginn der Entwicklung des Gottesstromes wird der Herzraum ausgedehnt und die Ausstülpung der hochschwingenden Räume um die Materie herum beginnt.
Das Erwachen löst die Illusion auf, dass der Raum der Materie die Quelle aller Energien ist.

Nun haben wir euch im Detail die energetischen Abläufe dargelegt. Nutzt diese für das Erwachen eures wahren Seins. Die äußerste, erste Hülle eurer individuellen Definition ist eine lichterfüllte Aura, eure Geistwesenaura. Die zweite Hülle eurer Aura ist im erwachten Zustand die Matrixaura, der Raum der Projektionsebene (PE), und die dritte Aura ist die Chakrenaura, der Raum der Materie. Ihr seht, allein die Richtung des Zählens dreht sich von außen nach innen.
Die Welle der Energien dreht sich durch euch als Tor des Bewusstseins. So seid ihr im Raum der geistigen Welt gehalten.

(siehe Abbildung 28)

Die Ausdehnung des Gottesstromes läuft in Etappen der Bewusstwerdung. Dies bedeutet, dass das Herzmatrixnetz, je nach Zustand, mit Energien aus der geistigen Welt versorgt wird oder nicht. Dies wiederum bestimmt, wie viel Egoenergien aus dem Raum der Materie fließen oder nicht.

(siehe Abbildung 29, Abfolge 1–3)

Hier seht ihr den Unterschied der Energiezufuhr in das Herzmatrixnetz hinein. Je nach Ausdehnung des Gottesstromes wird das Herzmatrixnetz mit Energien aus der geistigen Welt versorgt oder nicht. Dies beeinflusst, wie viel Egoenergien durch das Matrixnetz strömen und welches Energiefeld um euch erschaffen wird.
Die Notaggregatenergien werden je nach Ausdehnung des Gottesstromes ersetzt. Im Übergang strömen jedoch Energien aus beiden Quellen ein. Der Raum des Herzzentrums speist sich dann aus Energien des Notaggregats des Universalenergienetzes, des Notaggregats des Seelenenergienetzes und des Gottesstromes. Die Menge der jeweiligen Energien wird vom Bewusstseinszustand eines Menschwesens bestimmt. Dieser kann in beide Richtungen variieren.

Der Gottesstrom beinhaltet die Seelenenergien aus dem authentischen Seelenenergienetz, das durch die Herzportale, durch die Räume SE-AGE-ME) fließt, und die Universalenergien aus dem authentischen Universalenergienetz, das sich durch die Räume des All-Eins-Seins spannt.
Das authentische Seelenenergienetz strömt aus dem Raum eurer Seele durch das Seelentor und das Herztor eures Geistwesens in den geistigen Raum. Und durch das Herztor eures Geistwesens und das Herztor eurer Inkarnation fließt es in euer jetziges Leben. Damit ist die Notversorgung der Seelenenergien über euer Chakrensystem aus der Wahrnehmung der dritten Dimension, der Oben-/Unten-Gedanke-Gedanke, aufgehoben.
Das authentische Universalenergienetz wird von Geist- und Lichtwesen im Raum des All-Eins-Seins gespannt. Es kreiert sozusagen den Massenbewusstseinsraum des All-Eins-Seins. Über dieses authentische Universalenergienetz können euch Geist- und Lichtwesen mit Energien aus dem All-Eins-Sein versorgen, die für euch in diesen Momenten authentisch sind. Diese können auf Seelen Ebene (SE) in euch einströmen oder aber auch auf Geistiger Ebene (AGE). So seid ihr ebenso in das Massenbewusstsein des All-Eins-Seins eingebunden.

6. Der Raum des Herznetzes im Raum der Projektionsebene (PE)

Räume sind verbunden über Tore. So ist der Raum, das Herznetz auf der Materiellen Ebene (ME), verbunden mit dem Raum, dem Herznetz in der Projektionsebene (PE).
Ihr habt ein Herzmatrixnetz im Materiellen Raum, das eröffnet wird über das Herzmatrixnetz in der Projektionsebene (PE). Die Energien aus dem Matrixsystem der Projektionsebene (PE) strömen über das Tor des Herzmatrixnetzes ein in das Herzmatrixnetz auf der Materiellen Ebene (ME).

(siehe Abbildung 30)

Hier strömen die Energien von innen nach außen im Zustand des Gottesstromes bzw. im Zustand des Egostrom von außen nach innen.
Über die Herzchakrentore strömen Energien weiter in das Herzchakrennetz im materiellen Raum. Das Herznetz in der Projektionsebene (PE) hat kein Herzchakrennetz, da hier keine Materialisierung eures Ausdrucks stattfindet. So ist das Chakren-Meridiansystem allein auf der Materiellen Ebene (ME) zu finden.

Das Herzchakrennetz hat in seinem Zentrum ein Tor, das die Energien weiterleitet in das Chakren-Meridiansystem. Hier werden entweder Energien aus dem Gottesstrom oder Energien aus dem Egostrom in den Körper weitergeleitet, je nachdem welches Energiefeld sich in der Projektionsebene (PE) eröffnet hat. Aber dazu bekommt ihr gleich mehr Informationen.

(siehe Abbildung 31)

So haben beide Netze jeweils ein Tor in einen anderen Raum, dem Raum der Projektionsebene (PE) und dem Raum des Chakrensystems (ME).

Das Zentrum des Herznetzes ist das Tor in den geistigen Raum, der Geistigen Ebene (AGE). Dieses Portal ist wie ein Tunnel, der vorerst durch die Projektionsebene (PE) und weiter in die Geistige Ebene (AGE) führt.

(siehe Abbildung 32)

In der Projektionsebene (PE) entsteht durch eure Fokussetzung bzw. durch eure Identifikation das entsprechende Energiefeld, das sich dann in den materiellen Raum hineinlegt und Materie entsprechend dem Energiefeld entsteht.
Seid ihr mit eurer Präsenz in der Seinsmatrix, im Herzraum, öffnet sich das Herztor des Seinsmatrixraumes. Die Energien aus der Geistigen Ebene (AGE) strömen in euer Matrixsystem in der Projektionsebene (PE). Eure Matrix in der Projektionsebene (PE) wird durchflutet mit eurem Gottesstrom.

(siehe Abbildung 33)

Euer inneres Universum erstrahlt im Licht eures vollkommenen Seins in Anbindung an das All-Eins-Sein. Der Gottesstrom fließt weiter über das Herzzentrum in den materiellen Raum. Der Lichttunnel öffnet sich als Tor in den materiellen Raum, ist die Eihaut um das Zentrum des Herznetzes auf der Materiellen Ebene (ME) deaktiviert bzw. durchlässig. Ist das Herzzentrum auf der Materiellen Ebene (ME) aufgrund noch vieler im System aktiver Egoräume blockiert, so strömt der Gottesstrom in Umwegen über das Tor des Herzmatrixnetzes (PE) in das Herzmatrixnetz (ME) eines Menschwesens. So wird dem Menschwesen ermöglicht, auch mit aktiven Egoräumen, den Prozess des Erwachens mit Gottesstromenergien zu vollziehen.

(siehe Abbildung 34)

Wie ihr bereits wisst, ist die Eihaut ein energetischer Vorhang über dem Herzzentrum auf der Materiellen Ebene (ME). Über diese Ei-

haut wurde die Abtrennungserfahrung erfahrbar gemacht. Hier seid ihr hinter den Vorhang des Vergessens gefallen und habt eure Präsenz ausschließlich im materiellen Raum wahrgenommen.
Durch viele aktive Egoräume, Abtrennungsräume in eurem menschlichen Dasein, kann die Eihaut noch dick und undurchlässig für Energien sein, obwohl eure Seele die Erfahrung der Abtrennung bereits nicht mehr fokussiert. Das heißt, eigentlich würdet ihr durch ein vollkommen durchlässiges Herzzentrum in Anbindung an das All-Eins-Sein sein. So dient euch das Tor des Herzmatrixnetzes, um trotzdem mit Energien aus dem geistigen Raum versorgt zu werden.

Nun möchten wir euch offenbaren, dass in der dunkelsten Stunde eurer Abtrennung auch das Herzzentrum in der Projektionsebene (PE) mit einer Eihaut, einem energetischen Vorhang, verschlossen war. Selbst euer inneres Universum war ein Raum, der keine Informationen aus dem All-Eins-Sein für euch zur Verfügung hatte.
Die Fokussetzung eures Seins war ausschließlich im materiellen Raum möglich. Euer Sein hat sich ausschließlich mit Materie identifizieren können. Dies ist die Abtrennungserfahrung in Vollkommenheit. Die vollkommene Abspaltung von Bewusstsein durch die Erfahrung aller Menschwesen.

(siehe Abbildung 35)

Die Deaktivierung der Eihaut um das Herzzentrum der Seinsmatrix in der Projektionsebene (PE) wurde als Erstes bei allen Menschwesen deaktiviert. Mit dieser Deaktivierung begann sich der Energiestrom zu drehen. Aus eurer Perspektive von außen nach innen. Die Einkehr eurer Präsenz in das innere Universum konnte aus energetischer Sicht erst zu diesem Zeitpunkt beginnen.
Vor der Deaktivierung der Eihaut um das Herzzentrum der Seinsmatrix in der Projektionsebene (PE) war euer inneres Universum ein Spiegel für die Abtrennungsräume aus dem materiellen Raum. Die Realitäten in eurem Inneren haben nur die Realitäten aus dem materiellen Raum wiedergegeben. Der Egostrom hat euer Matrixsystem in

der Projektionsebene (PE) und auf der Materiellen Ebene (ME) vollkommen dominiert.
Die Ego-RNA im Raum der Zeitmatrix in der Projektionsebene (PE) wurde zum Wesenskern und kreiert je nach Egofokus die entsprechende Abtrennungserfahrung im materiellen Raum.

(siehe Abbildung 36)

Die entsprechend codierten Tore der Matrix im materiellen Raum ziehen aus dem Abtrennungsraum von außen nach innen die passenden Energien in das System je nach aktiviertem Code auf der Ego-RNA in der Zeitmatrix in der Projektionsebene (PE).
So entsteht vorerst dieses Informationsfeld im materiellen Raum, programmiert aus der Ego-RNA der Zeitmatrix in der Projektionsebene (PE), um dieses Menschwesen herum. Das Tor des Herzchakrennetzes (ME) leitet diese Egostromenergien weiter in das Chakrensystem bis hin zu jeder einzelnen Zelle.

(siehe Abbildung 37)

Über das Herztor der Zeitmatrix sowie über das Herzmatrixtor der Zeitmatrix werden diese Egostromenergien in das innere Universum, die Projektionsebene (PE), gezogen.
Im inneren Universum entsteht jetzt das Energiefeld als Spiegel aus dem materiellen Raum. Die Codierung der Ego-RNA wurde als Erfahrung erfahrbar gemacht.

(siehe Abbildung 38)

Die Eihaut um das Herznetz der Seinsmatrix in der Projektionsebene (PE) ist jetzt bei jedem Menschenwesen deaktiviert. Das heißt, die Versorgung aus dem geistigen Raum ist gegeben. Und doch ist das Erbe aus der Vergangenheit in der Linie der Zeit, dass Identifikationen eures Seins noch im Abtrennungsraum verankert sind. So ist es in der Linie der Zeit immer wieder der Egofokus, der die Ego-RNA in der Zeitmat-

rix in der Projektionsebene (PE) aktiviert und den eben beschriebenen energetischen Prozess anstößt.
Je nachdem, in welchem Raum ihr in eurem inneren Universum eure Präsenz legt, aktiviert ihr den Gottesstrom oder den Egostrom und kreiert das entsprechende Energiefeld um euch und in euch.

Ihr wisst bereits, dass ihr diese Energien aus eurem Energiefeld weiter in den Raum des Massenbewusstsein hinein strömen lasst. Über das Tor des Raumes der Verbindungsmatrix in der Projektionsebene (PE) fließen diese Energien aus eurem individuellen System in den Raum des Massenbewusstseins.
Strömen Egoenergien in eurem System, so gebt ihr diese in den Raum aller Menschwesen weiter.

(siehe Abbildung 39)

Strömen Gottesstromenergien in eurem System, so gebt ihr diese in den Raum aller Menschwesen weiter.

(siehe Abbildung 40)

7. Das Herzzentrum, der Lichttunnel in einen neuen Raum

Wir beschrieben euch im ersten Buch *OHNE WORTE* den Lichttunnel als das Prinzip des Höheren Selbst. Es funktioniert wie ein Fahrstuhl, der euch hochhebt in eine neue, höher schwingende Frequenz. Durchtaucht ihr das Herztor, gelangt ihr so in den Raum des Höheren Selbst.
Hier geschehen folgende Vorgänge:
Euer Bewusstseinsfokus durchreist das Tor, doch um in den nächsten Raum zu gelangen, bedarf es einer Energiefrequenzerhöhung eures Energiesystems in dem Raum, in dem ihr körperlich anwesend seid.

So ist es, dass euer Fokus durch das Tor reist, und eure Energien im System werden in höhere Schwingung versetzt.
Seid ihr im materiellen Raum (ME) mit eurer Präsenz in der Zeitmatrix, wird es euch schwer gelingen, diesen Sprung in einen höheren Raum zu vollziehen.
Seid ihr in eurer Seinsmatrix präsent, ist euer System fähig, die Energien in höhere Schwingungen zu versetzen.

So ist das Höhere Selbst ein Raum der Adaption.
Stellt euch eine Schleuse vor. Ihr segelt in eine Schleuse, hinter euch geht ein Tor zu, der neue Raum füllt sich mit Wasser oder in unserem Fall mit höher schwingenden Energien, bis das Level des dahinter liegenden Raumes erreicht ist. Dann öffnet sich das Tor vor euch und ihr fließt ein in die nächste Stufe, in diesem Fall hinein in die Geistige Ebene (AGE).
So ist das Höhere Selbst wie eine Schleuse zwischen den Räumen zu sehen.
Diese Schleuse ist für den Prozess der Frequenzerhöhung zuständig.
Im Tunnel selbst gibt es verschiedene Ringe, die Ebenen darstellen.
Wie bei einem Fahrstuhl fahrt ihr sozusagen in der Frequenz hoch, je nach Stockwerk, je nach Ring, nach Raum. Jeder Ring, jeder Raum ist wieder eine neue Etappe einer Schleuse.
Dies ist ein fließender Prozess.

Kann die entsprechende Frequenz nicht vom Gefäß Körper aufgenommen werden, kann der Fahrstuhl nicht höher fahren. So bleibt ihr auf einer Ebene hängen und gleitet zurück in eure Projektionsebene (PE). Wie ihr wisst, kann sich auch in diesem Raum die Geistige Ebene (AGE) als Projektion (dann GE) zeigen. So sagten wir bereits, euer energetischer Zustand ist der Grund dafür, ob ihr in den geistigen Raum (AGE) aufsteigen könnt oder nicht. Dies ist ohne Wertung zu betrachten.

Nutzt Phasen in eurem Leben, in denen ihr klar in eurer Seinsmatrix verankert seid, und übt euch im Höheren Selbst. Die verschiedenen Ringe, Räume im Raum des Höheren Selbst, im Aufstieg in den geistigen Raum (AGE) möchten auch von euch authentizitiert werden. So setzt, wenn es sich für euch stimmig anfühlt, von Zeit zu Zeit hier einen Fokus und bittet euer Geistwesen um die Authentizitierung eures Lichttunnels.

>> **7. Matrixerfahrung: Die Authentizitierung deines Höheren Selbst**
(im Audiopaket zum Buch – siehe Einleitung vorn im Buch)

8. Glaubenssätze als Manifestation des Egostroms

Auch wenn der Gottesstrom fließt, ist es noch im Focusing des All-Eins-Seins, Egoräume zu transformieren. Also bitte seid nicht verwundert, dass ihr in eurem Leben doch immer wieder mit niederfrequenten Energiefeldern zu tun habt. Hier dürft ihr gelassen bleiben und euch darin üben, euch in eurer Seinsmatrix zu zentrieren und euer Sein dort zu halten – trotz der Ereignisse im Außen, trotz der Egomaterie, die euch begegnet. Hier dürft ihr euch darin üben, innerer Beobachter zu bleiben, in Wertfreiheit und Gelassenheit.
Bleibt in eurem erleuchteten Seinsraum und schaut von dort mit euren inneren Wahrnehmungsorganen auf die Egomaterie. So wirkt ihr mit eurem Gottesstrom in das Energiefeld des Egoseins und lasst es schmelzen.
Wir wissen darum, dass dies eine Herausforderung für euch ist, denn die Energien im Egofeld sind stark wirkende Energien, die, wenn sie zum Ausdruck gebracht werden, eine große Kraft haben. Übt euch darin, sie durch euch strömen zu lassen und sie nicht zum Ausdruck zu bringen (im Sinne von: in Handlung gehen).

So seht, die Ursache eines Glaubenssatzes besteht darin, dass eine schmerzhafte Erfahrung von euch ins Außen gesetzt wurde. Wir bleiben jetzt für die nun folgende Erklärung einfach mal nur in diesem einen Leben.

Ihr habt als Kind eine schmerzhafte Erfahrung gemacht, zum Beispiel hat eure Mutter ständig geschimpft und herumgeschrien und in diesem Moment, weil es für euch nicht anders zu erklären war, habt ihr die Ursache gesetzt, zum Beispiel in: »Ich war nicht lieb genug.« Dieser Glaubenssatz beruht darauf, dass ihr im Außen eine falsche Handlung getätigt habt und dadurch eine schmerzhafte Erfahrung kreiert habt. Durch diesen Ablauf der Erklärungen befähigt ihr euch, weiterhin handlungsfähig zu bleiben.

Glaubenssätze dienen euch dadurch, dass ihr glaubt, nur die Handlung ändern zu müssen und schon könnt ihr diese schmerzhafte Erfahrung von euch abwenden.

Dies ist der Beginn eines Egoerfahrungszyklus und erschafft ein Energiefeld im Raum der Hologramme, der Zeitmatrix. Diese Codierung ist dann als Information auf der Ego-RNA im Herznetz des Zeitmatrixraumes zu finden.

Im Laufe des eigenen Lebens wird durch die äußeren Wahrnehmungsorgane das Focusing gesetzt, sobald die Schablone im Außen auf den jeweils passenden Abschnitt der Ego-RNA zutrifft. In diesem Moment öffnet sich das Energiefeld dieses Glaubenssatzes um euch herum.

In diesem Moment der Aktivierung durch das Focusing des Egos befindet ihr euch mit eurem Sein in diesem Energiefeld, in diesem Informationsfeld.

Nun habt ihr zwei Möglichkeiten:

1. Ihr bleibt mit eurem Sein in diesem aktivierten Energiefeld und identifiziert euch weiter damit. In dem Moment richtet sich eure Handlung nach dem alten Muster.

   Dies stärkt den Egoerfahrungszyklus (im Buch *OHNE WORTE* wurde dies in Abbildung 3 dargestellt).

   Zum Beispiel wäre ein Auslöser, dass euer Partner genervt und gereizt ist. Dies nehmt ihr wahr und fühlt euch sofort schuldig, weil ihr nach der Codierung glaubt, ihr habt etwas falsch gemacht und wart »nicht lieb genug«. Die Handlung wäre in Folge, dass ihr euch gleich anpasst, nicht zur Last fallen wollt und versucht »lieb zu sein«.

Das Muster der Codierung läuft ab und ihr befindet euch mit eurem Sein in diesem Energiefeld.

2. Ihr bemerkt, dass sich dieses Energiefeld durch das Egofocusing geöffnet hat. Ihr zentriert euch bewusst in eurem Seinsmatrixraum und visualisiert den Gottesstrom. Ihr bleibt im wertfreien Beobachter und betrachtet mit euren inneren Wahrnehmungsorganen die Situation. Hier könnt ihr neue Erkenntnisse bekommen, die euch dienen, den Glaubenssatz zu durchdringen.

Warum werden Glaubenssätze erschaffen? Schaut, ein Glaubenssatz hält euch in der Handlungsfähigkeit. Denn durch die scheinbare Ursachensetzung aus euch selbst glaubt ihr zu wissen, wie ihr diese Erfahrung in Zukunft vermeiden könnt. Die für euch schlimmste aller Erfahrungen ist die Erfahrung, in vollkommener Ohnmacht zu sein, ohne die Möglichkeit etwas zu verändern. Mit eurem Sein absolut ausgeliefert zu sein, ist die zu 100 Prozent kreierte Abtrennungserfahrung. Die absolute Abtrennungserfahrung ist die vollkommene Ohnmacht.

Denn seht, was ist die Ohnmacht? Es ist die Handlungsunfähigkeit, dies ist das absolute Herausfallen aus der eigenen Schöpferkraft.

Das All-Eins-Sein ist pure Schöpferkraft. Der Schöpfer erschafft jeglichen Ausdruck, ohne sich damit zu identifizieren. Der Gegenpol ist die Erfahrung des Nichtschöpfertums. Dies ist das Fallen in die Abtrennung, in die Isolation, in das Gefangensein, denn das Hineinfallen in die Abtrennung ist gleichzeitig die Identifikation mit dieser Erfahrung, mit diesem Ausdruck. Dies ist die Erfahrung der Hölle in Ewigkeit. Die absolute Nichtschöpferkraft mit gleichzeitiger Identifikation mit diesem Energiefeld erschafft die Illusion, in Ewigkeit in Abtrennung fixiert zu sein.

Die Erfahrung des Nichtschöpfertums, das Fallen in die Hölle, ist der Punkt, der am weitesten von der Ureinheit entfernt ist.

Schaut, welche Bedeutung nun eure Glaubenssätze haben. Sie befähigen euch, scheinbar handlungsfähig zu bleiben, um nicht in die Hölle auf Erden zu gelangen. Sie dienen euch, Anker zu setzen bis zu dem

Zeitpunkt, wo ihr fähig seid, euch selbst aus diesem Energiefeld der Ohnmacht zu befreien.
Jeder von euch hat den perfekten Zeitpunkt in seinem Leben, wo bestimmte Codierungen gelöscht werden können. Denn schaut, im Prozess der Löschung offenbaren sich die Energien der Ohnmacht, der Dunkelheit durch die Energien der Gefühle. Denn die Gefühle sind es, die euch in den Raum der Dunkelheit transportieren. Die Energien der Gefühle haben eine große Kraft und erzeugen ein starkes Energiefeld.
Hier im Ausdruck der Gefühle, Gedanken und Körperempfindungen liegt die Ohnmachtserfahrung verborgen.
Nun sind wir hier und möchten euch sagen, genau dort in diesem Punkt ist das Tor hindurch, die Erlösung, Befreiung aus der erschaffenen Hölle. Ihr habt das Gefühl, sterben zu müssen, lasst ihr euch gleiten in diesen Fluss der Gefühlsenergien, der Gedankenenergien und der Energien der Körperempfindungen. Doch wisst jetzt, es ist eure Neugeburt.
Der innere Kampf bezieht sich auf das Halten des Glaubenssatzes, um nicht in die Flut der Energien zu gelangen. Die Flut, die euch, wie ihr glaubt, mitnimmt in die vollständige Abtrennung. Ihr kämpft innerlich, um am Leben zu bleiben, um weiter daran teilhaben zu können.
Es wird einen perfekten Zeitpunkt in eurem Leben geben, wo das All-Eins-Sein Focusing diesen Egoraum öffnet und ihr hindurchtaucht durch die Welle der Flut. Ihr erschafft euch eine neue Erfahrung. Durch das Loslassen und Hineingleiten in die Energiewelle erfahrt ihr die Erlösung und eine Neugeburt eures Seins.

Die Welt der Gefühle, der Gedanken und der Körperempfindungen ist die Welt der Energien. So wisst darum, dass jegliche Gefühle, Gedanken und Körperempfindungen, die durch euer System fließen, Energiefrequenzen sind. Gefühle, Gedanken und Körperempfindungen, die sich bewertet für euch unangenehm und schmerzhaft anfühlen, sind Frequenzen erschaffen aus Egoräumen. Dies sind Wellen, die aus Egoräumen ausgesendet werden und durch euer System strömen und euer Sein damit beeinflussen.

Hier möchten wir näher darauf eingehen.
Wird ein Egoraum, ein Energiefeld, im Raum der Hologramme von dem Egofocusing aktiviert, strömen diese darin gehaltenen Energien in das Matrixgitter aus. Das Matrixgitter wird in diesem Moment von den Energien aus diesem Energiefeld ernährt.
Der Code, der Glaubenssatz, öffnet das spezifische Energiefeld, den spezifischen Raum. Die Tore und Bahnen dieses Raumes, der sich im Raum der Zeitmatrix befindet, werden dementsprechend programmiert. So strömen die Energien in das Energiefeld, die diesen Raum stabilisieren. Diese Energien werden von außen in das Energiefeld hineingezogen. So ist die Zeitmatrix in diesem Moment im Sinne des entstandenen Energiefeldes mit Energie versorgt. Durch die Zeitmatrix fließen diese Energien und bauen so in sich den Raum weiter und weiter auf. Hier könnt ihr erkennen, dass die Energien, die durch das Matrixgitter strömen, ein Energiefeld, einen Raum erschaffen, in dem ihr euch dann befindet.
Kreiert die Zeitmatrix nun dieses spezielle Energiefeld, strömen die Energien von außen in die Zeitmatrix ein und somit verteilt die Zeitmatrix diese Energien auch in die beiden anderen Matrizen hinein. Das Matrixgitter ist jetzt mit den Energien aus dem aktivierten Egoraum versorgt. Nichtauthentische Energien durchströmen euch.
So, nun seht, die Energien der Gefühle, Gedanken und Körperempfindungen sind als Informationen in der Codierung enthalten, vielmehr sind sie die Produkte der Kreation.
Würden diese Frequenzen an Energien durch euer Matrixsystem strömen, hättet ihr die Erfahrung des Untergehens in diesen Energien. So entsteht der Kampf. Die Gefühlsenergien, die Gedankenkonstrukte und die Körperempfindungen werden durch die Aktivierung des Codes, durch das Egofocusing, aufgerufen, denn sie sind in dem Energiefeld mit enthalten. Ihr versucht jedoch, diese mit eurer Willenskraft wegzudrücken, um sie nicht durch euer Matrixgitter strömen zu lassen.

Die Willenskraft ist die Schöpferkraft des Egos. Ihr versucht euch also in der Schöpferkraft zu halten, um nicht in die Ohnmacht eurer Abtrennungsenergien, die euch durchströmen würden, zu verfallen.

Was macht eure Schöpferkraft des Egos in diesem Moment? Sie unterdrückt die Erfahrung des codierten Egoraumes, des Glaubenssatzes, und bringt den Energiefluss zum Stoppen. Ein gestoppter Energiefluss baut das Energiefeld weiter auf und lässt es größer werden. Denn der Raum füllt sich mit nichtfließenden Energien. Sie stauen sich in dem Energiefeld, das Energiefeld dehnt sich aus und gewinnt an Kraft.
An den Zeitmatrixtoren fließen die entsprechenden Energien ein. Durch eure Willenskraft blockiert ihr folgende Tore, sodass die Energien nicht weiter in die Matrixbahnen und Tore strömen können:
Die Raumwächtertore werden geblockt, so können die Erfahrungsenergien im Egoraum gehalten werden. Der Raum dehnt sich aus und die gestauten Energien suchen sich, je mehr sie werden, den Weg nach innen. Sie folgen dem geringsten Widerstand. Dieser Weg führt sie durch das Herznetz der Zeitmatrix (ME) des spezifischen Egoraumes weiter in das innere Herzchakrennetz, wo sich die Tore hinein in das Chakrensystem befinden. Die gestauten Energien im Energiefeld fließen so tiefer in die Materie ein, um sich über das Chakrensystem, die Meridiane bis in die Zellen hinein zu manifestieren. Von dort strömen sie in die erste Auraschicht und bilden die erste Schmerzkörperschicht.
Dazu erzählen wir euch später mehr.
Da das Energiefeld durch den aktivierten Code, den Glaubenssatz, weiter offen gehalten wird, fließen stets neue Energien nach und manifestieren sich im Körper. Hier ist die Ursache von Körpersymptomen aufgrund von manifestierten Egoräumen zu finden. Diesen Weg nehmen unauthentische Energien, kreiert durch einen aktivierten Code, einen aktivierten Glaubenssatz, im Herznetz der Zeitmatrix (PE).

Was ist für euch nun wichtig, um einen Egoraum zu heilen? Habt ihr diese Zusammenhänge durchschaut, dann versteht Folgendes:
Es kann sein, dass ein Egoraum sich so sehr ausdehnt und an Präsenz gewinnt, dass eure Willenskraft nicht mehr ausreicht, um die Raumwächtertore zu schließen. In dem Moment wird euer gesamtes Matrixgitter überflutet mit den Energien aus dem Energiefeld des Egoraumes.

In diesem Moment wird euer Sein bestimmt von diesen niedrigen Frequenzen, ihr fallt mit allen drei Matrizen in dieses Energiefeld. Selbst euer Sein in der Seinsmatrix verfällt in diese niedrigen Frequenzen und das Herztor in der Seinsmatrix ist für euch in diesem Moment nicht zugänglich. Dies ist die erschaffene Hölle, die vollkommene Ohnmacht ohne Wirkungskraft der Willenskraft, der Schöpferkraft des Egos.
Vor diesem Moment wollt ihr euch durch die Willenskraft schützen. Doch gewinnt das Energiefeld an Kraft, verliert eure Willenskraft die Kontrolle.

Hier möchten wir unterscheiden zwischen der Willenskraft, der Schöpferkraft des Egos und der Schöpferkraft des All-Eins-Seins. Denn die jeweiligen Wirkungskräfte dienen entweder dem Schattensystem oder dem Lichtsystem (in dem allerdings, wie ihr bereits wisst, auch das Schattensystem ohne Abspaltung enthalten ist).

Der Schlüssel der Erlösung für euch ist: Lasst strömen all die Energien durch euer gesamtes System und übt euch darin, innerer Beobachter zu bleiben. Ihr seid nicht diese Energien, ihr seid nicht dieses Energiefeld, ihr seid nicht diese Matrixdefinition. Versucht euch in euer Herztor im Zentrum eurer Seinsmatrix zu legen, euch halten zu lassen von eurem Geistwesen. Gebt euch dieser Welle der Flut hin und lasst euch innerlich aus eurem Zentrum heraus von eurem Geistwesen halten. In diesem Moment darf alles fließen und euer Matrixsystem verlassen. Ihr dürft euch innerlich entscheiden, dass euch diese Energien verlassen dürfen. So transformiert ihr gehaltene Energien und das Energiefeld wird vorerst kleiner und verliert an Kraft.
Löst eure Identifikation aus den Frequenzen der Gefühle, der Gedanken und der Körperempfindungen. Es sind Energiewellen mit Frequenzen, daran möchten wir euch noch einmal erinnern. Beobachtet die Gefühle, die Gedanken und die Körperempfindungen und seid nicht diese Energien, darum bitten wir euch. Dies ist der Schlüssel, wodurch eure Willenskraft sich besänftigen lässt und der die Raumwächtertore wieder aufschließt, sodass diese Ener-

gien ohne Identifikation ausströmen und euer Matrixsystem verlassen dürfen.

Wir möchten später in Kapitel 5 tiefer mit euch in die Welten der Gefühle, Gedanken und Körperempfindungen eintauchen. Diese Energien zu meistern, schenkt euch unendlich viel Freiheit. Daher ist es uns ein Anliegen, euch hier dienliche Informationen zu schenken.

Habt ihr in diesem Moment erkannt, dass ihr nicht diese Energien seid, nehmt ihr eure Präsenz aus diesem Energiefeld der Zeitmatrix heraus und begebt euch in den Raum der Seinsmatrix.
Der Raum der Seinsmatrix existiert in eurem Matrixsystem nur einmal. So wie ihr auch nur ein Geistwesen, eine Original-Matrix, habt. Egoräume im Raum der Hologramme, also im Zeitmatrixraum, gibt es sehr viele, so wie es sehr viele Inkarnationen von euch gibt.
Wie im Großen, so im Kleinen. Wie im Großen aus universeller Sicht des Lichtsystems, so im Kleinen aus der Sicht der Matrix-Kopie.

Der innere Kampf, den ihr kämpft, ist das Aufrechthaltenwollen der Willenskraft, um nicht in die vollkommene Ohnmacht eures Seins, in die vollkommene Abtrennung eures Seins zu fallen und für immer darin gefangen zu sein. So die Illusion der Abtrennung. Zu erkennen, dass dies eine Illusion ist, dass ihr gehalten seid im All-Eins-Sein, auch in der dunkelsten Stunde eures Seins, erlöst in sich schon die Illusion und lässt euch die Wirklichkeit erblicken. Welch zauberhafter, leuchtender Moment der Erkenntnis, in dem ihr die Schönheit allen Seins erblicken könnt.

>> 8. Matrixerfahrung: Gehaltensein
(im Audiopaket zum Buch – siehe Einleitung vorn im Buch)

9. Manifestation von Materie durch den Egostrom oder durch den Gottesstrom

Manifestation heißt, das Energiefeld in und um euch in Materie zu verwandeln. Ihr seid Schöpfer der Materie und erschafft Materie über Focusing, Entscheidung, Gedanken und Handlungen.
Die Frequenzen der Abtrennungsenergien oder des Gespürs in euren Systemen sind die Antwort auf eure Schöpfung. Das Wort »Abtrennungsenergien« (Gefühle, Gedanken, Körperempfindungen) sind dem Egoerfahrungszyklus zugeordnet und das Wort »Gespür« möchten wir dem Geisterfahrungszyklus zuordnen, denn die Frequenzen der jeweiligen Spiegelungen der Schöpfung unterscheiden sich hier.
Eure Sehnsucht ist es, authentische Materie zu erschaffen. Hier möchten wir noch einmal kurz darauf eingehen, was authentisch und nicht-authentisch bedeutet. Authentisch bezieht sich auf das Focusing des All-Eins-Seins. Das, was das All-Eins-Sein Focusing aktiviert, ist für dieses Menschwesen in diesem JETZT authentisch. Läuft das All-Eins-Sein Focusing im Wesenskern der Seele auf der Energie-DNA auf einen bestimmten Abschnitt, so möchte dieser zum Ausdruck gebracht werden. Das Focusing auf den Egomechanismus im Wesenskern der Seele war authentisch, denn die Abtrennung wollte zum Ausdruck gebracht werden. JETZT ist das Focusing bei vielen Menschwesen auf der Wesenskern-DNA in der Seele auf die Deaktivierung des Egomechanismus gerutscht, so dass es JETZT authentisch wäre, die Seinserfahrung in Anbindung an das All-Eins-Sein zu kreieren.
Doch die Willenskraft des Egos schöpft aus sich selbst heraus und kreiert Materie im Sinne des Egos. Diese Materie ist dann nicht authentisch, da diese Manifestation aus Energien aus den Energiefeldern eines Egoraumes genommen wird.
Transformiert ihr nach und nach durch eure Hingabe an euer Sein und durch das Loslösen aus dem Kampf der Willenskraft eure codierten Egoräume, erschafft ihr mehr und mehr authentische Materie.
So seht, das Focusing des All-Eins-Seins setzt den Punkt der Authentizität in diesem JETZT. So erlaubt euch die dauerhafte Verbindung zu eurem Geistwesen, ein dauerhaftes, authentisches Sein, da ihr

euch durch die Hingabe an euch selbst mit authentischen Energien versorgt und dadurch authentische Materie erschafft.
Dies ist eine Manifestation im authentischen Sinne.

Benutzt ihr die Energien eines Energiefeldes aus einem Egoraum, so kreiert ihr durch den Egoerfahrungszyklus Materie im nichtangebundenen Zustand, die euch dann in eurem Leben umgibt. Dies ist dann das Erbe aus der Vergangenheit. Materie ist die Antwort eurer Schöpfung aus Energiefeldern in euch. Euch in dieser Materie zu befinden, kostet euch Kraft. Kraft, damit umzugehen und diese dann wieder umzuwandeln.
Wisset hier: Wirkt vorerst in euren Energiefeldern, um dann über den Erfahrungszyklus Materie zu erschaffen.

Wie könnt ihr kraftvoll manifestieren?
Schritt 1 ist die innere Bewusstseinsarbeit in den Energiefeldern und Schritt 2 ist die bewusste Erschaffung von Materie über den Geisterfahrungszyklus.
Hier gehen wir mit euch mehr ins Detail.

Schritt 1: Nutzt euer Leben als Spiegel. Durch eure äußeren Wahrnehmungsorgane erkennt ihr im Außen Triggerpunkte, die eine Codierung im Herzzentrum der Zeitmatrix (PE) aktivieren. Bleibt hier innerer Beobachter, bleibt im Raum der Seinsmatrix zentriert und identifiziert euch nicht mit diesen Informationen. Beobachtet es wie einen Film, wie eine Geschichte, die vor euch abläuft. Lasst dieses Energiefeld um euch entstehen mit der Motivation, alle dort enthaltenen Energien, Informationen zum Fließen zu bringen. Denn fließen Energien, Informationen, werden sie zum Ausdruck gebracht, befreit ihr diese und sie können euer System verlassen. Je öfter euch dies gelingt, desto mehr verliert dieses Egoenergiefeld an Kraft, bis ihr dazu vordringt, den Glaubenssatz als Glaubenssatz unzukreieren. Unkreieren bedeutet, etwas aus dem Stempel der Ego-RNA zu löschen.
Schaut, ein Glaubenssatz hat eine Realität festgelegt. »So ist es«, heißt die Kraft des Glaubenssatzes und der Stempel ist gesetzt. Glau-

benssatz ist gleichzusetzen mit einer Realitätserschaffung. Erkennt ihr die Realitätserschaffung als diese, so ist die Hälfte des Unkreierens bereits geschehen, denn der Stempel wurde als Stempel erfahren. Durch eine weitere klare Entscheidung, diese Realität nicht mehr als Realität anzuerkennen, wird der Code auf der Ego-RNA herausgelöst und transformiert. Manche Glaubenssätze haben tiefe Realitäten erschaffen, auf denen ihr als Basis steht. Sie wirken fast wie ein Boden, auf dem ihr steht, und ihr habt nicht einmal im Bewusstsein gehabt, dass es möglich wäre, dass dies nicht die Realität ist. Diese kraftvollen Stempel brauchen in der Linie der Zeit öfters ein Focusing des All-Eins-Seins, um unkreiert zu werden. Weiterhin ist es sehr, sehr wichtig, dass ihr nicht in die alte Handlung hineinfallt, denn dadurch würdet ihr dem Egoerfahrungszyklus dienen und bereits Materie im Sinne des Egos kreieren. Bleibt innerer Beobachter ohne Handlung.

Schritt 2: Habt ihr bereits erkannt, dass es sich um einen Glaubenssatz handelt, und könnt ihr die Energien bereits strömen lassen, ohne euch damit zu identifizieren, erfolgt nun der zweite Schritt – die Manifestation in der Materie. Durch Entscheidungen und Gedanken im Sinne einer neuen Wirklichkeit und die dazugehörigen Handlungen erschafft ihr eine neue Materie und damit für euch ein neues Umfeld, in dem ihr euer Leben verbringt und weiter und tiefer wirken könnt. Denn die Frequenzen in eurem Leben erhöhen sich durch erschaffene, angebundene Materie. Ihr seid so in einem angebundenen Umfeld im Raum der Materie, was euch wieder dazu verhilft, weiter in euer Sein einzutauchen, um hochschwingende Materie zu erschaffen.

Im Erschaffen von angebundener Materie kann euch der Seinsraum sehr hilfreich sein.
So seht, reist durch euer drittes Auge in die innere Welt der Projektionsebene (PE) mit der Ausrichtung, euch mit eurer Präsenz im Seinsmatrixraum zu befinden. Hier dürft ihr euch entspannen, euch öffnen und zum Empfänger der Informationen werden, die euer Geistwesen euch senden möchte. Stellt euch eure innere Welt, euer inneres Univer-

sum als leere Leinwand vor, auf der all die dienlichen Informationen erscheinen, um heilvolle Materie erschaffen zu können.
Der Geist möchte in die Materie geboren werden. Mit dieser Ausrichtung lernt eure inneren Wahrnehmungsorgane zu öffnen, um diesen Raum zu nutzen. Erlaubt euch, frei zu werden von Vorstellungen, Erwartungen und Prägungen. Erlaubt euch, leeres Bewusstsein zu werden, das Empfänger von Seelenbotschaften wird, von Seelenausdruck in Form von Energieinformationen. Diese Informationen dienen euch, eure eigenen Potenziale zum Vorschein zu bringen. Das, was aus eurem Geist in die Materie hineingeboren wird, sind eure Potenziale, die als Materie manifestiert werden möchten. Dies ist der Gottesstrom.
Das All-Eins-Sein Focusing ist angebunden an die Vollkommenheit. So werdet ihr die perfekten Informationen, die euch in diesem JETZT dienen, empfangen. Bleibt eure Leinwand leer und ihr habt das Gefühl zu versagen, nicht eintauchen zu können in die Leere der Leinwand, so seht ab von Verurteilungen euch gegenüber. In diesem Moment würde wieder ein Code auf der Ego-RNA aktiviert werden und ihr würdet ein Energiefeld eröffnen, das euch nicht ermöglicht, in den Seinsraum einzutauchen. Ihr landet in diesem Moment wieder in einem Egoenergiefeld, das durch einen Glaubenssatz als Stempel hinterlegt wurde. So beobachtet euch im Seinsraum im Nichtempfangen von Informationen. Entspannt euch in diesen Zustand hinein. Bleibt wertfreier Beobachter und identifiziert euch nicht mit dieser Erfahrung. Überprüft beim Hindurchfließen durch das dritte Auge eure Ausrichtung in den Seinsraum hinein. Denn schaut, an diesem Punkt kann es sein, dass ihr euch bereits durch einen bestehenden Glaubenssatz »Ich kann innerlich nichts sehen« oder »Ich habe keinen Zugang in meine innere Welt« mit eurer Präsenz von Anfang an in den Raum der Hologramme, in die Zeitmatrix, hineingebracht habt und euch bereits im Energiefeld dieses Glaubenssatzes befindet. In diesem Energiefeld wird es euch nicht möglich sein, Informationen zu empfangen, da eure Präsenz nicht im Seinsraum ist, sondern in diesem speziellen Egoraum. So hat sich die Realität des Glaubenssatzes bestätigt.

Einige von euch haben ebenso einen Glaubenssatz »Diese Bilder habe ich mir im Kopf kreiert«, also aus der eigenen Willenskraft heraus, was bedeuten würde, die Bilder, die Informationen dienen dem Egosein. Auch hier liegt ein Glaubenssatz begraben. Hier gilt das Gleiche wie eben beschrieben. Durch den Glaubenssatz wird dieses Energiefeld erschaffen und eure Präsenz landet in diesem Energiefeld.
Bleibt bitte gelassen, wir wiederholen uns wieder und wieder, bis es bei euch angekommen ist. Es geht hier nicht um Schuld.
Es geht darum, Zusammenhänge zu begreifen und einen neuen Weg zu üben in Selbstliebe und Geduld, in der Energie des Verzeihens und der tiefen Dankbarkeit für das eigene Wirken. Verneigt euch vor euch selbst, ihr seid so große Schöpfer in Fleisch und Blut. Bitte erkennt an, was ihr seid. Ihr seid Lichtträger, die den Raum der Dunkelheit, den ihr JETZT durchdringt, wieder Licht werden lasst.

Seid geduldig, denn Materie ist träge. Gebt euch Zeit, setzt weiter den Fokus in eure Seinspräsenz. Vielleicht ist es eine Idee, ein morgendliches Ritual zu kreieren mit der Ausrichtung in den Seinsraum hinein. Gleichzeitig könntet ihr für den Tag eine innere Entscheidung in Hingabe zu euch selbst formulieren und darauf achten, dass ihr eure Handlungen danach ausrichtet.
Vertraut euch selbst. Beginnt euch selbst anzuerkennen, in Liebe zu euch. So darf das Leben sich durch euch leben. Ihr seid Bewusstsein in den Räumen des Ausdrucks. Ihr seid nicht der Ausdruck, den ihr selbst erschafft.

www.christiane-hansmann.com/herzportal/kapitel-3

Kapitel 4

Egokunde

1. Das Vermächtnis des Egos – der Schmerzkörper

Ihr wisst bereits um die drei Auren und um euer Matrixgitter, bestehend aus Toren und Bahnen. Eine Auraschicht direkt um euren menschlichen Körper, eine um den ersten Matrixring und eine um den äußeren Matrixring. **Diese drei Auraschichten sind dem Lichtuniversum zugeordnet. Mit diesen Energiefeldern, mit diesen Räumen befindet ihr euch im Raum des All-Eins-Seins. Über diese drei Energiefelder seid ihr im Ursprung verankert.**
Nun möchten wir euch sagen, dass ihr zudem von einer Aura des Schattensystems umgeben seid, die ebenso aus drei Schichten besteht. Diese drei Schichten sind Energiefelder um euch herum, die Energien und damit Informationen aus dem Schattensystem gespeichert haben und das Erbe aus der Linie der Zeit sind. Begreift es wie Ablagerungen, die sich hier manifestiert haben.
Ein Speicher, der die Informationen aus verschiedenen Zeitepochen aus der Zeitlinie festhält, bis ihr diese verwandelt und zum Fließen bringt, sodass sie sich auflösen können.

Die Tragweite des Egos zu verstehen ist von höchster Relevanz. Ihr habt öfters Widerstand, euch mit dem Ego zu beschäftigen. Ihn mit dem Verstand zu analysieren, fällt euch, habt ihr den Mechanismus durchschaut, dann verhältnismäßig leicht. Ihr knobelt, lernt zu unterscheiden zwischen Ego und Geist. Dies ist ein guter Schritt, dies ist eine gute Lernstufe in der Schule des Lebens. In euer eigenes Sein hineinzufallen, euch in euren eigenen Geist hineinzugeben, eure Hingabe an euch selbst bedarf es, um eure Energie-DNA im Wesenskern eurer Seele im authentischen Sinne zu erfüllen. So weit, so gut.

Jetzt richten wir mit euch den Blick auf das vom Ego hinterlassene Vermächtnis.
Das Vermächtnis des Egos ist der Schmerzkörper. Selbst wenn ihr in den Geist geboren seid, klebt der Schmerzkörper an euch wie eine altbekannte Haut um euch herum. Diese Haut ist euch so vertraut und hat bisher ihre Funktion erfüllt. Eine Haut, die euer bisheriges Wesen ausgemacht hat. Fallt ihr in euer Geist-Sein, wird diese Haut zu eng und wie bei einer Schlange ist es an der Zeit, euch zu häuten. Es ist an der Zeit, diese Haut, diesen Schmerzkörper abzustreifen. Doch hat euch dieser Schmerzkörper, diese Haut stets beschützt. Er war ein Motor für eure Egoaktivität.
Schaut, ihr legt das Ego ins Bett und deckt es zu. Jetzt ruft der Schmerzkörper, doch das Ego reagiert nicht. Euer Schmerzkörper wird lauter, eure Haut fängt an zu schmerzen und ruft um Hilfe. So habt ihr die Wahl: Wendet ihr euch eurem Schmerzkörper zu oder lasst ihr erneut euer Ego aktivieren?
Sich dem Schmerzkörper zuzuwenden, braucht Kraft, Mut, Hinwendung und Liebe. Schmerz zum Fließen zu bringen, indem ihr ihn loslasst, ohne andere oder euch selbst zu verurteilen, zu beschuldigen oder anderen die Verantwortung für den eigenen Schmerz abzugeben, ist ein großer Schritt in der eigenen Bewusstwerdung.

Hier liegt die Erlösung des Schmerzkörpers und der letzte Schritt der Loslösung und Unkreierung der Egocodierung. Aber darauf kommen wir gleich noch einmal zu sprechen.

Um euer Matrixgitter befinden sich wie gesagt drei Schichten des Schmerzkörpers:

1. zwischen Körper und Körperaura
2. zwischen Körperaura und innerem Matrixring
3. zwischen innerem Matrixring und äußerem Matrixring

(siehe Abbildung 41)

Diese Schmerzkörper sind die Ablagerungen, Endprodukte aus den Egoerfahrungszyklen. Diese Ablagerungen sind Energien, die nicht weiterfließen können und sich im System verhakt haben.

zu 1: Dies ist die aktuelle Schmerzschicht, die zeitnahe Ablagerungsenergien speichert.
zu 2: Dies ist die Schmerzschicht, die Ablagerungen aus dem jetzigen Erfahrungsleben speichert.
zu 3: Dies ist die Schmerzschicht, die Ablagerungen aus jeglichen Erfahrungsleben dieses Menschwesens, also aus jeglichen für dieses Leben relevanten Inkarnationen, speichert.

Diese drei Schmerzschichten sind wie eine weitere Aura mit drei Anteilen um die Matrix-Kopie herum. Diese Schmerzaura, dieser Schmerzkörper, gehört zum Schattensystem, zum Schattenuniversum.
Das Schattensystem nutzt das Matrixsystem und das Chakrensystem bis hin zu jeder einzelnen Zelle parallel zum Lichtsystem, dem System des All-Eins-Seins.
Die drei Schmerzschichten bedingen und stärken sich gegenseitig. Die Energiefließrichtung geht von innen nach außen sowie von außen nach innen. Das heißt, Energien (Gefühle, Gedanken und Körperempfindungen), kreiert aus Egoerfahrungszyklen aller gelebten Leben (Vergangenheit/Gegenwart/Zukunft), definieren die drei Schmerzschichten des Schmerzkörpers. Alle drei Schmerzschichten versorgen sich untereinander, das heißt, Informationen fließen aus jeder Schmerzschicht in die andere mit ein. Dies ist mit eine Erklärung, warum selbst Verletzungen aus vergangenen Leben, die noch nicht geheilt sind, heute noch Einfluss auf euch haben. Ihr seht, es ist ein eigenes, in sich funktionierendes Schattensystem, das die Bahnen und Tore des Lichtsystems nutzt.

Wir möchten euch hier noch einmal eindringlich daran erinnern, dass es nicht um Wertigkeiten geht. Bitte übt euch darin, die Zusammen-

hänge ohne Polarität im Sinne von »gut« und »schlecht« zu betrachten. ES ist. ES ist ohne »gut« oder »schlecht«. ES ist Ausdruck. ES kreiert Ausdruck aus sich selbst heraus und erfährt sich so selbst. Schattensystem ist Schattensystem und Lichtsystem ist Lichtsystem. Dazu wisst darum, dass das Lichtsystem das Schattensystem in sich trägt und dieses separat zum Ausdruck gebracht hat durch euch Menschwesen als Tore, durch die sich dieser Ausdruck im Raum der Materie manifestieren darf. So möchten wir es von euch verstanden wissen. Denn es ist nicht Schuld, die diese Kreation erschaffen hat.
Es ist die Liebe, die diesen Ausdruck zum Ausdruck gebracht hat. Das All-Eins-Sein ist Liebe. Das Schattensystem ist Ausdruck des All-Eins-Sein, also der Liebe entsprungen.
Wir wissen darum, mit dem Abtrennungsraum identifiziert zu sein und aus diesem heraus eine Liebe für all die Schmerzerfahrungen zu entwickeln, ist sehr viel verlangt. Wir möchten euch hier eine Vision schenken. Eine Vision, die euch einen Schlüssel in die eigenen Hände legt, sodass ihr eure Ketten lösen könnt, euch befreien könnt aus der Identifikation mit dem Schmerzraum, um die Liebe des All-Eins-Seins erfahren zu können.
Ihr seid gehalten in Liebe. Ihr seid Liebe. So taucht für Momente in eurem Leben dort ein und erlaubt euch, eure eigene Schönheit und Vollkommenheit wahrzunehmen.

Die Energien aus den Egoenergiefeldern werden gestoppt durch eure Willenskraft, sodass sie euch nicht in eurem Matrixgitter in eurem Seinsraum überfluten. So gibt es eine Ausdehnung dieses Egoenergiefeldes. Die Energien strömen über den inneren Ring des Herzchakrennetzes der Zeitmatrix in das Chakrensystem und gelangen so in die Meridiane bis hin zu den Zellen. Die Zellen werden nun mit diesen Egoenergien versorgt, mit diesen niederschwingenden Frequenzen. Von dort aus verlassen sie den Körper und strömen weiter im Schattensystem in die Schmerzschichten ein. Die Schmerzschichten sind Speicherorte, von dort strömen die Energien nicht weiter. Die Schichten dehnen sich aus und es gibt energetisch einen Rückstrom der Energien in die Zellen hinein, je nachdem wie sehr die Schmerz-

schicht mit Energien gefüllt ist. So wird der menschliche Körper zum Endspeicherort der Energien, die im Schmerzkörper nicht mehr gespeichert werden können.
Jetzt versteht die Symptome des Körpers aus der Sicht der Energieanatomie.
Der Körper speichert Egoenergien, Gefühle, Gedanken und Körperempfindungen in seinen Zellen. Er speichert die Informationen aus Egoerfahrungszyklen. Je mehr Kraft ein Energiefeld eines Egoraumes bekommt, desto mehr Energien strömen in das Chakrensystem hin zu den Zellen und in die Schmerzschichten. Sind die Schmerzschichten prall gefüllt, gibt es den Rückfluss in die Zellen.

2. Egofocusing und AES-Focusing

Egofocusing ist die Wahrnehmung mit den äußeren Wahrnehmungsorganen des materiellen Raumes (ME). Die mittels Egofocusing erlangten Informationen werden als Realität angenommen. Aufgrund dieser Informationen trefft ihr, basierend auf dieser scheinbaren Realität, Entscheidungen, woraus wiederum Handlungen resultieren.
All-Eins-Sein Focusing (AES-Focusing) ist die Wahrnehmung der Erfahrung im materiellen Raum (ME) mit den inneren Wahrnehmungsorganen. Die so erlangten Informationen zu dieser Begebenheit strömen aus dem geistigen Raum (AGE) ein. Die Erfahrungen im Außen werden von euch als Beobachter betrachtet und neu erkannt. So erschafft ihr ein neues Energiefeld um euch herum, aufgrund dessen sich eine neue Materie um euch herum materialisiert.

Jetzt zu den zwei Arten von Körpersymptomen. Es gibt das Körpersymptom des Egofocusings und das Körpersymptom des All-Eins-Sein Focusings (AES-Focusing).

1. Beim Egofocusing wird ein Energiefeld des Egos durch die äußeren Wahrnehmungsorgane aktiviert. Dieses Feld baut sich auf, die Energien laufen wie oben beschrieben und ein Körpersymptom kann aufgrund einer Überbelastung an Egoenergien in den Zellen entstehen.
2. Beim AES-Focusing aktiviert die Seele einen Egocode, bei dem ihr jetzt die Möglichkeit bekommt, diesen umzuprogrammieren. Das Energiefeld wird geöffnet, die Energien laufen wie oben beschrieben. Doch es gibt einen Unterschied: Durch das AES-Focusing fließt integriertes Bewusstsein mit in den Energiefluss der Egoenergien ein. Integriertes Bewusstsein erschafft die Möglichkeit der Öffnung des abgespaltenen Bewusstseinsraumes.

Dies bedeutet im Detail: Das Energiefeld des Egos war vorher in einem geschlossenen Energiefeld. In diesem geschlossen Raum haben sich die Egoenergien gesammelt und gestaut, bis hin zu körperlicher Überlastung und der Entwicklung von Symptomen.
Durch das AES-Focusing und die Aktivierung eines speziellen Egoraumes kann integriertes Bewusstsein in diesen Raum, in dieses Energiefeld fließen. Allein durch das AES-Focusing wird dieser Raum geöffnet. Dann können alle Informationen in diesem Raum ins Fließen gebracht werden, um integriert zu werden. Alle Energien können ins Fließen gebracht werden, da das AES-Focusing in diesem Raum die Tür geöffnet hat.
Die Zellen werfen in diesem Moment ihre Informationen aus, sie lassen die Energien, die sie in sich gespeichert haben, fließen. Dies kann Symptome auslösen. Diese Symptome sind dann Ausdruck der Informationen, die in diesen Zellen gehalten wurden.
Im Unterschied zum Egofocusing, bei dem eine Überlastung der Zellen vorliegt, ist es hier der Ausdruck der Informationen, der Symptome erschafft. Die Symptome, die durch AES-Focusing ausgelöst werden, haben nichts mit Egoüberforderung der Zellen zu tun. Es ist jetzt eine Chance, die Energien, die in den Zellen gespeichert worden sind, zum Fließen zu bringen.

Ein weiteres Phänomen bezogen auf Körpersymptome werden wir in Kapitel 5 erläutern. Denn es existieren ebenso Spiegelkörperempfindungen aus dem äußeren Raum, die Ursache für eigene Körpersymptome sein können. Doch dazu später mehr.

Diese Informationen sind für euch sehr, sehr wichtig. Denn schaut, viele von euch glauben, wenn sie Körpersymptome haben, dass sie gerade ein Thema nicht gelöst bekommen und sich daher der Körper aus Überforderung meldet. Durch diese Ausrichtung verschließt ihr das durch das AES-Focusing eröffnete Energiefeld wieder. Ihr fühlt euch, als hättet ihr etwas falsch gemacht und dass deswegen euer Körper jetzt Symptome bekommt.
Nein, beim AES-Focusing möchte euer Körper euch Informationen schenken, sodass ihr nun diesen Egoraum, dieses Energiefeld umprogrammieren könnt.

Es gilt zu unterscheiden: Habt ihr Körpersymptome aufgrund eines Egofocusings oder aufgrund eines AES-Focusings (oder aufgrund von Spiegelkörperempfindungen – siehe Kapitel 5)?
Dazu tauchen wir mit euch in die Magie der Energiefelder ein. Das Leben dient euch als Spiegel. Warum? Die von uns beschriebenen Energiefelder, die sich aufgrund einer Codierung entweder auf der Ego-RNA in der Zeitmatrix oder auf der Seelen-DNA aufbauen, bauen sich um euch herum auf. Ihr befindet euch dann in diesem Erfahrungsraum.
Dieser Erfahrungsraum ist also ein Energiefeld, das die Informationen aus diesem Feld in sich birgt. So seht, ihr befindet euch darin und das Leben ist der Spiegel. Vielmehr, das Leben bedient sich dieses Energiefeldes und kreiert daraus die Erfahrung, die in diesem Feld enthalten ist. Materie kristallisiert sich um Energiefelder herum. So formt sich euer Leben um dieses Energiefeld.

Ihr habt eine Methode entdeckt, das, wie ihr es nennt, Familienstellen. Hier nutzt ihr bereits die Tatsache der Energiefelder. Seht, die Entstehung von Energiefeldern ist in jedem JETZT zu finden. Euer Leben selbst besteht aus lauter Energiefeldern, in denen ihr euch befindet.

Wir möchten euch ein Beispiel geben. Euer Egofocusing hat mit den äußeren Wahrnehmungsorganen in einem anderen die Wut fokussiert, die dieses Menschwesen zum Ausdruck bringt. Dies ist der Trigger und die Codierung auf der Ego-RNA in der Zeitmatrix wird aktiviert. Der Glaubenssatz: »Ich habe etwas falsch gemacht« öffnet das Energiefeld. Die Codierung basiert zum Beispiel auf der Erfahrung, als Kind einen cholerischen Vater gehabt zu haben, der seinen Frust stets an seinen Kindern ausgelassen hat. Das Energiefeld baut sich um euch herum auf. Das Gegenüber, das seine Wut zum Ausdruck gebracht hat, wird unbewusst zum eigenen Vater. Er wird in diesem Energiefeld Stellvertreter für die Person, die in der Ursprungserfahrung beteiligt war. Der Egoerfahrungszyklus beginnt und dieses Menschwesen handelt nach seinem Glaubenssatz.
So dient das Leben als Spiegel, da es zum Energiefeld der Egoerfahrung wird.
Habt ihr diese Tatsache durchschaut, so lebt ihr euer Leben in dieser Erkenntnis und nutzt das Leben bewusst als Spiegel. Dieser Spiegel dient euch dazu, jegliche Egoräume zu entdecken, die dann durch euer integriertes Bewusstsein im AES-Focusing aktiviert worden sind.
So seht, die Ausrichtung eures Bewusstseins aktiviert das AES-Focusing. Legt ihr euer Sein in die Seinsmatrix und nutzt das Leben als Spiegel, so seid ihr im Bewusstseinsprozess verankert. So könnt ihr sicher sein, dass ihr eurem Lebensstrom folgt und eure Seele nun die Egoräume in einer perfekten Reihenfolge eurem Sein entsprechend aktiviert, sodass integriertes Bewusstsein einströmen kann. Hier könnt ihr davon ausgehen, dass jegliche Körpersymptome im Prozess der Bewusstwerdung Körpersymptome sind, die ihre Informationen anfangen fließen zu lassen, sodass euer Bewusstsein diese in das All-Eins-Sein entlässt.

Seid ihr eine Zeit lang unbewusst in eurem Leben und sind bestimmte Egoräume sehr verschlossen und werden immer wieder in euren Handlungen energetisch bedient, so können aus dem Egofocusing heraus Körpersymptome aufgrund von Überforderung der Zellen entstehen. Aber auch hier verzweifelt nicht, denn sobald dies geschieht, habt ihr jederzeit die Möglichkeit, zu wirken. Wie könnt ihr dies tun? **Geht in der Innenschau in eure Projektionsebene (PE) und kristallisiert um euch bewusst den Seinsraum. Legt euch dort mit eurer Präsenz hinein. Werdet ruhig und übt euch darin, euch zu öffnen. Übt euch darin, eure inneren Wahrnehmungsorgane zu öffnen und Informationen zu empfangen, die euch das Energiefeld, das diese Körpersymptome erschaffen hat, erfassen lassen. In diesem Moment habt ihr eine Entscheidung getroffen und das AES-Focusing kann eröffnet werden. Integriertes Bewusstsein darf einströmen. Ihr könnt dabei bewusst und gezielt zum inneren Beobachter des Zeitmatrixraumes, des Raumes der Hologramme, werden. In diesem Moment öffnet ihr den abgeschlossenen, energetischen Raum und Energien können anfangen zu strömen.**

Ein weiteres Wirkungsfeld ist die bewusste Entscheidung, die Raumwächtertore dieses speziellen Energiefeldes im Raum der Hologramme zu öffnen, denn dadurch können die gestauten Energien durch euer Matrixsystem strömen. Sie verlassen hier euer Energiesystem. Nutzt die Kraft des inneren Beobachters aus dem Raum der Seinsmatrix und die Nichtidentifikation mit den Energien, die JETZT zum Strömen kommen.

Durch diese gezielte Wirkungskraft löst ihr das Energiefeld des Egoseins und eure Zellen werden entlastet.

Des Weiteren ist es natürlich wichtig, den Geisterfahrungszyklus zu eröffnen, um durch eine neue Handlung ein neues Energiefeld im Sinne des eigenen Geistwesens um euch herum zu erschaffen.

Durch diese Heilung habt ihr Energien aus eurem Matrixsystem geleitet, die aus diesem Moment und/oder aus eurem gesamten Leben stammen.

Wie ihr sicherlich schon beobachtet habt, kommen manche Themen wieder und wieder. Dies hat mit den Schmerzschichten zu tun. Habt ihr Energien aus diesem Leben gelöst, so haben sich die beiden ersten Schmerzschichten entleert. Doch schaut, die dritte Schmerzschicht hält noch Energien aus anderen Inkarnationen. Die drei Schichten bedingen sich dadurch, dass Energien von Schicht zu Schicht fließen können. So gibt es Egoräume, Energiefelder, die stark wirken, schon große Felder sind, und Egoräume, die nicht so groß sind und daher nicht viele Energien in den Schichten haben. Diese kleineren Egoräume sind von euch schneller aufzulösen als Energiefelder, die schon durch viele Inkarnationen bestehen.

3. Detaillierter energetischer Ablauf bei der Entstehung und bei der Transformation eines Egoraumes

Wir möchten hier explizit im Detail auf die energetischen Zusammenhänge in Bezug auf das Thema Egoenergiefeld eingehen. Denn schaut, dies zu verstehen, eröffnet euch die wundervolle Möglichkeit, gezielt in eure Seinspräsenz eintauchen zu können und euch zu lösen aus dem Automatismus der Egodynamik.
Vieles davon haben wir bereits in vorherigen Zeilen erklärt, doch hier möchten wir es im Detail zusammenfassen und noch mehr in die Tiefe gehen.

Die Codierungen eurer Egoerfahrungen sind im Herzzentrum eurer Zeitmatrix gespeichert, als sogenannte Ego-RNA.
Diese Codierungen auf der Ego-RNA werden bei Bedarf bzw. beim Aktivieren durch das Egofocusing abgelesen und das entsprechende Energiefeld dieser Informationen wird erstellt. Informationen werden abgelesen, Energiefeld und Materie folgen.
Dieses Prinzip könnt ihr ebenso in euren Zellen erkennen: Informationen aus der DNA werden abgelesen, eine Kopie, die RNA, wird gebaut, diese wird in die Zelle transportiert und dort wird mit dieser Bauanleitung Materie erschaffen, beispielsweise Eiweißmoleküle. **Informationen werden zu Materie.**

Nachdem der Ausdruck von der Zelle erschaffen wurde, löst sich die RNA wieder in ihre Bausteine auf. So auch bei der Ego-RNA im Herznetz der Zeitmatrix. **Ist die Egoerfahrung in Vollkommenheit in den Ausdruck gebracht worden, löst sich dieser Ego-RNA-Abschnitt auf dem Herznetz der Zeitmatrix auf. Die Egoerfahrung ist beendet.**

(siehe Abbildung 42)

Der Ablauf im Erschaffen eines Energiefeldes und die daraufhin folgende Materialisierung der Materie ist identisch mit dem Ablauf in der Zelle.
Wir benutzen das Wort Kristallisierung, wenn es um die Erschaffung eines Energiefeldes geht, und das Wort Materialisierung, wenn es um die Erschaffung von Materie aufgrund des zuvor erschaffenen Energiefeldes geht.

Auch euer Geistwesen im geistigen Raum (GE) hat eine Zeitmatrix. Im Herzzentrum der Zeitmatrix in eurem Original, also in eurem Geistwesen, ist die komplette Ego-RNA aller Egoerfahrungen gespeichert. Diese ist allerdings deaktiv. So schaut, euer Geistwesen ist in völliger Anbindung an das All-Eins-Sein. Dies bedeutet, dass ausschließlich das AES-Focusing wirkt. Euer Geistwesen unterliegt nicht dem Egofocusing, da sich euer Geistwesen in völlig wachem frei fließenden Bewusstsein befindet. Es hat in seinem System kein abgespaltenes Bewusstsein in Räumen gespeichert.
So ist es nicht möglich, dass die Ego-RNA im Herznetz der Zeitmatrix des Geistwesens aktiviert wird und sich ein Energiefeld um das Geistwesen aufbaut, das mit Informationen der Abtrennungserfahrung kristallisiert wurde.
So ist der Kern der Zeitmatrix eures Geistwesens lediglich ein Speicher für Abtrennungsinformationen, die durch euch Menschwesen im Raum der Abtrennung, der Materie, materialisiert werden.
In den einzelnen Inkarnationen werden Abschnitte der vollständigen Ego-RNA aus dem übergeordneten Geistwesen abgetrennt und

in die einzelnen Zeitmatrizen aufgeteilt, sodass jede Inkarnation die entsprechenden Informationen auf der Ego-RNA materialisieren kann.

Im Abtrennungsraum befindet sich eure Matrix-Kopie der jetzigen Inkarnation. Hier greift das Egofocusing. Eure äußeren Wahrnehmungsorgane registrieren im Abtrennungsraum Informationen, die zu einem Abschnitt auf der Ego-RNA im Herznetz der Zeitmatrix passen. Diese Codierung wird aktiviert und das entsprechende Energiefeld kristallisiert sich im Matrixgitter der Zeitmatrix. Dies bedeutet, dass die Tore der Matrix die entsprechenden Zahlencodierungen übernehmen. Die Matrixtore sind die Pforten, die die entsprechenden Energien ins Energienetz, ins Energiefeld einlassen. So strömen die entsprechenden Egoenergien in das Energienetz der Zeitmatrix ein. Das Energiefeld baut sich um euch auf. Durch die Identifikation mit diesem Egofeld befindet sich euer Sein in seiner Präsenz im Zeitraum. **Wir möchten folgende Bezeichnungen erläutern: Die Seinsmatrix könnt ihr euch als Seinsraum, die Verbindungsmatrix als Verbindungsraum und die Zeitmatrix als Zeitraum vorstellen.**
Seid ihr mit dem Egofeld identifiziert, glaubt also, dies ist die Realität, befindet ihr euch mit eurer Präsenz, mit eurem Bewusstsein im Zeitraum.
So wird euer Bewusstsein zu einem abgespaltenen Bewusstsein, da es in diesem Zeitraum fixiert ist und nicht mehr frei fließen kann. Ihr seid dann dieser Raum und das Leben spiegelt euch diesen Raum, dieses Energiefeld im Außen, solange ihr euer Sein dort hineingelegt und fixiert habt.

Der erste Zauber geschieht, wenn sich das abgespaltene Bewusstsein als abgespaltenes Bewusstsein erkennt. Die Lösung liegt darin, dass sich das Bewusstsein in dem Moment vom Energienetz ablöst und dadurch frei fließendem Bewusstsein wird.
Die Präsenz fließt in diesem Moment in den Seinsraum und ist umgeben von dem Energienetz der Seinsmatrix.

Das Verschmelzen des Bewusstseins mit dem Herzzentrum des Seinsraumes aktiviert den inneren Beobachter. Denn im Zentrum des Seinsraumes ist die direkte Verbindung mit der geistigen Welt und somit mit dem All-Eins-Sein. Der innere Beobachter betrachtet die energetischen Felder und hat sich somit aus jeglicher Identifikation herausgelöst.

Im All-Eins-Sein ist jegliche Erfahrung Ausdruck, der aus der Urquelle heraus erschaffen wurde. Die Polarität ist entstanden im Abtrennungsraum. Polentstehung ist die Grundlage für Bewertungen. Bewertungen eines Poles fixieren ebenfalls in dem jeweiligen Pol. Fixierungen von Bewusstsein in jeglichen Polen erschafft wieder abgespaltenes Bewusstsein, da eine Identifikation mit diesem Pol stattfindet. So ist die Neutralität gegenüber eines Ausdrucks von Bedeutung, möchtet ihr ein Energiefeld transformieren.
Schult euch darin, den inneren Beobachter aktiviert zu haben, eure Präsenz im Herzzentrum des Seinsraumes zu halten und gleichzeitig im Beobachten in der Wertfreiheit zu sein. So löst ihr euer abgespaltenes Bewusstsein vollständig aus dem Egoenergiefeld heraus und der Transformationsprozess kann beginnen.

Bei der Transformation geschieht Folgendes: Da ihr euer abgespaltenes Bewusstsein vollkommen aus dem Egoenergiefeld herausgenommen habt, wird das Egoenergiefeld nicht mehr in der Zeitmatrix gehalten. Im Transformationsprozess legt sich das Egoenergiefeld in das Matrixnetz der Seinsmatrix. Wie ein Schleier, der sich in das Energiefeld des Seinsraumes legt. In diesem Prozess ist es euch möglich, beide Realitäten parallel wahrzunehmen. Ihr registriert die alte Egoerfahrung als Informationsfeld und gleichzeitig nehmt ihr die All-Eins-Seins-Erfahrung wahr, die abgelöst von der Vergangenheit ist.
In diesem Zustand fließen aus energetischer Sicht niederfrequente Energien des Egoenergiefeldes und hochschwingende Energien des momentanen Seinsenergiefeldes durch das Energienetz der Matrix-Kopie der Seinsmatrix.

(siehe Abbildung 43A)

(siehe Abbildung 43B)

(siehe Abbildung 44)

Hochfrequente Energien verwandeln niederfrequente Energien. Die hohe Schwingung versetzt die niedere Schwingung in höhere Schwingung.
Dies ist Transformation aus energetischer Sicht. So seht, ein Menschwesen mit bereits hohen Schwingungen im eigenen System eröffnet einen Raum für Menschwesen mit niederen Schwingungen. Betritt dieser den Raum des höher schwingenden Menschwesens, hat er die Chance, seine eigenen Energien in eine höhere Schwingung zu versetzen. Ein Bewusstseinsprozess beginnt.
Eure eigenen höher schwingenden Energien im Netz des Seinsraumes erhöhen die Schwingung der niedrig schwingenden Energien des Egonetzes, das sich hier in die Seinsmatrix mit hineingelegt hat.
Im Licht transformiert der Schatten, hat der Schatten sich aus der Identifikation mit sich selbst gelöst.

Das Herztor des Seinsraumes lässt nun vermehrt authentische Energien einströmen, die vorher aufgrund des fixierten Egoraumes in der Zeitmatrix im Fließen blockiert waren.
So wird das Energienetz der Seinsmatrix mit viel mehr authentischen Energien versorgt. Je weiter der Transformationsprozess fortgeschritten ist, umso mehr Energien aus dem geistigen Raum, gesendet vom eigenen Energienetz des Geistwesens, strömen durch das Herztor ein. Was geschieht? Euer in der Energie-DNA im Wesenskern gespeichertes Potenzial strömt in euer Matrix-Kopie System.
Die Erlösung eines Egoenergiefeldes eröffnet euer Seinspotenzial. Euer Potenzial ist eine definierte, individuelle Begabung eures Seins.
Diese einströmenden Energien kristallisieren sich vorerst als Energiefeld in eurer Seinsmatrix und anschließend materialisiert sich darum

die entsprechende Materie. In der Linie der Zeit braucht es Zeit, bis sich die Früchte eures Wirkens in der Veränderung des Energiefeldes bemerkbar machen. Erkennt nun die energetischen Zusammenhänge.

Im ersten Buch *OHNE WORTE* beschrieben wir, dass eure Geisthandlungen, die ihr ausführt, die Integration eines Egoraumes besiegelt. So schaut, Materie bildet sich um das neue Energiefeld. Eure Geisthandlungen, ausgerichtet auf die neuen Informationen, die durch euer Energiefeld fließen, formen die neue Materie, die neue Erfahrung. So ist der Egoerfahrungszyklus abgeschlossen.
Die Egoenergien, die durch das Matrixnetz der Seinsmatrix strömen, haben keine Auswirkung in der Materie mehr. Ab diesem Zeitpunkt haben sie ihre Kraft verloren und werden vollständig aufgelöst.

Ein weiterer sehr wichtiger Aspekt, den wir mit euch besprechen möchten, ist die Stabilisierung der Zeitmatrix über die Polentstehung im Abtrennungsraum. Der Abtrennungsraum als Raum kann nur über die Pole aufrechterhalten werden, die von euch definiert und bewertet werden. Die Codierung der Egoerfahrungen im Herznetz der Zeitmatrix bestehen aus Polen. Das heißt, jeder Opferegoraum hat einen entsprechenden Täteregoraum. Wir sprachen bereits darüber.
Jetzt versteht die energetischen Zusammenhänge. Es existiert im Egokern, also auf der Ego-RNA, eine Information zum Opferraum und eine Information zum dementsprechenden Täterraum. Wir beschrieben euch vorher den Weg, den es nimmt, um energetisch einen Egoraum zu transformieren. **Wichtig ist, dass der dazu passende Egoraum im Gegenpol ebenso in den Fokus genommen wird. Ist zum Beispiel der Täteregoraum noch in der Zeitmatrix unbewusst aktiv, wird sich die Opfercodierung im Egokern noch nicht vollständig auflösen können.** Es bleibt ein Restrisiko, dass sie durch das Egofocusing wieder aktiviert werden kann. So wisst darum und findet die entsprechende Täterrolle aus diesem Spiel. Hier dürft ihr durch veränderte Handlungen im Außen den Egoerfahrungszyklus beenden. Dadurch, dass der vorherige Opferraum bereits durchdrungen wurde,

fällt es verhältnismäßig leichter. Denn der Schmerzanker des Opferraumes wurde gelöst.
Löst ihr den Egoerfahrungszyklus des Täterraumes, legt sich dieses Feld ebenso in die Matrix des Seinsraumes und wird dort transformiert.
In diesem Moment werden beide Codierungen, die dieses Polthema betreffen, gelöscht. Diese Information löst sich als Stempel auf, die Ego-RNA zerfällt in ihre Informationsbausteine und die Zeitmatrix wird inaktiver.

Seht, so transformiert ihr euch Stück für Stück voran und löst mehr und mehr die Zeitmatrix auf. Vielmehr löscht ihr nach und nach Informationen, die Ego-RNA zerfällt nach und nach, bis sie nicht mehr vorhanden ist. Dies beeinflusst die Rotation der Zeitmatrix im Sinne der Deaktivierung dieser.

4. Entstehung von Egoenergiefeldern in eurer jetzigen Inkarnation

Um euch die Entstehung von Egoenergiefeldern in eurer jetzigen Inkarnation näherzubringen, möchten wir etwas ausholen.
Euer Seelenbewusstsein möchte sich im materiellen Raum (ME) manifestieren und sich hier zum Ausdruck bringen. Eure Inkarnationen sind einzelne Ausdrucksformen eurer Seele, die alle Ausdrucksformen in ihrer DNA gespeichert hat. So ist der Bewusstseinsfokus in der Linie der Zeit auf euer jetziges Leben gerichtet. Alle anderen Inkarnationen werden parallel zum Ausdruck gebracht, denn eure Seele ist nicht in der Dimension der Zeit verhaftet.
Wirkt ihr in eurem jetzigen Leben, wirkt ihr parallel auch in anderen Inkarnationen über die Transformation der Energien in der dritten Schmerzschicht eurer Schattensystemaura.
Wir sprechen nun mit euch aus der Sicht der Linie der Zeit. Vor der jetzigen Inkarnation befand sich euer Bewusstsein in Verbindung mit dem All-Eins-Sein.

Die Empfängnis des Seelenbewusstseins im materiellen Raum (ME) geschieht über zwei Stufen.
Die Seele sucht sich (vermenschlicht gesprochen) die perfekten Eltern aus, um ihren Ausdruck im materiellen Raum (ME) zu verwirklichen, was ebenso die Integration von kreierten Egoräumen beinhaltet.
In der ersten Stufe drückt das Geistwesen des Menschwesens, das inkarnieren möchte, mit seinen Energien aus dem geistigen Raum gegen das Herztor der Mutter im Seinsraum. Es wird sozusagen ein energetischer Antrag gestellt.

Stufe 1 ist die energetische Empfängnis.
Diese Empfängnis bedarf der Entscheidung der Mutter.
Öffnet die Mutter durch eine innere Bewusstseinsentscheidung ihr Herztor, so strömen die definierten Energien dieses inkarnierenden Menschwesens aus dem geistigen Raum in den materiellen Raum ein. Die Energien dieses Menschwesens befinden sich jetzt in der Aura der Mutter. Dort wartet es auf Stufe zwei der Empfängnis.

Stufe 2 ist die materielle Empfängnis.
Diese Empfängnis bedarf der Entscheidung des Vaters.
In diesem Moment verschmelzen Eizelle und Sperma miteinander. Jetzt manifestiert sich die Energiedefinition des inkarnierenden Menschwesens in der Materie. Das Seelenbewusstsein schlüpft in die Materie.
Dies ist ein schmerzhafter Moment, denn das Bewusstsein fällt das erste Mal in dichte Materie, was oft als sehr beengend von euch empfunden wird.

Ab diesem Moment baut sich euer eigenes Matrixsystem, gesendet von eurem Geistwesen selbst durch das Herzzentrum eurer Mutter, auf.
Die eigene Matrixstruktur wird angelegt. Hierzu zählt auch die Anlegung der Egoräume im Herznetz der Zeitmatrix als Ego-RNA. Die Egoräume, mit denen ihr es in der jetzigen Inkarnation zu tun habt, werden bereits in eurer körperlichen Entstehung angelegt. Ihr bringt diese Codierungen aus anderen Inkarnationen mit.

Am Anfang eurer Entstehung werdet ihr vorwiegend von Energien aus dem All-Eins-Sein-System versorgt. Authentische Energien strömen also durch euch.
Die Egoräume eurer Eltern spiegeln eure eigenen Egoräume wider. So seht, eure Eltern haben aktivierte Egoenergiefelder, die in ihnen wirken, und diese Energien fließen somit durch ihre Felder. Mit diesen Energien werden in eurem Matrixsystem Codierungen im Herznetz der Zeitmatrix geschrieben. Die Codierung eurer Egoerfahrungen werden durch die Energiefelder eurer Eltern hineingespiegelt und doch sind es eure eigenen, entstanden aus anderen Inkarnationen. Eure Eltern dienen euch als Stempel, sodass sich diese Egofelder in eurer jetzigen Inkarnation entfalten können und ihr diese Informationen nutzen könnt, um die darin enthaltenen Energien zum Fließen zu bringen. **Die Egoräume werden in diesem Moment als Codierung angelegt, jedoch sind sie noch inaktiv. So fließen zu dieser Zeit hauptsächlich authentische Seelenenergien durch euer Matrixgitter, da die Energiefelder des Egos noch nicht aktiviert worden sind.**

Die weibliche Kraft ist somit das Empfangen von Energien aus anderen Räumen und die männliche Kraft ist die Manifestation, also das Kreieren von Materie.

Das Öffnen der Egoräume geschieht im Laufe des Heranwachsens. Hier, in der Linie der Zeit, unterliegt ihr den äußeren Wahrnehmungsorganen. Je länger ihr euch mit eurem Bewusstsein im Abtrennungsraum befindet, desto mehr richtet ihr euren Fokus nach außen. Schaut, Babys sind noch sehr nach innen gerichtet und im Heranwachsen realisieren sie immer mehr die Außenwelt. **Die äußeren Wahrnehmungsorgane öffnen sich mehr und mehr, je älter ihr in der Linie der Zeit werdet. Das Egofocusing beginnt.** Ihr macht im Außen Erfahrungen und die Glaubenssätze, die angelegten Codierungen, eröffnen die Energiefelder des Egos.
Im Wachstum der Materie, in der Materialisierung um das Energienetz herum, erlebt ihr bereits im Mutterleib in der Zeitlinie Abtrennungserfahrungen. Diese Abtrennungserfahrungen, die den Code auf der

Ego-RNA aktivieren, nennen wir die »**Login-Momente**«. **In diesen Login-Momenten loggt ihr euer Matrixsystem in das Paralleluniversum des Schattensystems ein.**
Aus diesen aktivierten Egoenergiefeldern, die die Tore an der Zeitmatrix dementsprechend umcodieren, zieht ihr unauthentische Energien in euer Matrixsystem ein.
Wie ihr wisst, wird ein Egoraum aktiviert durch äußere Wahrnehmungen von Abtrennungsenergien (Gefühle, Gedanken und Körperempfindungen) und die daraus resultierende Identifikation mit dem dazugehörigen Glaubenssatz. Der Glaubenssatz wird zur Realität, öffnet das Energiefeld und programmiert die Tore um, sodass das Schlüssel-Schloss-Prinzip dafür sorgt, dass unauthentische Energien einströmen.
Egoenergien strömen ab da durch euer Matrixsystem. Je mehr Egoräume geöffnet werden, desto mehr Egoenergien strömen durch euer System der Matrix-Kopie.
So seht, je mehr Egoenergien durch euer System strömen, desto dichter wird das Herztor in der Seinsmatrix. Vielmehr, umso mehr legt ihr eure Präsenz in den Raum der Hologramme, in die Zeitmatrix hinein.
Der Zugang zum All-Eins-Sein wird im Verlauf der Aktivierung eurer Egoräume schwerer und schwerer.
So ist auch zu verstehen, warum Kinder noch mehr Zugang zu den Energien des All-Eins-Seins bzw. zu den Informationen haben. Ebenso wird deutlich, warum die inneren Wahrnehmungsorgane bei Kindern noch offener sein können.

Gleichzeitig erscheinen in der Linie der Zeit immer angebundenere Inkarnationen von euch hier im Abtrennungsraum. Dies ist die Folge all eurer Bewusstseinsarbeit. Menschwesen mit weniger Codierungen im Herznetz der Zeitmatrix inkarnieren, da schon mehr Energiefelder von euch geschlossen wurden. Diese Menschwesen sind in ihrem Matrixsystem weniger Egoenergien, also unauthentischen Energien, ausgesetzt und somit freier im Herztor der Seinsmatrix.
Eure Kinder bringen ein helleres Bewusstsein mit in den Abtrennungsraum hinein.

Ihr erkennt die beiden Quellen, aus denen ihr eure Energien ziehen könnt. Das Lichtuniversum und das Schattenuniversum sind Energiepools, aus denen ihr eure Matrixsysteme versorgen könnt und Materie manifestiert.
Energien sind Informationen. Alles ist Information. Aus Informationen manifestiert ihr euren Ausdruck. Entweder aus der Nichtanbindung heraus oder aus der Anbindung heraus.

Es gibt einen Zeitpunkt in eurem Leben, den Zeitpunkt des Erwachens. Durch ein Ereignis im Außen, meist ein schmerzhaftes Ereignis, erwacht ihr in euch und fangt an, euch Fragen zu stellen, wie »Was ist eigentlich der Sinn des Leben?«, »Was ist meine Berufung?«, »Was geschieht nach dem Tod?« und so weiter. Hier beginnt ihr verstärkt, euch nach innen auszurichten und eure innere Welt als Informationsquelle zu entdecken. Dies öffnet euer inneres Universum und die Bewusstseinsarbeit des integrierten Bewusstseins darf beginnen. Das abgespaltene Bewusstsein, das das Schattensystem erschaffen hat, wird ab da nach und nach in das All-Eins-Sein hineinintegriert.

So möchten wir die Inkarnation in fünf Etappen einteilen.

1. **Energetische Empfängnis:**
   Das Seelenbewusstsein strömt als definierte Energien durch das Herztor der Seinsmatrix der Mutter in den materiellen Raum.
2. **Materielle Empfängnis:**
   Das Seelenbewusstsein strömt als definierte Energien im Moment der Befruchtung in die Materie ein.
3. **Anlegung der Egocodierungen:**
   Das Matrixgitter baut sich auf. Die Egocodierungen werden ebenso durch die Stempel der Egoenergiefelder der Eltern im Herznetz der Zeitmatrix angelegt.
   Materie materialisiert sich um das Energiegitter.
4. **Aktivierung der Egoräume:**
   Durch Abtrennungserfahrungen in der Linie der Zeit werden durch das Egofocusing die Energiefelder des Egos geöffnet. Dementspre-

chend mehr unauthentische Energien strömen in das Matrixgitter ein und die Präsenz des Menschwesens verlagert sich in den Raum der Zeitmatrix.

5. **Zeitpunkt des Erwachens:**
   Ein Ereignis im Außen öffnet die Innenschau. Die Fließrichtung wird gedreht und die Bewusstseinsarbeit und damit die Integration des abgespaltenen Bewusstseins hat begonnen.

5. Übernahme von Fremdegoenergiefeldern

Wir sprachen davon, dass durch die äußere Wahrnehmung von Abtrennungsenergien (Gefühle, Gedanken und Körperempfindungen) die Identifikationen mit Glaubenssätzen aktiviert werden und sich so ein Energienetz in euch öffnet und ihr euch dann darin befindet.
Identifikation ist das Hineinlegen des eigenen Seins in das Energiefeld, mit dem ihr euch identifiziert habt. So werdet ihr zu diesem Raum mit all den darin enthaltenen Informationen.
Bezogen auf die Abtrennungsenergien der Gefühle sprachen wir im ersten Buch *OHNE WORTE* von Spiegelgefühlen und Resonanzgefühlen.
Resonanzgefühle sind Gefühle, die durch einen Trigger im Außen entstehen. Ein Energiefeld im eigenen System wird geöffnet und ihr erfahrt die darin enthaltenen Informationen. Dazu gehören auch die Gefühlsenergien aus euren Zellen, die dann durch euren Körper fließen und deren Energiequalitäten ihr fühlt. Resonanzgefühle sind also ein Produkt aus einem aktivierten Egoenergiefeld im eigenen System.
Spiegelgefühle hingegen sind Energien, die ihr wahrnehmt, die durch das Energiefeld des Gegenübers fließen. Schaut, in der Begegnung mit einem anderen Menschwesen betretet ihr ebenso sein Energiefeld. Ihr könnt dieses wahrnehmen, unbewusst oder bewusst.
Übt euch im Alltag darin. In der Begegnung mit verschiedenen Menschwesen könnt ihr unterschiedlichste Energiefelder wahrneh-

men und unterscheiden lernen – erstens wem welche Informationen, welche Energien gehören und zweitens welche Qualitäten ihr wahrnehmt.
Bestimmt kennt ihr das, je nachdem, mit wem ihr zusammen seid, fühlt ihr euch anders. Dies hat mit dem Energiefeld des Gegenübers zu tun. Befindet ihr euch unbewusst in einem fremden Energiefeld und nehmt die Informationen an Gefühlen desjenigen auf, könnt ihr zum Beispiel Trauer empfinden, obwohl ihr selbst in diesem Moment diese Informationen nicht im eigenen System habt. Dadurch, dass dies unbewusst geschieht, nehmt ihr diese Informationen, in diesem Fall dieses Gefühl zu euch und identifiziert euch damit. Da ihr euch damit identifiziert, werdet ihr zu diesem Energiefeld. Hier gibt es Abstufungen des Schweregrades. Es kann sein, dass nur die Energiequalität in das eigene System strömt. Also die Energie (in diesem Fall die Trauer) strömt aus dem Fremdenergienetz in euer Energienetz und ihr empfindet dann Trauer. Diese Energie könnte dann ein Trigger für einen eigenen Glaubenssatz sein oder die Energie überlagert das eigene System und bleibt kleben.

Ein höherer Schweregrad wäre, wenn die Identifikation mit dem gesamten Energienetz stattfindet. Findet eine starke, unbewusste Identifikation statt, legt derjenige sich mit seinem ganzen Sein in das Fremdenergiefeld. Dieser Mechanismus kann aus einem eigenen Egomuster entstanden sein. Eine Vermeidungshandlung, um nicht die eigenen Egoräume zu spüren und darin zu wirken.
Befindet sich jemand mit seiner Identifikation in Fremdenergiefeldern, hat er hier keine Wirkungskraft und kann diese nicht transformieren. Die Erkenntnis, dass derjenige sich in einem Fremdenergiefeld befindet, löst das komplette Feld mit einer Erkenntnis auf. Es ist in diesem Moment, als würdet ihr einen fremden Mantel ausziehen. Mehr Transformationsarbeit ist in diesem Fall nicht vonnöten. Das Resultat wäre die Konfrontation mit eigenen Egoräumen und dem darin enthaltenen Schmerz. Manchmal scheint es für euch leichter zu sein, sich in fremden Feldern zu bewegen als in eigenen, um darin mit der eigenen Schöpferkraft zu wirken.

So wisst, befindet ihr euch mit eurem Sein in fremden Egofeldern, ist dies eine Sackgasse. Hier könnt ihr nicht fließen im Lebensstrom eures eigenen Seins.

Ein anderer Bereich der Fremdegoenergiefelder sind Orte. Orte speichern Energien von Erlebnissen, die dort stattgefunden haben. An vielen Orten sind destruktive Egoerfahrungen kreiert worden. So hängen hier noch niedrig schwingende Energien fest. Begebt ihr euch mit eurem Energiefeld an solche Orte, nehmt ihr diese Energien bewusst oder unbewusst auf.
Identifiziert ihr euch unbewusst mit diesen Abtrennungsenergien (Gefühle, Gedanken und Körperempfindungen), so strömen sie in euer System und fließen durch eure Matrix als Informationen. In diesem Moment seid ihr mit Energien konfrontiert, die nicht aus eurem System stammen.
Euer Fokus richtet sich dann hin zu Energien, die ihr nicht verändern könnt, es sei denn, euch wird bewusst, dass es sich hierbei nicht um eure eigenen handelt. Ihr selbst werdet dadurch im eigenen Lebensfluss blockiert.
Es gibt Menschwesen unter euch, die das Potenzial haben, solche Orte aufzusuchen, um die dort blockierten Energien zu transformieren. Mit diesem Bewusstsein diese Orte aufzusuchen und mit der Herzenskraft die niedrig schwingenden Energien zu transformieren, ist ein Dienen im Sinne des All-Eins-Seins.
Werden die Frequenzen dieser Orte erhöht, so erhöht sich das gesamte Energiefeld der Erde. Diese Orte speichern Energien des Massenbewusstseins.
So schaut, jeder Einzelne von euch hat seine Körperzellen und den Schmerzkörper als Speicherort. Hier werden Informationen aus nicht erlösten Erfahrungen des Egos abgespeichert.
Euer Massenbewusstsein ist die Summe der Erfahrungen aller Menschwesen und anderer Wesen. Aus diesem Pool an Informationen zieht ihr euch einerseits Energien in euer System und ihr gebt andererseits auch Energien aus eurem System in das Massenbewusstsein hinein, wie ihr bereits wisst.

So ist das Massenbewusstsein ein großes Energienetz, das sich durch den materiellen Raum (ME) spannt.

So wie eure Zellen Informationen speichern, so speichert die Erde unerlöste Energien. Die Erde ist sozusagen die Festplatte des Massenbewusstseins. Die Aura der Erde ist mit euren Schmerzkörpern zu vergleichen. Die Erde dient euch Menschwesen als Informationsspeicher.

So sind Orte, die unerlöste Energien in sich tragen, wie die Zellen der Erde und der dazugehörige Schmerzkörper zu verstehen. Dient ihr der Erlösung dieser blockierten Energien, so erhöht ihr die Schwingung der Erde und somit die Frequenz des Massenbewusstseins.

Befindet ihr euch im Kontakt mit der Erde und lasst hier hochschwingende Energien einströmen, so seid ihr mit dem Speicher des Massenbewusstseins verbunden. Wisst darum und wirkt in eurem Sinne.

www.christiane-hansmann.com/herzportal/kapitel-4

Kapitel 5

Das Gespür und die Informationen aus dem Raum der Abtrennung

1. Eure Gefühlswelt und das Gespür

Wir wissen um euch. Energien strömen durch eure Systeme und ihr werdet mit jeder Welle aufgefordert, euch nicht damit zu identifizieren. Den inneren Beobachter einzuschalten, ist eure Heilung. Also, was strömt durch euch? Informationen, Ausdruck, der sich durch euch in die Materie ergießen möchte oder auch nicht. Ihr sitzt an der Schaltstelle. Ihr entscheidet, welche Energien sich als Materie manifestieren und welche nicht.
Ihr lernt zu unterscheiden, welche Energien dem Schattenuniversum und welche Energien dem frei fließenden Bewusstseins des All-Eins-Seins zugeordnet sind.
Eure Entscheidung öffnet die Matrixtore und Bahnen eurer Systeme für diese speziellen Energien. So erschafft ihr die entsprechenden Energiefelder um euch und das Leben reagiert auf euch.
Wir sind hier, um euch zu unterstützen und zu stärken, sodass ihr mehr und mehr unterscheiden lernt, welche Energien in die Transformation möchten und welche Energien im authentischen Sinne als Materie geformt werden möchten.

Schaut, durch euch als Schöpfer ist das Schattenuniversum authentisch aus Abspaltungsenergien vom All-Eins-Sein kreiert worden. Die Entstehung des Raumes des unangebundenen Bewusstseins war und ist von höchster Relevanz. Ihr habt in Liebe gedient. Die Welle des Ausdrucks hat sich in die Unendlichkeit hinein ergossen. Nun darf das Kollabieren der Räume, die Einatmung allen Seins, vonstattengehen.

Der Anker wurde durch euch durch die Präsenz des Schattenuniversums gesetzt. Nun ist das JETZT, dass ihr diesen Anker wieder löst, sodass die Einatmung in Vollkommenheit vollzogen werden kann. Alles ist ein energetischer Prozess.
So versteht euch selbst als Energieverwandler und Energielenker.
Ihr habt das große, unendlich wertvolle Potenzial, unangebundene Energien, niederfrequente Energien zurückzuverwandeln in frei fließendes Bewusstsein, in angebundene Energiefrequenzen.
Schaut, ihr habt die Fähigkeit, euch zu fokussieren in das Schattenuniversum selbst, dort präsent zu sein und mit eurer Herzensseinskraft diese Energien ins Fließen zu bringen. Energien aus dem Schattenuniversum sind blockierte Energien, gehaltene Energien, nicht frei fließende Energien. Energien, die durch Identifikation mit dem Sein eine Daseinsberechtigung behalten und dadurch sich nicht weiter als Ausdruck zeigen.
Identifikation verklebt das Sein mit Ausdrucksenergien. Jegliche Energien formen sich als Definition. Wird das Sein mit der Ausdrucksdefinition verbunden, bleibt diese Energiedefinition bestehen. Diese Energien können nicht weiter fließen, um sich wieder mit der Quelle aller Energien zu verbinden. So sind es gebundene Energien.
Das Prinzip des Egomechanismus hat eure Wahrnehmung blockiert, sodass ihr euch in die Räume des Schattenuniversums hinein identifiziert habt.
Euer Sein habt ihr in die Egoräume, gefüllt mit unangebundenen, blockierten Energien, hinein verklebt. Vielmehr, durch eure Identifikation mit dem materiellen Raum, dem Abtrennungsraum, sind diese Energien blockiert und können sich nicht aus dieser Ausdrucksdefinition lösen.

So seid ihr es, die JETZT die Auflösung der Abtrennungsräume initiiert, indem ihr eure Identifikation dort herausnehmt und somit die Ausdrucksenergien wieder fließen dürfen. Fließen die Energien, so verlassen sie eure Systeme und vereinen sich wieder mit dem All-Eins-Sein.

Eure Zellen sind ebenso Räume, die Energien in sich halten. Ausdrucksenergien, die ihr mit eurem Sein verklebt habt. Wir möchten es für euch greifbarer machen.
Was sind diese Ausdrucksenergien? Es sind Gefühle, Gedanken und Körperempfindungen, die geformt, definiert sind aus Energien.
In diesem Kapitel gehen wir im Detail darauf ein.

Beginnen wir mit der Gefühlswelt:
Gefühle jeglicher Art sind Energien aus den Abtrennungsräumen. Ihr befindet euch in der Polarität der Gefühle und strebt an, für euch gut bewertete Gefühle in euren Leben zu etablieren. Negativ bewertete Gefühle wollt ihr nicht in euch haben, so schiebt ihr sie weg, unterdrückt sie oder negiert sie.
Seid ihr dann in Phasen eures Lebens, in denen ihr mit guten Gefühlen durchströmt werdet, glaubt ihr, ihr habt Erlösung gefunden.
Doch schaut, ihr seid in der Polarität und ihr pendelt zwischen negativ und positiv bewerteten Gefühlen, Energieschwingungen aus dem Abtrennungsraum. Doch seid ihr stets durch eure erschaffene Polarität der Gefühle mit eurem Sein im Abtrennungsraum beheimatet.
Gefühle im Generellen sind Ausdrucksenergien aus dem Schattenuniversum!
Es sind Energiedefinitionen, entstanden aus dem Prozess, als ihr hinter den Vorhang des Vergessens gefallen seid. Als eure Herztore sich mit der Eihaut verschlossen haben und ihr euch nur noch als materielle Wesen wahrgenommen habt.
Gefühle sind abgetrennte Energien.

Stellt euch vor, ihr seid in einem großen Raum. Alle Energien strömen darin, auch durch die Wände, es gibt keine wirkliche Grenze für die Energien in diesem Raum. Sie sind frei fließend, definieren sich und lösen diese Definition wieder auf, um sich im nächsten Moment als etwas Neues zu formen. So steht ihr als Beobachter in diesem Raum und erlaubt allem, was sich zeigen möchte, sich zu zeigen, und alles, was sich auflösen möchte, darf sich auflösen. Und mit einem Mal verkapselt sich in dem Raum ein weiterer Raum, dessen Wände dicht sind.

Dieser Raum hält Energiedefinitionen in sich gefangen. Die Energien können nicht mehr frei fließen, sich formen, sich auflösen und neu formen. **Der Prozess der Wandlung ist gestoppt.** So beinhaltet dieser Raum jetzt Energiestrukturen, die gehalten sind, die in diesem Raum fixiert sind.
Diese gehaltenen Energiestrukturen sind Gefühle jeglicher Form. Der neue geschlossene Raum ist voller Gefühle.

Was machen Gefühle mit euch? Ihr fühlt euch lebendig. Gefühle bringen euch eine Lebensintensität. Gefühle weisen euch eine Richtung, sie schenken euch Orientierung: fühlt sich gut an, fühlt sich schlecht an. So wird eure Handlung abgestimmt. Die Welt der Gefühle ist eine große Säule in eurem Menschsein im materiellen Raum.
Als wären sie ein Kompass für viele Entscheidungen und dadurch ein Kompass dafür, wie ihr euer Leben gestaltet. Wir würden sagen, wie ihr Materie formt.
Doch Gefühle halten euch im Abtrennungsraum. Es geht nicht darum, nicht zu fühlen, versteht uns bitte nicht falsch. Doch wir möchten euch offenbaren, wie ihr euren Fokus neu setzen könnt, um die abgespaltenen Energien wieder mit der Quelle zu vereinen.
Wie wir schon angedeutet haben, ist ein Schlüssel die Identifikation. Für euch negativ bewertete Gefühle können so stark sein, dass sie durch euer System wie Sturmfluten jagen und eure Sinne betäuben. Ihr werdet mitgerissen und euer Sein geht vollkommen darin unter. Ihr seid mit jeder Faser eures Systems dann dieses Gefühl, diese abgetrennte Ausdrucksenergieform. Die Gefühlswelle wurde durch ein äußeres Ereignis in Gang gesetzt und wütet durch euer System.
Abtrennungsenergien haben euch erfasst und euer Sein hat sich damit verklebt, vielmehr es war bereits vorher schon damit verklebt und in Momenten der Aktivierung der Gefühle wird dies im Bewusstsein registriert.
Ein Zaubermoment in diesem Vorgang ist, wenn ihr es schafft, trotz der Sturmflut den inneren Beobachter einzuschalten. Ihr nehmt wahr, dass eine Gefühlswelle durch euch tobt und in den Ausdruck möchte. Erlaubt den Ausdruck dieser Definition, ohne euch damit

zu identifizieren. So nehmt ihr euer Sein aus diesem Abtrennungsraum heraus und die Gefühle können sich nach dem vollendeten Ausdruck als Definition auflösen und wieder mit der Quelle vereinen.

Auch mit den von euch positiv bewerteten Gefühlen identifiziert ihr euch, da ihr meint, euch darin im Sein gefunden zu haben. Doch schaut, auch dies sind Ausdrucksenergien als Gegenpol zu den von euch negativ bewerteten Gefühlen. So dürft ihr euch auch hier üben, mit eurem Sein herauszulösen, was etwas verzwickter ist, da ihr glaubt, euch nun auch das noch zu nehmen. Pole stabilisieren sich gegenseitig. **Egal mit welchem Gefühl ihr euch identifiziert, ihr seid im Raum der Abtrennung dadurch manifestiert. Beobachtet auch die von euch als gut bewerteten Gefühle. Löst euer Sein dort heraus und erfahrt wahre Freiheit im frei fließenden Bewusstsein. Erlaubt euch immer wieder, euch neu zu erfinden.**
Erlaubt euch, ein Tor für Ausdrucksenergien zu sein, die durch euch strömen, und erkennt, dass ihr entscheidet, ob diese Energien

a. euer Sein bestimmen und dadurch Materie in niederer Schwingung erschaffen oder
b. durch euch Transformation erfahren und ihr dadurch diese niederfrequenten Energien aus euren Systemen entlasst.

Dadurch schafft ihr Raum für die Energien aus eurem Herzraum. Diese Energien sind frei fließend, angebunden an die Quelle ohne Fixierung im Sein.

Fließen die angebundenen Energien, die durch eure Herztore in euch einströmen, durch eure Systeme, so seid ihr dauerhaft im inneren Beobachter und diese fließenden Energien nehmt ihr als Gespür wahr. Ein Gespür erfasst den Moment, das JETZT. Die Energien, die frei fließen, formen in diesem Moment eine Erfahrung.
Das Gespür ist das Registrieren dieser einströmenden Energien und das wahre Erfassen des JETZT-Momentes. Nehmt ihr den JETZT-

Moment wahr, seid ihr frei von Bewertung. Euer Bewusstsein erfährt den Moment ohne Identifikation mit diesem Ausdruck. Das Gespür lässt euch im All-Eins-Sein erwachen, in diesem JETZT-Moment.
Das Gespür ist eine Wahrnehmung der Energien im Herzraum. Die Energien, die sich aus dem Herzraum im materiellen Raum zeigen, ohne Abgleich mit Erfahrungen aus der Linie der Zeit, aus der Vergangenheit, und ohne Sorgen und Ängste bezogen auf die Zukunft erfahren, wahrgenommen.

>> 9. Matrixerfahrung: Loslösung aus Identifikationen mit deinen Gefühlsenergien
(im Audiopaket zum Buch – siehe Einleitung vorn im Buch)

2. Die Institution des Verstandes

Euer Verstand dient euch, wisst ihr ihn zu gebrauchen.
Euer Verstand nimmt die Informationen der äußeren und der inneren Wahrnehmungsorgane und legt in euch eine Realität fest. Er formt eure eigene Realität mithilfe der Informationen, die er bekommt. So seht, strömen Wellen von Gefühlen aus alten Zeiten durch euren Körper, so nimmt der Verstand diese Informationen und legt diese Realität als Basis fest.
So ist der Verstand eine Sammelstelle all der Informationen und diese fügt er wie ein Puzzle zusammen, um dann das Bild der Systemrealität darzustellen.
Der Verstand definiert so den Bewusstseinsraum, in dem ihr euch dann mit eurem Sein befindet. Was ist die sogenannte Realität? Sie ist die Erfahrungsformung in der Materie und darüber hinaus in allen Räumen des All-Eins-Seins.
Jeder Raum definiert eine Erfahrung. Diese Erfahrung speichert ihr als Realität ab. In diesem Raum haltet ihr euch dann auf und ihr habt euch so eine Aufenthaltsbasis geschaffen, von der ihr euch weiter auf den

Weg macht. So seht, ihr bedürft einer Basis, auf der ihr steht, um euch dann neu im System auszurichten, neue Entscheidungen zu treffen und neue Realitäten zu eröffnen, die euch dann als neue Basis dienen.

Würde der Verstand als Institution nicht funktionieren, würdet ihr euch in all den Räumen verlieren, ohne eine Systemrealität erschaffen zu können. Es ist ein Verlieren in den Räumen des Ausdrucks. Keine Basis wäre vorhanden, von der ihr euch weiterentwickeln könntet.
So dient euch der Verstand in der Entwicklung in der Linie der Zeit. Ihr erwacht in immer wieder neu entdeckten Realitäten, bis ihr die Realität all der universellen Mechanismen erfahrt und diese als Realität etabliert.
Denn in diesem Moment schaut ihr aus einer neuen Perspektive auf alle Räume des All-Eins-Seins und erfahrt die Wirklichkeit. Die Wirklichkeit ist das vollkommene Erfassen von ES. ES ist nicht gebunden an einen Erfahrungsraum. ES ist in allen Räumen enthalten.
Alle Erfahrungsräume sind geformt von ES.

Aber gut, nun zurück zum Potenzial eures Verstandes.
Ihr selbst steuert, welche Realität in euch als Basis dient. Denn ihr setzt den Fokus eurer Wahrnehmung und somit steuert ihr, welche Informationen an euren Verstand gesendet werden. Mit diesen Informationen formt der Verstand die Realitätsbasis in euch.
Schaut, seid ihr mit den äußeren Wahrnehmungsorganen in der Materie fixiert? So erreichen euch Trigger, die alte Egoprogramme in euch öffnen. Ihr fallt in diese Identifikation und der Verstand nimmt die durch euer System strömenden Gefühle als Information und erschafft die Realität dieser alten Erfahrung im JETZT als Systembasis. Ihr steht auf dieser Basis und eure Entscheidungen und Handlungen werden danach ausgerichtet.
Seid ihr mit eurer Wahrnehmung gleichzeitig in eurem inneren Universum, bekommt ihr parallel andere Informationen von eurem Original, eurem Geistwesen, im geistigen Raum gesendet.
So könnte eine neue Realitätsbasis geschaffen werden.

Jetzt kommt aber die Institution des Verstandes. Denn der Verstand hat gelernt, die Informationen aus dem materiellen Raum (ME) ernster zu nehmen. Eine Realität definiert er als »Das kann ich anfassen«, »Das sehe ich wirklich«. Materie wird von euch als Beweis der Echtheit genommen. Der Verstand will euch schützen, er möchte nicht, dass ihr euch verliert. Er möchte nicht, dass ihr den Verstand verliert. Verstand verlieren bedeutet, ihr könntet keine Realitätsbasis mehr in euch erschaffen und würdet euch in all den Räumen verlieren.
So hat der Verstand einen Anker gesetzt, indem er die Materie als Realität definiert hat.
Durch diesen Sicherheitsanker seid ihr im Abtrennungsraum als Realität fixiert. Euer Verstand manifestiert immer wieder eine Realitätsbasis in euch, abgestimmt auf die äußerlichen Informationen der Materie.
So sind es auch immer wieder die Gefühle und die alten Gedankenkonstrukte, die dem Verstand als Information dienen, um eure Systemrealität zu erschaffen.
Dies ist euer Gefängnis aus Angst, euch sonst in den Räumen der Unendlichkeit zu verlaufen.

Wie wäre es, wenn ihr eurem Verstand die Erlaubnis erteilt, ebenso Informationen aus eurem inneren Universum zu verwerten, um eine Basisrealität in euch zu erschaffen?
Was würde dadurch in euch eröffnet werden? Welche Realität würde sich als Erfahrung formen?
Euer Verstand ist wie das Cockpit in einem Flugzeug mit allen Messgeräten und Informationstafeln. Er wird gebraucht, um euch wieder nach Hause in das All-Eins-Sein zu fliegen. Doch ihr alle habt in euren Inkarnationen Erfahrungen gesammelt, wie es ist, den Verstand zu verlieren. Ihr habt erfahren, wie es ist, sich zu verirren, verloren zu gehen in der Unendlichkeit allen Seins. So habt Mitgespür mit euch selbst und versteht, warum ihr euren Verstandesanker so tief in die Materie vergraben habt.

Zurzeit lässt das All-Eins-Sein so viele neue Informationen in den Abtrennungsraum strömen, dass euer Verstand oft nicht mehr mit-

kommt. Das bedeutet, er gleicht Informationen mit der festgelegten Realitätsbasis ab und wenn dies nicht übereinstimmt, kann es auch sein, dass Informationen, die nicht dazu passen, ausgeblendet werden. **Dies ist ein weiterer Mechanismus des Verstandes. Er selektiert Informationen danach, was zum Realitätsbild passt und was nicht.**
Hier kommen wir zu dem Punkt, an dem das Potenzial des Verstandes verloren gegangen ist. Das Potenzial ist, alle Informationen zu sammeln, um den neuen Realitätsraum zu definieren. Aufgrund der Abtrennungserfahrung und der darin enthaltenen Angst werden Informationen nicht eingelassen, vielmehr gelöscht und als unreal definiert. **Unreal sind Informationen, die der Verstand nicht einlässt, um ein neues Bild zu erschaffen. Dies bedeutet, der Verstand hält an seiner in der Abtrennung erschaffenen Realität fest.**

3. Der Verstand und das Gespür

Hier kommt jetzt das Gespür zum Einsatz, um diese Verkrustung zu lösen und zu heilen.
Das Gespür erfasst den JETZT-Moment. Es erfasst die Informationen, die in dieser JETZT-Erfahrung enthalten sind. Das Gespür wertet nicht und ist frei in der Beobachtung.
Das Gespür ist ein Gewahrsein von ES. Das Gespür weiß darum.
Das Gespür sendet die Informationen des JETZT-Moments an den Verstand. Das Gespür ist frei von Gefühlen aus dem Abtrennungsraum. So braucht der Verstand im JETZT keine Vergleiche aus der Linie der Zeit als Information heranziehen, um alte Realitäten mit dem JETZT-Moment zu vergleichen. Durch das Gewahrsein der Gespürinformationen kann der Verstand diese leichter einlassen und formt die JETZT-Realität.
Es ist ein Lockern des Ankers, der gesetzt wurde in den harten Boden der Materie. Denn das Gespür sendet Informationen aus dem Herzraum, der in Verbindung mit der geistigen Welt steht, an den Verstand.

Je öfter ihr euch dem Gespür des JETZT-Moments öffnet, desto weicher und offener wird euer Verstand für das Formen neuer Realitäten in euch.

Es ist von höchster Priorität, dass ihr neue Realitäten in euch als Basis öffnen könnt. Dies ist die Voraussetzung, dass sich das All-Eins-Sein für euch als Wirklichkeit manifestiert.
Der Verstand als Institution darf wieder in seinem Potenzial erwachen. Der Verstand hat die Fähigkeit, die Realitätsformung dem Informationsraum anzupassen. Er dient der Orientierung und der Erschaffung einer Basis, von der ihr weiter ausgehen könnt.
Das Tauchen durch die Räume des Ausdrucks wird vom Verstand begleitet. Dazu braucht er die Flexibilität, Informationen frei verarbeiten zu können.
Setzt ihr einen Fokus in euer Gespür, so unterstützt ihr euren Verstand, dass er in sein ursprüngliches Potenzial zurückkehren kann.

4. Der Verstand und eure Gedankenwelt

Nun wisst ihr, euer Verstand sammelt Informationen und kreiert eure Realitätsbasis.
Nimmt er die äußeren Wahrnehmungsorgane als Informationsquelle, so werden altbekannte Basisrealitäten festgelegt und parallel dazu aktiviert der äußere Trigger den im Herznetz der Zeitmatrix hinterlegten Code dieser Realität. Das heißt, das Energiefeld, der Raum der alten Erfahrung, geht auf und baut sich um euch herum auf.
Der Verstand bekommt diese Informationen nun auch aus dem eigenen System und legt die Basisrealität fest.
Der Verstand ist sozusagen die letzte Instanz, die Realitäten besiegelt. So können Glaubenssätze aktiviert werden, doch am Ende setzt der Verstand die finale Realität als Punkt fest.
Ein Glaubenssatz ist aus Wörtern gebaut. Wörter beinhalten Energien. Sätze sind zusammengesetzte Bausteine, Wörter, die als Ganzes dann

eine Energieformel in sich tragen. So haben Sätze kombinierte Kräfte in sich und einzelne Wörter gebündelte Kräfte.
Wörter und Sätze sind blockierte, in einer Identifikation festgehaltene Energien.

Ihr diskutiert darüber, ob Gedanken vor den Gefühlen in euren Systemen bestehen oder die Gefühle die Gedanken hervorrufen. Ihr seid Empfänger, die durch Informationen in Egoprogramme fallen oder sich als Schöpfer des All-Eins-Seins erfahren.
So, was könnt ihr empfangen? Ihr könnt Informationen von Gefühlen im Außen und ihr könnt Informationen von Gedanken im Außen empfangen.

Ja, ihr nehmt die Informationen von Gedanken im Außen wahr und hier greift das gleiche Prinzip wie bei den Resonanzgefühlen und den Spiegelgefühlen.
So existieren Resonanzgedanken und Spiegelgedanken.
Daran erkennt ihr schon, dass Gedanken ebenso Schwingungen im Raum des Massenbewusstseins sind, die ihr als Menschwesen erschaffen habt.
Wörter, Sätze sind Konstrukte aus dem Abtrennungsraum. So wie Gefühle Energien aus dem Abtrennungsraum sind.
Wir in der geistigen Welt kommunizieren über Energiefrequenzen, über das Gespür. Das Gespür hat keine Wörter, keine Sätze. **ES ist von Wörtern befreit.**
Wörter, Sätze sind ein Versuch, Informationen im Abtrennungsraum zu transportieren, doch sie sind begrenzt wie der Abtrennungsraum selbst.
Im Gespür wird wortlos wahrgenommen.
Eure Zirbeldrüse empfängt und sendet diese Informationen des Gespürs an euer Gehirn, das dann diese Informationen für euch in Wörter und Sätze umsetzt.
Diesem Thema widmen wir uns gleich noch in der Tiefe der Bedeutung.

Vielleicht kennt ihr das, wenn ihr in tiefer Meditation seid, in das Gewahrsein eingetaucht seid und danach versucht, dafür Wörter zu finden. Dies geht nicht, da es euch viel zu begrenzt vorkommt, eure Erfahrung in Wörter zu verkleiden.
Diese Erfahrung zeigt euch die Begrenztheit der Wörter und der Sätze, die ihr aus Wörtern formt.

So, nun zu euren Gedanken. Gedanken sind Sätze zusammengebaut aus Wörtern. So sind Gedanken immer wieder Versuche, Informationen mit eurem Verstand zu greifen, um eine Realität festzulegen. Denn darauf ist der Verstand aus.
So nehmt ihr im Außen unbewusst Schwingungen von Gedanken auf. Ihr nehmt diese in euer System, denn ihr habt euch in der Linie der Zeit stets mit der Gedankenwelt identifiziert, um euch nicht in den Räumen der Unendlichkeit zu verlieren.
Gleichen diese im Außen wahrgenommenen Gedanken einem Glaubenssatz in euch, so geht ihr in Resonanz und das dazugehörige Egoenergiefeld öffnet sich.
So seid ihr mit eurem Verstand in dieser Realität. Die Schwingung des äußeren Gedankens hat euch in das Egofeld gebracht und darauf folgt durch die Öffnung des Glaubenssatzes auch die Öffnung der entsprechenden Gefühle. So war der Gedankentrigger im Außen die Ursache für die Gefühlswelle, die aus diesem Informationsfeld folgt.

Andersherum könnt ihr durch Gefühlsschwingungen im Außen getriggert werden, der entsprechende Glaubenssatz geht auf, die dazugehörige Gedankenwelt öffnet sich und diese Bausteine an Energien, geformt als Wörter, schwirren durch euren Verstand, um eine abschließende Realität zu formen.
Ihr seht, beide Varianten sind möglich.
Die äußeren Gedankenwelten triggern eure Gedanken, somit den dazugehörigen Glaubenssatz und darauf folgt das Gefühl. Oder die äußere Gefühlswelt triggert eure Gefühle, somit den dazugehörigen Glaubenssatz und darauf folgen eure Gedanken.

So gehören in den Raum eines Glaubenssatzes die entsprechenden Gefühlsfrequenzen und die entsprechenden Gedankenbausteine.

Nun kann es sein, ihr nehmt im Außen Gedanken wahr und da ihr mit Gedanken identifiziert seid, seid ihr dann diese Gedanken. Diese Spiegelgedanken strömen durch euer System und euer Verstand glaubt nun, sich damit beschäftigen zu müssen, um einen Standpunkt dazu zu entwickeln, denn er erlebt es als Auftrag, eine Realität daraus zu formen.
Euer Verstand wird durch Spiegelgedanken beschäftigt und kommt von seinem eigentlichen Potenzial vollkommen ab.

Seht, wie wichtig es ist, dass ihr versteht, Gedanken sind wie Gefühle Energieschwingungen im Abtrennungsraum und solange ihr davon überzeugt seid, dass euer Sein mit Gedanken identifiziert ist, seid ihr gefangen im Abtrennungsraum und abhängig von der Gedankenwelt des Massenbewusstseins.
Der Raum des Massenbewusstseins hat einen ganzen Pool an Gedankenkonstrukten die ihr Menschwesen in der Linie der Zeit erschaffen habt. Diese Gedankenwelt möchte von euch transformiert werden.
Erkennt die Bedeutung von Gedanken für euren Verstand im Abtrennungsraum.

Hier ein weiterer wichtiger Aspekt:
Ihr habt ein Werkzeug erschaffen, dass ihr euch statt negativ bewerteter Gedanken positiv bewertete Gedanken erschafft, um euch dann diese Realität als Basis zu setzen.
Nun seht, es ist die Kreation eines Gegenpols. Es ist das gleiche Prinzip wie in der Gefühlswelt. Gefühle sind Schwingungen aus dem Abtrennungsraum. Gedanken sind Konstrukte erschaffen aus Wörtern, Sätzen, die versuchen, Informationen zu transportieren. **Auch Gedanken sind somit Konstrukte aus dem Abtrennungsraum.**
Ob ihr nun von euch positiv oder negativ bewertete Gedanken in euch formt, ihr bleibt präsent im Abtrennungsraum.

Es geht nicht darum, das Transportmittel von Gedanken nicht zu nutzen, doch wisst um diese Tatsache.
Wir möchten euch ins Herz legen, taucht immer wieder in den Raum »ohne Worte«, dort ist das Gewahrsein, das keiner Worte bedarf.
Hier in diesem Punkt löst ihr euer Sein aus dem Abtrennungsraum und ihr erkennt immer mehr, dass ihr nicht die Gedanken in eurem System und nicht die Gefühle in eurem System seid. Dies ist eine tiefe Bitte von uns an euch.
Lernt zu unterscheiden, was sind Spiegelgedanken und was sind Resonanzgedanken, die euch im äußeren Raum gesendet werden.
Fokussiert euch in euren Herzraum und erfahrt dort das wortlose Gewahrsein, es bedarf nicht der Worte. ES ist.

>> **10. Matrixerfahrung: Loslösung aus der Identifikation mit deinen Gedankenwelten**
(im Audiopaket zum Buch – siehe Einleitung vorn im Buch)

5. Eure Körperempfindungen und das Gespür

Körperempfindungen sind ebenso erschaffener Ausdruck im materiellen Raum (ME). Euer Körper als Gefäß kreiert seinen eigenen Ausdruck, der ebenso mit einem Egoraum gekoppelt sein kann.
So habt ihr Körperempfindungen aus vergangenen Inkarnationen, die noch in der Identifikation mit eurem Sein verklebt sind.
Das Prinzip ist immer das Gleiche. **Identifikation blockiert die Energien im Fließen.**
Eine Erfahrung möchte im Ausdruck erfahren werden. Ist der Ausdruck vollzogen, ist er beendet und die Energien fließen aus der Definition heraus, um sich neu zu formen.
So auch mit euren Körperempfindungen. Da ihr euch aber mit eurem Körper identifiziert, seid ihr die Körperempfindungen und sie können ihren Ausdruck nicht vollenden.

So können auch Körperempfindungen Trigger sein, die ein Egofeld um euch eröffnen, einen Glaubenssatz aktivieren und damit Gefühlen und Gedanken aus diesem Energiefeld folgen.
Es gibt wie bei den Gefühlen und Gedanken Resonanzkörperempfindungen und Spiegelkörperempfindungen. Auch Körperempfindungen können Informationen aus dem äußeren Raum, von einem Menschwesen oder dem Massenbewusstseinsraum, sein.
Nehmt ihr diese Schwingung auf, könnt ihr in Resonanz fallen, ist ein Egofeld identisch mit dieser Information. Oder ihr übernehmt Spiegelkörperempfindungen und identifiziert euch damit, obwohl diese nicht in euer System gehören.
Körperempfindungen als Frequenz sind träger und materieller als Frequenzen von Gefühlen und Gedanken. Daher kommt es weniger häufig vor, dass ihr Spiegelkörperempfindungen empfangt. Aber diejenigen unter euch, die sehr sensibel sind, empfangen auch diese Informationen aus einem System eines anderen Menschwesens oder aus dem Massenbewusstseinsraum.
So wisst um dieses Prinzip und schult euch darin, die Informationen zu unterscheiden.

Löst ihr euch aus der Identifikation mit eurem Körper, fällt es euch leichter, euch auch aus den Körperempfindungen zu lösen. Durch das Loslösen aus den Körperempfindungen fällt es euch leichter, in euren Herzraum zu tauchen und das Gespür in euch als Wahrnehmungsquelle zu öffnen. Starke Körperempfindungen zu haben, ist eine große Blockade, die euch sehr davon abhält, in das Gewahrsein des Gespürs zu fallen. **Denn Körperempfindungen holen euren Bewusstseinsfokus immer wieder in den Raum der Materie und somit in die alte Basisrealität eures Verstandes. Dies ist ein Kreislauf, der eures ganzen Fokus und eurer Hingabe an euer Sein bedarf, damit sich dieser Kreis von blockierten Energien öffnen kann und neue Erfahrungen einfließen können.**

>> 11. Matrixerfahrung: Loslösung aus der Identifikation mit deinen Körperempfindungen
(im Audiopaket zum Buch – siehe Einleitung vorn im Buch)

6. Der Raum des Massenbewusstseins

So seht, ihr befindet euch in dem Raum des Massenbewusstseins. Alle Menschwesen haben darin Platz genommen. So seid ihr mit eurem Matrixsystem eingebunden in den Raum des Massenbewusstseins. Wir sagten euch bereits, dass der Austausch eurer Systemenergien mit dem Massenbewusstsein über die Verbindungsmatrix läuft. Ihr lasst Energien ein und ihr gebt Energien ab. So bei jedem Menschwesen. Aus diesen Energien bildet sich das Energiefeld des Massenbewusstseins und mit diesen Energien werden die Voraussetzungen für das Leben als Menschheit erschaffen.
So ist jedes einzelne Menschwesen mitverantwortlich, wie dieser Raum im Massenbewusstsein gestaltet wird.

Seid ihr in eurem System in der Zeitmatrix präsent, das heißt, habt ihr euch mit einem Egoraum identifiziert, so strömen Egoenergien durch eure Systeme und diese gebt ihr über die Verbindungsmatrix in das Massenbewusstsein ab. Seid ihr präsent im Herzraum, also in der Seinsmatrix, dann sendet ihr Energien aus dem All-Eins-Sein, also hochschwingende Energien in den Massenbewusstseinsraum aus.
Ihr selbst werdet von Energien ernährt, je nachdem, wo ihr präsent seid. Im Raum der Zeit, also im Raum der Schatten, strömen Energien von außen aus dem Massenbewusstsein des Schattensystems in euch ein. Seid ihr im Herzraum selbst, so strömen Energien aus eurem Herzzentrum, gesendet aus der geistigen Welt, in eure Systeme ein.
Wir beschreiben dies so extrem, damit ihr ein Bild bekommt. Natürlich sind diese Prozesse etwas komplexer und ihr werdet parallel von mehreren Energien durchströmt: Egoenergien und Seinsenergien. Es gibt nicht dieses Schwarz und Weiß. Alles ist, und zwar gleichzeitig.

So beinhaltet der Massenbewusstseinsraum Egoräume. Egoräume, die sich manifestieren und durch die dann mehrere Menschwesen betrof-

fen sind. Die Egoräume sind definierte Energiefelder, in denen sich mehrere Menschen befinden.
In der Linie der Zeit befindet ihr euch in einer Phase, in der viele Egoräume des Massenbewusstseins aktiviert werden und in eurem Bewusstsein auftauchen. Sie werden aktiviert, damit ihr wirken könnt, sodass sie transformiert werden können. Der Raum des Massenbewusstseins möchte in seinen Frequenzen gehoben werden. Ihr Menschwesen habt die große Fähigkeit, dies zu bewirken, denn ihr befindet euch mittendrin.
Ihr habt das Anliegen, im Massenbewusstsein zu wirken, nur das Werkzeug in der Tiefe fehlt euch. Dies ist unser Anliegen. Wir möchten euch mit diesem Buch dieses Werkzeug überreichen.

Nun ist die große Frage für euch: Wie verwandelt ihr Egoräume des Massenbewusstseins?
Als Erstes macht euch bewusst, dass auch hier der Mechanismus der Verblendung eine Rolle spielt. So wie in eurem eigenen System wendet ihr das Prinzip in Bezug auf den Massenbewusstseinsraum an. Ihr hört, seht, spürt Egoräume, die von den Menschwesen kreiert wurden, und doch entscheidet ihr innerlich, euch wieder davor zu verschließen, da ihr glaubt, diesem nicht standzuhalten, dort selber innerlich hineinzufallen und selbst in diesem Raum verloren zu gehen. Ja, da liegt ihr auch nicht ganz falsch. Denn euch hat Wissen und Werkzeug gefehlt.

Es ist nun unser großes Anliegen, euch dieses zu schenken.
Wisst darum. Jeder Einzelne von euch ist ein Portal, durch das Energien strömen möchten, ohne dass ihr euch damit identifiziert. So seid ihr diejenigen, und zwar alle von euch, die die Egoräume des Massenbewusstseins integrieren und transformieren können. Doch was braucht es dafür?

Wir sagten schon, die Zeit der Gemeinschaft hat begonnen. Das bedeutet, euer Wirken darf sich nun auf die Gemeinschaft ausdehnen. Das, was ihr energetisch für euch gelernt habt, dürft ihr jetzt für die gesamte Menschheit anwenden. Es ist soweit.

7. Wahrnehmungsorgane der Gefühle und des Gespürs

Damit ihr das Werkzeug, das wir euch in Bezug auf die Transformation schenken möchten, nutzen könnt, möchten wir euch die Wahrnehmungsorgane der Gefühle und des Gespürs offenbaren. Ihr wisst bereits darum, dass ihr für den materiellen Raum die äußeren Wahrnehmungsorgane und für die Projektionsebene (PE), euer inneres Universum, die inneren Wahrnehmungsorgane gebraucht. Bisher sprachen wir von den äußeren und inneren Augen, von den äußeren und inneren Ohren und von dem inneren Herzgespür.

Nun möchten wir dies weiter spezifizieren, um euch ein tieferes Verständnis zu schenken. Wir lehren euch jetzt den Unterschied zwischen Gefühl und Gespür.
Der materielle Raum ist der Raum der Gefühle. Gefühle sind Energien, entstanden im Abtrennungsraum. Es sind Erfahrungsfrequenzen der Abtrennungserfahrungen. So sind Gefühle in ihrem Ausdruck nur im materiellen Raum vorhanden. Das Gespür ist ein Erfassen von Energiefeldern, die sich kristallisieren. In der geistigen Welt existieren keine Gefühle als Frequenzen, es ist sozusagen eine gefühlsfreie Zone. Ihr Menschen seid die Wesen, die Gefühle für das All-Eins-Sein erfahren. Wir Lichtwesen können diese Energiefelder mit unserem Gespür erfassen, aber nicht durch unsere Systeme erfahren.

Die Energien der Gefühle fließen also im Raum der Materie. Eure Körper befinden sich im Raum der Materie. So ist in ihnen das Wahrnehmungsorgan für die Energien der Gefühle installiert. Eure Körper nehmen die Frequenzen der Gefühle in und auch außerhalb von euch wahr. Es sind die Zellen, die eure Körper formen, die die Frequenzen der Gefühle erfassen und an euer Gehirn weiterleiten. Eure Gehirne übersetzen diese Informationen und ihr empfindet Gefühle.
Schaut, euch ist bekannt, dass wenn ihr zum Beispiel auf eine heiße Herdplatte fasst, die entsprechenden Rezeptoren diese Information ans Gehirn senden und dieses übersetzt für euch die Information.

Gefühle in euch sind Ablagerungen aus alten Erfahrungen. Diese Gefühle sind gespeichert in euren Zellen und in eurem Schmerzkörper, in den drei Auraschichten des Schattenuniversums um euch. **So haben die Zellen zwei Funktionen. Einmal speichern sie diese Informationen und wenn die entsprechenden Egoräume getriggert werden und die Energien der Gefühle ins Fließen kommen, senden die Zellen diese Gefühlsinformationen zum Gehirn.**
Ein Gefühlsinformationsfeld im Außen wird ebenso wahrgenommen und ans Gehirn gesendet. Da dies über eure körpereigenen Zellen gesendet wird und ihr euch mit euren Körpern identifiziert, werden auch die Gefühlsinformationen aus dem Außen von euch als eure eigenen eingeordnet.
Hier beschrieben wir im ersten Buch *OHNE WORTE* bereits den Unterschied zwischen Resonanzgefühlen und Spiegelgefühlen und sind auch in diesem Buch an vorheriger Stelle darauf eingegangen.
Resonanzgefühle sind also Gefühle, die als Information aus eurem eigenen System stammen, von euren Zellen wahrgenommen werden und dann ans Gehirn gesendet werden. Spiegelgefühle sind Gefühlsinformationen außerhalb eures Systems, die von euren Zellen wahrgenommen und an euer Gehirn weitergeleitet werden.
Die Identifikation mit eurem Körper lässt euch diesen Unterschied nicht registrieren. So war es uns ein großes Anliegen, euch diese Zusammenhänge zu erläutern. Denn die Selbstermächtigung in eurem System ist die Basis im Prozess des Erwachens.

Also was genau ist das Gespür? Durch euer Herztor strömen die Energien aus der geistigen Welt in euren Herzraum ein. Ihr könnt euren Herzraum ausdehnen und somit all die angebundenen Energien in euer Matrixsystem einströmen lassen. Der Herzraum entsteht in eurer Seinsmatrix. Die Seinsmatrix ist der Raum, in den sich die Energien aus der geistigen Welt ergießen. Die Energien aus der geistigen Welt sind hochfrequente Energien. Sie beinhalten keine Gefühlsinformationen. Sie beinhalten »ES ist«-Informationen, dies sind Informationen des Gewahrseins. Natürlich können diese Energien in eurem inneren Universum Informationsbilder über von euch erschaffene Egoräume hineinprojizieren. Wir sagten ja bereits, wir nehmen eure Erfahrungen über das Gespür wahr, aber wir erfahren sie nicht über die Gefühlsinformationen. Die Gefühle zu diesen Informationen aus dem Gewahrsein werden dann in euren Zellen freigesetzt und mit den »ES ist«-Informationen gekoppelt. Die Gefühle zu den entsprechenden Bildern werden aus dem materiellen Raum hinzugefügt, sodass sich das ganze Bild für euch ergibt und ihr beginnen könnt, diesen Egoraum für euch zu transformieren.

Das bedeutende Wahrnehmungsorgan des Gespürs ist die Zirbeldrüse. Die Zirbeldrüse funktioniert wie eine Antenne. Sie nimmt die Frequenzen der »ES ist«-Informationen auf und sendet diese weiter ans Gehirn. Das Gehirn verarbeitet diese Eindrücke.

Seht, wie die Informationen ans Gehirn geleitet werden und der Verstand daraus eine Basisrealität erschafft. Die Zirbeldrüse ist daher ein sehr besonderes und wichtiges Organ.

Sie ist ein Organ im materiellen Raum und gleichzeitig gehört sie zu den inneren Wahrnehmungsorganen. Sie kann Informationen aus eurem inneren Universum, der Projektionsebene (PE), übersetzen und in den materiellen Raum transportieren.

So ist die Zirbeldrüse ein energetisches Portal.

Portale bezeichnen wir als Tore, die unterschiedliche Räume miteinander verbinden, vielmehr einen Durchgang bieten.

Die Zirbeldrüse transportiert Informationen zwischen der Materiellen Ebene (ME) und der Projektionsebene (PE), eurem inneren Universum, in das die Informationen durch das Herztor aus der Geistigen Ebene (AGE) einströmen.

Seht, wie wichtig die Zirbeldrüse ist. Wir sagten euch, dass euer Verstand eure Basisrealität erschafft. Das Gespür ist gefühlsneutral und lädt den Verstand ein, seine Verblendung aufzuweichen.

Durch die Fähigkeit des Gespürs durch die Zirbeldrüse öffnet sich der Verstand für eine neue Basisrealität und integriert die Wirklichkeit des All-Eins-Seins. Das All-Eins-Sein ermächtigt euch in eurer Autarkie und eurer Authentizität.

Also warum, glaubt ihr, ist es so immens wichtig, eure Zirbeldrüse als Wahrnehmungsorgan mehr und mehr zu öffnen?

Erst durch das Potenzial der Zirbeldrüse seid ihr fähig, das Gewahrsein des All-Eins-Seins als neue Basisrealität zu etablieren und weiter durch die Räume der Wirklichkeit zu tauchen.

>> **12. Matrixerfahrung: Öffnung deines Gespürs über die Zirbeldrüse**
(im Audiopaket zum Buch – siehe Einleitung vorn im Buch)

8. Transformation der Egoräume bezogen auf die Gefühlswelten im Massenbewusstsein

Eure Wirkungskraft im Massenbewusstsein zu entfalten, ist jetzt die authentische Lebensbewegung. Der Fokus des All-Eins-Seins wird in die Formung einer authentischen Gemeinschaft gesetzt.
Im Buch *OHNE WORTE* sagten wir euch, dass das Individuum für die Heilung aller gebraucht wird. So ist die Vorarbeit des Erwachens in jedem Einzelnen vonnöten. Die daraus entfachte Wirkungskraft jedes Einzelnen darf jetzt genutzt werden, um die Energien im Massenbewusstseinsraum zu verwandeln. Die Frequenzen wollen erhöht werden, denn die Menschheit kann den Abtrennungsraum an sich nur als Gemeinschaft verwandeln und in die fünfte Dimension erheben.
Jeder Einzelne von euch hat zur Gestaltung des Massenbewusstseinsraumes beigetragen, in dieser Inkarnation sowie in allen vorherigen und zukünftigen Inkarnationen.
So hat jeder von euch die freie Wahl, hier zu wirken.
Um eure Wirkungskraft im Sinne des All-Eins-Seins zum Wohle aller Wesen einzusetzen, möchten wir euch eine genaue energetische Einteilung der folgenden Zustände an die Hand geben. Wir möchten zwischen den energetischen Wirkungen von Mitleid, Mitgefühl und Mitgespür unterscheiden. Alle drei Wörter beschreiben, dass ihr Energien aus eurem Umfeld wahrnehmt. Ihr nehmt Gefühlsinformationen aus fremden Energiefeldern wahr. Dies bedeutet, diese Energien befinden sich nicht in eurem eigenen System.

Ihr meint bereits zu wissen, dass das heilsame Gefühl im Vergleich zu dem Mitleid das Mitgefühl ist. Doch was bedeutet das genau? Was bedeutet es aus energetischer Sicht, Mitleid zu haben?
Nun nehmt Bezug auf unsere vorherigen Zeilen.
Sagen wir mal, ein großer Egoraum im Massenbewusstsein ist aktiviert worden und ihr selbst seid in eurem Leben nicht davon betroffen.

Im Mitleid nehmen eure Zellen Gefühlsinformationen aus diesem Egoraum des Massenbewusstseins wahr. Da es sich um Gefühlsinformationen außerhalb eures Systems handelt, bezeichnen wir diese als Spiegelgefühle.
Diese Frequenzen erinnern eure eigenen Zellen an einen ähnlichen Egoraum, der in eurem System in den Zellen abgelagert ist und vielleicht bisher noch nicht aktiviert wurde. So geht ihr in Resonanz mit den Frequenzen aus dem Egoraum des Massenbewusstseins. Ihr fallt sozusagen in einen ähnlichen Egoraum in euch selbst.
So entstehen aus den vorerst wahrgenommenen Spiegelgefühlen Resonanzgefühle, da durch den Spiegel im Außen in euch etwas in Resonanz geht. Der Trigger ist gesetzt.
So ist der Egoraum des Massenbewusstseins gefüllt mit niederfrequenten Energien und sendet diese in den Raum des Massenbewusstseins. Ihr selbst seid identifiziert mit eurem ähnlich schwingenden Egoraum, gefüllt mit niederfrequenten Energien, und sendet diese ebenfalls in den Raum des Massenbewusstseins. So wird der Raum des Massenbewusstseins dunkler, da er mit niederfrequenten Energien ernährt wird. Im Zustand des Mitleides kann keine Heilung bewirkt werden.

(siehe Abbildung 45, Abfolge 1–3)

Im Mitgefühl nehmen eure Zellen Gefühlsinformationen aus diesem Egoraum des Massenbewusstseins wahr. Da es sich um Gefühlsinformationen außerhalb eures Systems handelt, bezeichnen wir diese, wie ihr jetzt wisst, als Spiegelgefühle.
Nun nehmt ihr Gefühle wahr, die eigentlich nicht mit euch in Verbindung stehen.

Das, was ihr im Buch *OHNE WORTE* gelernt habt, ist, euch nicht mit diesen Energien zu identifizieren. Identifiziert ihr euch damit, so werden diese Energien zu euren und euer Sein setzt sich in diese Energien, somit seid ihr zu diesen Energien aus dem Außen geworden. Ihr seid sozusagen dort hineingefallen. Seid ihr der Bewusstseinsarbeit zugewandt, so meint ihr jetzt, an diesen Energien arbeiten zu müssen, um sie in euer System zu integrieren. Dieses Wirken ist sinnlos, denn diese Energien können nicht in euer System integriert werden, da sie nicht zu euch gehören.
Das Erkennen von Spiegelgefühlen bewirkt, dass ihr euch nicht mehr damit identifiziert und somit Beobachter dieser bleibt. So werdet ihr zum Spiegel für den außenstehenden Egoraum des Massenbewusstseins, zu dem diese Gefühle, diese Energien gehören.
Der Unterschied zum Mitleid ist, dass ihr es schafft, euch nicht mit diesen Spiegelgefühlen zu identifizieren, und somit nicht in Resonanz mit diesem Egoraum des Massenbewusstseins geht. Ihr fallt in keinen eigenen Egoraum.
Die Spiegelgefühle aktivieren keine Resonanzgefühle.

Bei diesem Prozess kommt jedoch noch eine andere Komponente ins Spiel. Ihr selbst habt, wie ihr wisst, in eurem System Egoräume, mit denen ihr euch auseinandersetzen dürft, um sie zu integrieren und dann zu transformieren. Jetzt denkt an Zeiten, als ihr noch klein wart. Egoerfahrungen haben euch überfordert, der Schmerz und die Angst, die darin enthalten sind, haben euch überfordert. So gibt es den Mechanismus der Verdrängung, der Verblendung in euch. Ihr werdet mit euren inneren Wahrnehmungsorganen blind, taub und ohne Gespür für diesen schmerzhaften Egoraum.
Er wird verblendet. So glaubt ihr, das Thema ist erledigt, vielmehr glaubt ihr, eine Lösung gefunden zu haben. Doch euch schwant irgendwann, dass dieser Raum anklopft und erlöst werden möchte. So praktiziert ihr bestenfalls die Bewusstseinsarbeit, um den Prozess des Erwachens zu meistern.
Ihr könntet euch auch trotz anklopfendem Egoschmerzraum entscheiden und sagen: »Nein, das ist mir zu viel Schmerz und Angst, ich bin nicht so weit.« Und ihr bleibt blind, taub und ohne Gespür.

Dieses Prinzip ist das gleiche in Bezug auf den Massenbewusstseinsraum.
Es gibt so unendlich viele Egoräume voller Schmerz, Leid und Angst auf dieser Welt. Von manchen hört ihr und von manchen erfahrt ihr im Bewusstsein nichts. Doch sie existieren schon die ganze Zeit. Sie leiten niederfrequente Egoenergien in den Raum des Massenbewusstseins. So wird der Raum, in dem die Menschheit Platz genommen hat, in einer niedrigen Frequenz gehalten. Doch schaut, die Menschheit möchte erwachen.
Es bedarf der Integration und Transformation der Egoräume des Massenbewusstseins, um die Frequenzen in dem Raum, in dem ihr Menschen Platz genommen habt, zu erhöhen und euch damit die Fähigkeit zu schenken, weiter und tiefer in die Raum-in-Raum Erfahrung einzutauchen.

Doch was hat der Verblendungsmechanismus mit dem energetischen Zustand des Mitgefühls zu tun? Ihr seid einen Schritt weiter als das Mitleid gekommen. Das heißt, ihr fallt nicht in einen eigenen schmerzhaften Egoraum und identifiziert euch damit. Doch ihr dürft wissen, die Gefühlsinformationen aus Massenegoräumen haben eine enorme Kraft. Ihre niedere Schwingung ist sehr durchdringend. So bedarf es für euch an Abstand, um ins Mitgefühl zu kommen. Das heißt, ihr baut eine Grenze um euch, damit ihr in eurem Herzzentrum verweilen könnt. Von dort aus sendet ihr Licht hin zum Massenegoraum. Ihr selbst schafft es, euch im Licht zu halten.
Doch um euch dort halten zu können, bedarf es der Verblendung. Andernfalls würdet ihr in Resonanz fallen. Resonanzgefühle würden greifen und euch in den eigenen passenden Egoraum werfen. Ihr alle habt noch Egoräume in euch, die zu den entsprechenden Massenegoräumen passen.
Nun erkennt, wie wertvoll das vorherige Wissen ist, das wir euch gaben.

Mitleid und Mitgefühl sind energetische Zustände, entstehend aus Spiegelgefühlen. Spiegelgefühle, wie es das Wort schon sagt, sind In-

formationsgefühle aus dem Raum des Massenbewusstseins. Ihr nehmt diese also mit euren Zellen, eurem Körper im materiellen Raum wahr. So findet diese Wahrnehmung mit den äußeren Wahrnehmungsorganen und somit aus dem Abtrennungsraum heraus statt. Die Wahrnehmung aus dem Abtrennungsraum heraus birgt die Folge in sich, dass ihr in eigene Egoräume, in eigene Abtrennungsräume in euch fallen könntet. Dies ist der äußeren Wahrnehmung geschuldet, eine logische Schlussfolgerung.
Gefühle sind Informationen, Energien aus dem Abtrennungsraum. Spiegelgefühle und Resonanzgefühle sind Mechanismen, die in eurer Präsenz im materiellen Raum greifen.

So seid ihr im Mitgefühl automatisch gezwungen, euch von dem äußeren wahrgenommenen Massenegoraum abzugrenzen, da ihr sonst durch Resonanzgefühle in einen eigenen fallen würdet. Diese Abgrenzung nennen wir Verblendung.
Ihr schafft es, in eurem eigenen Licht zu verweilen, aber seid abgegrenzt zum Egoraum im Außen. Was bewirkt dies aus energetischer Sicht?
Ihr erschafft eine noch stärkere Polarität. Ihr seid im Licht in Abgrenzung zum dunklen Raum. So wird die Abtrennung des dunklen Raumes verstärkt. Der dunkle Raum wird noch dunkler und ihr braucht Kraft und Verblendung, um im eigenen Licht bleiben zu können.

Viele von euch glauben, im Mitgefühl Großes zu bewirken. Doch dient es lediglich eurer eigenen Stabilisation. Im Mitgefühl befindet ihr euch außerhalb des äußeren Egoraumes und ihr schaut von außen auf diesen Raum. Hier meint ihr, ihr würdet nun Licht und Liebe zu diesem Raum strömen lassen. Von außen auf einen Egoraum schauen, heißt Mitgefühl zu haben.
Hier schenken wir euch ein Bild: Ein dunkler Raum kann nur mit Licht erhellt werden, wenn ihr euch in ihn hineinbegebt. Im dunklen Raum selbst existiert eine Tür. Ihr habt nur die Möglichkeit, diese Tür zu öffnen, wenn ihr mit eurem Bewusstsein in den Raum hineingeht.

Ihr bleibt außerhalb des Raumes und versucht, Licht in den Raum zu senden. Der Raum selbst wird nicht beleuchtet und kann so auch nicht heilen. Es greift sogar ein Mechanismus, der bewirkt, dass der Egoraum in den Widerstand geht und einen Gegenpol zum Licht erschafft und noch dunkler wird.
So dürft ihr im Massenbewusstsein das gleiche Prinzip anwenden, wie in der Arbeit mit euren eigenen Egoräumen. Begebt euch in diese Massenbewusstseinsräume hinein und öffnet dadurch die Tür des Lichts in den Räumen selbst.

(siehe Abbildung 46, Abfolge 1–4)

Im Mitgespür habt ihr die große Fähigkeit, eure inneren Wahrnehmungsorgane zu benutzen, um das Energiefeld des Massenegoraumes wahrzunehmen. Das bedeutet, ihr aktiviert eure Zirbeldrüse und erfasst anhand der gesendeten Informationen aus dem geistigen Raum das Egoenergiefeld. Eure Basisrealität ist in eurem Herzraum verankert. Dies bedeutet, euer Verstand hat die Realität des Herzraumes und die darin enthaltenen Energien als Realität anerkannt.
Euer Sein ist somit im Herzraum selbst präsent. Dies ist die Basis für das Wirken im Massenegoraum selbst.
Nun dienen euch eure äußeren Wahrnehmungsorgane und euer Körpersystem als Transformator. Euer Sein ist im Gewahrsein im Gespür und euer Körper lässt die Gefühlsinformationen aus dem Massenegoraum einströmen. Die Spiegelgefühle werden in eurem System registriert und der wertfreie Beobachter beobachtet die durch das System fließenden Energien. Ihr befindet euch dann bildlich gesprochen in dem dunklen Massenegoraum und von dort aus strahlt euer Licht in diesen Raum, während ihr die dort vorhandenen niederfrequenten Energien transformiert.
So werden die Energien des Massenegoraumes durch euch transformiert. Ihr fallt nicht wie beim Mitleid in eigene Egoräume, wodurch ihr eure Wirkungskraft nicht mehr für das Massenbewusstsein einsetzen könnt, und ihr müsst euch nicht wie beim Mitgefühl abgrenzen,

um nicht in Resonanzgefühle zu fallen, wodurch ihr ebenso nicht im Sinne des Massenbewusstseins wirken könnt.
Im Mitgespür seid ihr präsent in eurem inneren Raum, also nicht im materiellen Raum, und durch die Wahrnehmung eurer Zirbeldrüse bleibt ihr im Gespür.
So können eure Zellen die Energien des Massenegoraumes einströmen lassen und ihr wirkt im Sinne des All-Eins-Seins. Die Transformation der niederfrequenten Energien wird durch euch als wertfreier Beobachter initiiert. Die Gefühlsenergien aus dem Massenegoraum finden durch euch Ausdruck ohne Identifikation und durch wertfreies Beobachten. Damit sind sie erlöst und befreit und vereinen sich wieder mit der Quelle des All-Eins-Seins.
Ihr bewirkt Großes dadurch.

(siehe Abbildung 47, Abfolge 1–5)

Erkennt nun, wie bedeutsam es ist, eure eigenen Schmerzräume zu kennen, und wie wertvoll es ist, diese in das Kollabieren hinein zu begleiten. Denn so seid ihr fähig, dem Massenbewusstsein zu dienen. Ihr habt so die lichtvolle Fähigkeit erworben, in die Egoräume des Massenbewusstseins zu tauchen, dort euren Fokus zu setzen und gleichzeitig präsent im eigenen Herzraum zu sein. Ihr dient der Menschheit und erhöht so die Schwingung des Massenbewusstseinsraumes.
Das Üben und Praktizieren, die eigene Präsenz im Herzzentrum zu halten, ist enorm wichtig für euch allein und JETZT ganz besonders für die gesamte Menschheit.

So schaut, hört und spürt. Erlaubt euch einzutauchen in die Egoräume der gesamten Menschheit und öffnet in dunklen Räumen die Tür, die das Licht dieses Raumes offenbart.

Wir möchten noch einen Schritt weitergehen und euch folgende Information schenken.
Das Erlösen von blockierten Energien aus den Egoräumen geschieht im Massenbewusstsein wie in euch durch den Ausdruck dieser Ener-

gien ohne Identifikation mit diesen. So taucht ihr in die Egoräume des Massenbewusstseins, bringt diese Energien in den Ausdruck, ohne zu werten und ohne euch zu identifizieren.
Erinnert euch, in dem Buch *OHNE WORTE* sprachen wir von dem Egoerfahrungszyklus und dem Geisterfahrungszyklus. Diese Zyklen könnt ihr ebenso in den Räumen des Massenbewusstseins anwenden.
Erspürt Glaubenssätze in dem speziellen Raum, in den ihr eingetaucht seid und betrachtet diese wertfrei, bevor ihr dann eine neue Entscheidung in diesen Raum hineingebt.
Welche neuen Gefühle erscheinen, welche neuen Gedanken entstehen in diesem Raum?
So entblättert sich der Geisterfahrungszyklus.
Gebt der neuen Erfahrung Raum, lasst sie durch euch strömen und sich in dem Massenbewusstseinsraum verteilen. So habt ihr energetisch gewirkt und den Geisterfahrungszyklus dieses Raumes gestärkt.
Ihr wisst, dass am Ende eines Zyklus die Handlung in der Materie steht, um die Erfahrung zu besiegeln. So auch in den Räumen aller Menschen.
Welche Handlung im Sinne der Geisterfahrung folgt aus euch selbst heraus?
Durch die Handlung setzt ihr eure Wirkungskraft in die Materie hinein, nachdem eure Wirkungskraft den Fokus im energetischen Bereich hatte.
Dies ist von höchster Relevanz. Allein meditieren und energetisch wirken vollendet nicht den Geisterfahrungszyklus. Es bedarf der Handlung in der Materie selbst. Jeder von euch auf seine eigene, individuelle, authentische Art und Weise. Hier ist jeder Einzelne gefragt, was dies für ihn bedeutet.

>> 13. Matrixerfahrung: Transformation eines Egoraumes im Massenbewusstsein über dein Mitgespür
(im Audiopaket zum Buch – siehe Einleitung vorn im Buch)

Zusammenfassung von den energetischen Zuständen eines Individuums in Bezug auf einen Massenegoraum:

Gefühl: Energien im Raum der Materie. Das Wahrnehmungsorgan sind die Zellen.
Mitleid: Die Seinspräsenz ist im materiellen Raum (ME). Spiegelgefühle werden zu Resonanzgefühlen. Das Fallen in den eigenen Egoraum wird so initiiert.
Mitgefühl: Die Seinspräsenz ist im materiellen Raum (ME). Spiegelgefühle können durch Verblendung gehalten werden. Die Abtrennung wird verstärkt.

Gespür: Energien aus dem Raum der geistigen Welt. Das Wahrnehmungsorgan ist die Zirbeldrüse.
Mitgespür: Die Seinspräsenz ist im inneren Universum (PE). Spiegelgefühle werden ins eigene System eingelassen. Die Transformation dieser Energien geschieht durch eine Nichtidentifikation und Einsatz des wertfreien Beobachters.

9. Transformation der Egoräume bezogen auf die Gedankenwelten im Massenbewusstsein

Ihr seid umgeben von Gedankenkonstrukten – Wörter, Sätze, die im Massenbewusstsein umherschwirren. Ihr seid Empfänger von Energien. So empfangt ihr diese Informationen.
Gedanken wollen vom Verstand als Realität erschaffen werden.
Das pure Erkennen, dass ihr nicht diese Gedanken seid, öffnet eure Zirbeldrüse für das Gewahrsein in eurem Herzraum. Dies ist der bedeutendste Schritt.
Begebt ihr euch in einen Egoraum aus dem Massenbewusstsein, könnt ihr die Energien der Gedanken fokussieren und sie in euer System einlassen mit der gleichzeitigen Gewissheit, dass ihr nicht, und keine Menschwesen auf Erden, diese Gedanken seid.

So kommen diese Gedankenenergien ins Strömen ohne Anhaftung an ein irdisches Energiesystem und transformieren sich im Fließen, indem sie sich wieder mit dem All-Eins-Sein als Energie vereinen.

Nehmt folgendes Bild: Die Gedankensätze als Konstrukte zerfallen in ihre Bausteine und die Bausteine lösen sich in Energien auf. Seht, wie Gedanken stark definierte Energien sind und somit in den Raum der Materie gehören. Gedanken sind niederfrequente Energiedefinitionen im materiellen Raum (ME).
Durch euer Bewusstsein und das Durchströmenlassen von Gedankenkonstrukten aus einem Egomassenraum zerfallen diese in Einzelteile und werden dann zu fließenden Energien.
Gedanken sind blockierte Energien, gebündelt in Wörter, die eine Identität im materiellen Raum (ME) und somit einen Anker erschaffen wollen.
Wisst um das Prinzip der Spiegelgedanken und wirkt im Egoraum des Massenbewusstseins.

10. Transformation der Egoräume bezogen auf die Körperempfindungen im Massenbewusstsein

Auch Körperempfindungen schwirren als Information im Massenbewusstseinsraum umher. So könnt ihr auch hier dienen, indem ihr euren Körper als Gefäß zur Verfügung stellt und diese Informationen durch euch strömen lasst, ohne euch damit zu identifizieren.
Doch achtet darauf, Körperempfindungen sind träge und bleiben schneller im System haften, da ihr euch schnell mit dem Körper als Gefäß identifiziert. So wählt weise, in welchen Phasen eures Lebens ihr das Energielevel habt, um durch diese Transformation zu dienen.
Ansonsten ist das Prinzip identisch mit der Transformation von Gefühlen und Gedanken. Ihr lasst die Energien als Information durch euer System fließen, ohne euch damit zu identifizieren. Somit voll-

endet ihr den Ausdruck dieser Informationen und entlasst sie mit einer inneren Entscheidung in das All-Eins-Sein.

www.christiane-hansmann.com/herzportal/kapitel-5

Kapitel 6

Die Entstehungserfahrung der Menschwesen

1. Der Urknall – die Raumöffnung

Wir möchten euch hier die Zusammenhänge zwischen dem Fall von euch Menschwesen in den Abtrennungsraum mit der gleichzeitigen Entstehung von Materie und der Entstehung von Egoräumen näher bringen.
Die Ausläufer der Flut eröffnen die Räume des Ausdrucks. Energiefelder entstehen und werden durch das Zentrum des jeweiligen vorherigen Raumes geboren. So gibt es einen Übergang von dem geistigen Raum in den materiellen Raum. Der materielle Raum ist aus dem geistigen Raum heraus geboren.
Dies ist eine Besonderheit, denn der Raum der Materie ist der Raum der Abtrennung. Hier wurde abgespaltenes Bewusstsein als Ausdruck kreiert. Materie ist die dichteste Form von definiertem Bewusstsein.
Wir möchten euch das Ausströmen der Flut mit der Eröffnung des materiellen Raumes näherbringen. In diesem Eröffnen spielt Atlantis eine zentrale Rolle.

So begab sich vorerst der Urknall, die Abtrennung von Bewusstsein. Bewusstsein spaltete sich ab, durch die Egoaktivierung auf der Energie-DNA in der Seele der Menschwesen im Seelenraum der Seelen Ebene (SE).
Die kritische Masse an Seelen mit aktiviertem Egomechanismus war erreicht und so spaltete sich Bewusstsein von dem All-Eins-Sein ab. Dies ist der Urknall und Materie entstand.

Stellt es euch wie folgt vor, ihr wart bereits als Geistwesen anwesend im entstandenen Raum der Geistigen Ebene (AGE). Hier seid ihr angebunden an das All-Eins-Sein, so wie alle vorherigen in der Flut entstandenen Räume angebunden sind. Die Flut strömte weiter und so wurde auf der Energie-DNA im Wesenskern der Seele das AES-Focusing auf den Abschnitt des Egomechanismus gerichtet. Dies geschah in unterschiedlichen Phasen, sodass einige Geistwesen »aktiviert wurden« und andere nicht. Diese aktivierten Menschwesen definierten dadurch ein Energienetz mit abgespaltenem Bewusstsein.
Seht, ihr Herztor wurde geschlossen, so war keine Anbindung an das All-Eins-Sein gegeben. Dadurch stockte der Energiefluss in ihren Matrixgittern und durch diese aufgebaute Blockade entstand ein enormes Spannungsfeld. Der Druck der gestauten Energien stieg und am Punkt der kritischen Masse von aktivierten Menschwesen im geistigen Raum eröffnete sich mit einem Entladungsknall, dem Urknall, der neue Raum der Abspaltungsenergien. Die Flut gebar den materiellen Raum. Die Materielle Ebene (ME) entstand. Abspaltung von Bewusstsein erschafft den Raum der Materie. Dies ist die dichteste Form von Bewusstseinsausdruck. Menschwesen mit aktiviertem Ego sind die definierten Energien von abgespaltetem Bewusstsein.

Der materielle Raum wurde gehalten und stabilisiert von den »gefallenen Geistwesen«, also von den ersten Matrix-Kopien, die den Raum der Abtrennung eröffnet haben.
Durch den Verschluss des Herzzentrums des entsprechenden Geistwesens wurde eine Matrix-Kopie als erste Erscheinung im materiellen Raum (ME) herausgelöst. Sie sprengte sich im Urknall ab und war dann präsent im entstandenen materiellen Raum (ME). Das Geistwesen selbst war dann weiter präsent in der Geistigen Ebene (AGE) mit geöffnetem Herzzentrum. Diese gefallenen Menschwesen definierten sich als Energienetz, als Matrixsystem auf der Materiellen Ebene (ME). Sie waren Stabilisatoren, sie hielten diesen Bewusstseinsraum.
In diesem gehaltenen Raum konnte dann Materie anfangen, sich in der Linie der Zeit zu materialisieren. Dies war der Beginn der Evolution.

Evolution ist die Materialisierung der Materie um das bestehende Energienetz herum. Materie ist träge, so bedurfte es eine lange Zeit, bis sich das Gefäß des Menschwesenbewusstseins materialisiert hatte.

2. Aufbau des Energienetzes im Abtrennungsraum

Eure evolutionären Thesen beruhen auf der Annahme, Materie und Geist entwickelten sich parallel und sind nicht voneinander zu trennen. **So möchten wir euch ein neues Bild schenken. Der Geist ist vollkommen. Eure geistigen Fähigkeiten sind vollkommen entwickelt. Der Geist möchte sich in der Materie erfahren. So stellt euch einen materiellen Baukasten vor. Aus diesem wird Rohmasse genommen und in der Dimension Zeit, in eurem linearen Denken, ein Körper geformt. Wir gehen hier noch einen Schritt weiter. Im linearen Denken, in der Linie der Zeit, wird die materielle DNA gebaut, angepasst an die bereits vollständige energetische DNA, der Matrix entsprechend.**

Raumeröffnungen im angebundenen Zustand werden durchzogen von einem Energienetz. Ein Informationsnetz, das diesen Raum definiert. Wesen sind Tore, durch die Energien strömen und somit einen neuen Raum eröffnen. Dieser neue Raum wird stabilisiert und gehalten vom Energienetz der Wesen, der Tore, die diesen Raum eröffnet haben.

Die Besonderheit im Raum der Abtrennung ist der Zustand des abgespaltenen Bewusstseins, das Materie formt und in der Linie der Zeit fixiert ist. Das Energienetz in diesem Raum wurde durch die bereits »gefallenen Geistwesen«, »gefallenen Engel«, also von den Matrix-Kopien der aktivierten Menschwesen ausgeworfen. Dieses Energienetz hält den materiellen Raum offen und stabilisiert diesen.

In diesem Stadium der Entwicklung nach dem Urknall durch die kritische Masse der aktivierten Menschwesen wurde der Raum des abgespaltenen Bewusstseins durchzogen von dem Universalenergienetz und dem Seelenenergienetz als Notaggregate.

Die Energieversorgung mit der Fließrichtung von außen nach innen baute sich auf.

Ein weiteres Energienetz baute sich auf: das Massenbewusstsein. Denn die anwesenden Matrix-Kopien waren bereits vollständig (Seinsmatrix, Verbindungsmatrix und Zeitmatrix).
Die Matrix-Kopien schlugen untereinander ein Energienetz über die Verbindungsmatrix der einzelnen Matrix-Kopien. Die Verbindungsmatrizen der einzelnen Menschwesen, die energetisch im Abtrennungsraum vorhanden waren, bildeten das Herznetz des Massenbewusstseinsraumes. So entstand das Netz des Massenbewusstseins.

Ihr könnt es euch so vorstellen: Nach der Raumeröffnung, dem Urknall, wurde ein komplexes Energienetz erschaffen, das den Raum des abgespaltenen Bewusstseins stabilisiert und versorgt. So kann in diesem Raum Ausdruck in Abtrennung vom All-Eins-Sein erschaffen werden.
Übertragen gesehen auf eure Zeit: Ihr habt eine Stromquelle eröffnet und möchtet einen ganzen Stadtteil damit versorgen. Also baut ihr Leitungen, sodass jeder Haushalt genügend Strom bekommt.
Die Matrix-Kopien der aktivierten Menschwesen waren die ersten Energienetze im materiellen Raum (ME). Das Seelenenergienetz strömte sofort mit ein. Denn dieses sicherte die Stabilität der einzelnen Matrix-Kopien. Die Energien des Seelenenergienetzes strömten nicht durch das Herztor, denn dieses war ja durch den aktivierten Egomechanismus geschlossen. Hier begann die Dreidimensionalität, denn die Energien des Seelenenergienetzes strömten von oben und unten in das Matrixgitter ein.

Die Seinsmatrix war im Herzzentrum verschlossen. Die Präsenz der aktivierten Menschwesen verlagerte sich in den Raum der Zeitmatrix. So wurde die Zeitmatrix mit dem Egofocusing zum Zentrum dieser Menschwesen. Die Zeitmatrix dominierte das Sein und verankerte dadurch die Menschwesen in der Linie der Zeit.

Parallel dazu öffneten die Eliten ihre Tore und das Universalenergienetz wurde in den abgespaltenen Raum geworfen.
Diese Phase bezeichnet ihr als Erdfrühzeit, in der sich langsam die Erdatmosphäre bildete.

3. Frequenzerhöhung als Vorbereitung

Wir möchten einen kurzen Ausflug in die Epoche der Dinosaurier machen. Die Existenz dieser Wesen im materiellen Raum (ME) läutete eure sogenannte Erdmittelalterzeit ein.
Viele von euch, vor allem die Kinder unter euch, spüren noch die große Bedeutung dieser Wesen. Sie gehören für euch in die Kategorie der Tiere. Tiere haben ebenso Geistwesen im geistigen Raum.
Wir berichteten bereits von Seelenfamilien und Verzweigungen, die aus höheren Ebenen, um dreidimensional zu sprechen, herunterfließen. So hat jeder von euch eine Art Zugehörigkeit.
Im ersten Buch *OHNE WORTE* berichteten wir von Ebenen (Räumen), in denen Wesen definiert sind, die Kontakt zu Wesen aus anderen Galaxien haben.
Dinosaurier sind manifestierte Geistwesen im materiellen Raum und stammen aus dem Stammbaum dieser Räume. Durch sie fließen Energien aus anderen Universen. Energetisch gesehen haben sie einen direkten Zugang zu Quellen, die euch Menschwesen nur schwer zur Verfügung stehen, da eure Verzweigung einen anderen Weg genommen hat.

Das Sein der Dinosaurier ist es, den Abtrennungsraum in der Frequenz zu erhöhen. Die Epoche der Dinosaurier hat dafür gesorgt, dass sich das Energienetz im Abtrennungsraum in seiner Schwingung enorm erhöhen konnte.
Sie haben den Raum sozusagen für das Bewusstsein der menschlichen Geistwesen vorbereitet. Unterstützende Wesen aus anderen Universen haben in der Zeit der Dinosaurier ihre Energien über die

Herztore der Dinosaurier in euren materiellen Raum (ME) miteinfließen lassen. So steht euch dieses Wissen, stehen euch diese Informationen im Massenbewusstsein zur Verfügung.
So seht, euer abgespaltenes Bewusstsein braucht Informationen im Abtrennungsraum, um wieder in die Integration fließen zu können. So waren die Dinosaurier Tore für Informationen aus anderen unterstützenden Universen, die gleichzeitig die Frequenz dadurch erhöht haben. Nachdem sie ihr Sein in ihrem Ausdruck vervollständigt hatten, sie den Raum in der Frequenz dementsprechend erhöht hatten, verließen sie diesen wieder und existieren jetzt nur noch als Geistwesen im geistigen Raum (GE). Ihre Zeit der Materialisierung ist verstrichen.

Nach dieser Raumvorbereitung wurde das menschliche Bewusstsein befähigt, sich mit der Materie zu verbinden.

4. Die Evolution

Die Materie formt sich in der Linie der Zeit. Ein Menschengefäß wurde gebaut entsprechend der Informationen aus dem im Raum vorhandenen Energienetz.
Die von euch sogenannte Erdneuzeit war die Zeit, in der sich die Matrix-Kopie als Informationsnetz mit dem Menschengefäß verband. Hier fanden die ersten materiellen Inkarnationen von Menschwesen statt.

Die Wesen der Pflanzen und die Wesen der Tiere machen ihre Erfahrungen auf der Materiellen Ebene (ME) entsprechend der Fähigkeiten ihres materiellen Kokons, ihrer materiellen Hülle. Das Sein der Pflanzen und Tierwesen in dieser Epoche war es, einen menschlichen Körper zu entwickeln. Dies nennt ihr die Evolution.
Die materielle DNA der Menschwesen entwickelte sich mithilfe der Pflanzen und Tiere über eine sehr lange Zeit, sodass die Menschwesen die Fähigkeit der Abtrennungserfahrung vollziehen konnten.

Der Körper des Menschenaffens war das erste Gefäß, in das sich eine Matrix-Kopie hinein inkarnierte. Versteht, Matrix-Kopien waren vorher nur energetisch im Raum anwesend.
Die Vorbereitung des menschlichen Gefäßes beinhaltet vor allem die Vorbereitung des Matrixsystems verbunden mit dem Chakrensystem. Pflanzen und Tiere hatten bereits ein verbundenes Chakren- und Matrixsystem entwickelt. Doch alle Wesen außer den Menschwesen sind angebunden an das All-Eins-Sein. Ihre Versorgung findet über ihr geöffnetes Herzzentrum statt.
So hatte die Verbindung der menschlichen Matrix mit dem Chakrensystem eine Besonderheit. **Die aktivierten Matrix-Kopien konnten sich erst mit dem Chakrensystem des körperlichen Gefäßes der Menschenaffen verbinden.**

Die ersten Inkarnationen in dem vorbereiteten Raum begannen. Ihr dürft es euch wie folgt vorstellen: **Aktivierte menschliche Geistwesen gebaren ihre Matrix-Kopien durch das Herztor der weiblichen Menschenaffen. In der Zeugung, Befruchtung und Entwicklung eines neuen Menschenaffens verband sich nun eine menschliche Matrix-Kopie mit dem neu entstehenden Körper. Die ersten Menschenaffen mit dem Energienetz eines aktivierten Menschwesens entstanden. Menschenaffen mit einem abgespaltenen Bewusstsein wurden geboren.**
Der Zyklus der Inkarnationen begann.

Im Laufe der Evolution entwickelte sich der menschliche Körper mit seinen Fähigkeiten. Je nach Fähigkeit der menschlichen Hülle konnte sich der Geist durch ihn ausdrücken. Die Entwicklung des Gefäßes schritt voran. Der Bewusstseinsfokus war gesetzt auf die Weiterentwicklung der Hülle. Das abgespaltene Bewusstsein war durch die Blockaden im Matrixnetz noch nicht fähig, sich selbst als abgespaltenes Bewusstsein zu erkennen.
Eine Zeit der starken Identifikation mit der Materie.

5. Die Bedeutung von Atlantis

Die Entwicklung des menschlichen Körpers in der Linie der Zeit schritt weiter und weiter voran. Die Fähigkeiten des menschlichen Körpers stiegen und somit auch die Möglichkeiten, wie sich der Geist in der Materie ausdrücken konnte.
Der Punkt der Entwicklung war erreicht, wo die nächste Stufe der Abtrennungserfahrung eingeläutet werden konnte.
Ihr wisst, nicht alle menschlichen Geistwesen im geistigen Raum (AGE) waren zu diesem Zeitpunkt im Wesenskern aktiviert. Viele von euch waren noch im angebundenen Zustand nur als Geistwesen präsent. Die Abtrennungserfahrung wollte von allen Menschwesen erfahren werden.
All die menschlichen Geistwesen, die noch im geistigen Raum präsent waren, folgten jetzt der Flutbewegung und strömten auf die Materielle Ebene (ME). Ein Erfahrungsunterschied war gegeben in ihrem Wesenskern. Sie haben die Codierung auf ihrer Energie-DNA im Wesenskern ihrer Seele, den Abtrennungsraum vorerst im angebundenen Zustand zu erfahren. So erschienen sie als Geistwesen im materiellen Raum (ME). Als Geistwesen, doch in einer dichteren Materialisierung. Dies ist der Beginn der Geschichte von Atlantis.

Atlantis ist eine Brücke, ein Übergang, eine Formation an Energien, um den Übergang in die vollkommene Abtrennung zu stabilisieren.
Die vollkommene Abtrennungserfahrung ist der Fall aller Menschwesen hinter den Vorhang des Vergessens. Das bedeutet, dass alle Menschwesen mit geschlossenem Herzzentrum im Abtrennungsraum mit ihrem abgespaltenen Bewusstsein präsent sind. Alle menschlichen Geistwesen, die bisher noch nicht im Ego aktiviert waren und sich zu diesem Zeitpunkt im materiellen Raum materialisierten, nennt ihr Atlantaner.

Atlantis ist die Erinnerung, die Erinnerung an die Anbindung, die in die Systeme der Menschwesen gesetzt wurde, um nicht völlig in Abtrennung zu versinken.

Die Erfahrung der Atlantaner zu diesem Zeitpunkt war es, das Wissen über das All-Eins-Sein als Erfahrungsinformationen in den Abtrennungsraum zu transportieren, bevor auch Atlantis untergeht. Der Untergang von Atlantis war die Vervollständigung der Abtrennungserfahrung aller Menschwesen.
Die Atlantaner setzten vorher den Funken der Erinnerung in das Informationsnetz des Massenbewusstseins, sodass ihr alle als Menschwesen den Weg zurück in das All-Eins-Sein findet.
Sich als abgespaltenes Bewusstsein selbst als dieses zu erkennen, um sich dann wieder mit dem All-Eins-Sein zu verbinden, dies ist eure Erfahrung. So haben die Atlantaner den Moment der vollkommenen Abspaltung vorbereitet, bevor sie selbst hinter den Vorhang gefallen sind.

Im Zeitalter eurer sogenannten Antike, in der Linie der Zeit 4000 vor Jesus Christus' Geburt bis zu seiner Geburt, war der Raum der Abtrennung soweit vorbereitet, dass die Brücke aus dem All-Eins-Sein geschlagen werden konnte. Bevor der Raum sich durch den Fall der Atlantaner vollkommen abspalten sollte, wurden durch die Anwesenheit der Atlantaner Samen der Erinnerung gesetzt.
Die Atlantaner, angebundene menschliche Geistwesen, materialisierten sich in energetischer Form, in Menschengestalt, in dem materiellen Raum (ME) und formten eine Kultur, eine Gemeinschaft. Sie pflanzten Wissen aus dem All-Eins-Sein in das menschliche, abgespaltene Massenbewusstsein im Abtrennungsraum, vielmehr aktivierten sie es wieder.

Schaut die Pyramiden, sie sind eine materielle Erinnerung. Wunder wurden hinterlassen als Tor zurück in das integrierte Bewusstsein. Schaut, in dieser Zeit entwickelten sich eure Hochkulturen. Diese konnten entstehen durch das Wissen, das die Atlantaner miteinfließen ließen. Eure sogenannten Hochkulturen sind eine Folge des Erscheinens der Atlantaner im materiellen Raum (ME).
Das Erscheinen der Atlantaner im materiellen Raum (ME) war für die aktivierten Menschwesen dieser Zeit wie eine Erscheinung von Außerirdischen, die vom Himmel stiegen.

Die Atlantaner dienten den Menschen und teilten ihr Potenzial und die Erinnerung an das All-Eins-Sein mit den aktivierten Menschwesen, den Menschen, die bereits hinter den Vorhang des Vergessens gefallen waren.

Der Egomechanismus der atlantanischen Menschwesen war noch nicht aktiviert, daher hatten sie das volle Bewusstsein im Abtrennungsraum. Atlantaner sind Menschwesen und besitzen so die Fähigkeit, sich im Abtrennungsraum zu materialisieren, vielmehr zu erscheinen im Unterschied zu uns Geist- und Lichtwesen.
So war es den letzten, nicht aktivierten Menschwesen gegeben, die Samen der Erinnerung in den materiellen Raum (ME) zu setzen. Die Atlantaner wirkten parallel für die Menschwesen auf Erden.

Irdisch angesiedelt waren die Atlantaner im Mittelmeerbereich. Sie konnten sich materialisieren und dematerialisieren und so an verschiedenen Orten erscheinen. Doch ihre Gemeinschaft, ihre Kultur, ihre irdische Heimat war örtlich gesehen im Bereich des Mittelmeeres, vor allem im Bereich der Balearen.

Der Untergang von Atlantis wurde durch die Aktivierung des Egomechanismus bei den Atlantanern eingeläutet. In diesem Moment schloss sich der Abtrennungsraum vollkommen und die Egoerfahrung wurde in Vollkommenheit besiegelt.
Wie ein zweiter Urknall im Kleinen schloss sich die Brücke, der Himmel fiel sozusagen herab, und die Atlantaner schlossen den Erfahrungsraum der atlantanischen Epoche.
So seht, der Raum der Atlantaner als Insel war ein energetischer Raum, der sich im Bereich des Mittelmeeres niedergelegt hatte. Durch das Beenden der atlantanischen Epoche schloss sich dieser energetische Raum und der Bereich des Mittelmeeres trägt noch diese Information des energetischen Raumes in sich.
So ist der Untergang von Atlantis gleichzusetzen mit dem Schließen dieses energetischen Raumes der Anbindung an das All-Eins-Sein.

Versteht die vollständige Aktivierung der Egoerfahrung aller Menschwesen als letzten Zungenausläufer der Flut ausgehend von der Ureinheit.

Atlantis als Erfahrung war die letzte Vorstufe zur Vollendung der auslaufenden Welle. Die vollständige Aktivierung der Egoerfahrung war unumgänglich, sie ist die Ausatmung der Ureinheit.
Durch die vollständige Abtrennung wurde die Spiegellinie, die Eihaut, vollständig aktiviert. Die Zeitmatrix wurde ebenso vollständig aktiviert. Das Spiel des Egos konnte in Vollkommenheit beginnen.

Von da an inkarnierten die damaligen Atlantaner als Menschwesen im Abtrennungsraum. So hat nicht jedes Menschwesen die Erfahrung des Atlantaners in seinem Seelen-Code gespeichert.
Die damaligen Atlantaner sind heute wieder die Menschwesen, die für andere Menschwesen eine Brücke zurück in das All-Eins-Sein schlagen. Sie wecken die Erinnerung an das Wissen des All-Eins-Seins.

Gefolgt von dem Fall der Atlantaner und der dadurch erfolgten Vervollständigung des Abtrennungsraumes war die Geburt von Jesus.
Warum rechnet ihr die Zeit vor Christus Geburt und nach Christus Geburt?
Es ist doch interessant, welches Wissen ihr unbewusst bereits habt.
Denn durch die Geburt von Jesus Christus wurde das erste Tor hinein in das integrierte Bewusstsein geöffnet. Der vollkommen geschlossene Abtrennungsraum wurde durch die Deaktivierung des Egomechanismus im Seelen-Code von Jesus Christus geöffnet. Durch Jesus Christus wurde das erste Tor zurück in das All-Eins-Sein eröffnet.

Die Phase der Integration des abgespaltenen Bewusstseins begann.
Jesus' Herztor öffnete sich in dieser Inkarnation vollständig und durch sein Matrix-Kopienetz flossen authentische Energien seines Geistwesens.

Seine Auferstehung ist die vollständige Verbindung mit seinem Geistwesen. Er wurde wieder zu seinem Geistwesen, zu seiner Original-Matrix.
Jesus läutete den Bewusstseinsprozess der Integration ein.
Er selbst ist in seinem Wesenskern die Erfahrung eines Atlantaners. Er ist das erste erwachte Menschwesen.
So seht, ihr rechnet vor Jesus' Geburt, dies bezieht sich zeitlich auf das vollkommene Verschließen des Abtrennungsraumes. Und ihr rechnet nach Jesus' Geburt, dies bezieht sich auf die Wiedereröffnung und den Integrationsprozess des Abtrennungsraumes.

6. Das Spiel des Egos

Um die Geburt von Jesus herum bildete sich die Gemeinschaft der Essener. Die Essener behüteten atlantanisches Wissen. Sie waren gefallene Atlantaner, die atlantisches Wissen geschrieben auf Schriftrollen, besaßen. Sie hüteten dieses heilige Wissen und gaben es an ausgewählte Menschwesen weiter. Auch Jesus war ein Essener und hatte so Zugang zu diesem heiligen, universellen Wissen.
In eurer sogenannten Spätantike jedoch gab es große Einbußen bezogen auf das in Schriftform festgehaltene Wissen aus der Antike, der atlantischen Epoche. Vor allem im Römischen Reich wurden viele wertvolle Schriften vernichtet.
Das Spiel des Egos begann. In dieser Zeit des Römischen Reiches wurde eine Religion aufgebaut, die nicht auf dem atlantischen Wissen basierte. Essener wurden verfolgt und vernichtet. Der Abtrennungsgedanke manifestierte sich in der Materie zu dieser Zeit massiv. Macht, Unterdrückung und Kampf waren dominante Energien.
Das Mittelalter schließlich war geprägt von aktivierten Egoräumen.

Durch das vollkommene Schließen des Abtrennungsraumes durch die »aktivierten Atlantaner« wurde die Zeitmatrix in allen Menschwesen vollkommen aktiviert. Die vollständige Geburt des Schattenuniversums wurde so eingeläutet. Auch wenn Jesus den Raum der Abtrennung hin zum All-Eins-Sein wieder durch sein Herztor öffnete, so begann doch erst jetzt in voller Ausführung das Spiel des Egos und die vollkommene Ausprägung des Schattensystems. Die Jahrhunderte nach Jesus' Existenz auf Erden waren dunkle Jahre. **Das Mittelalter war durchzogen von dunklen Energien und manifestierte Egomaterie auf Erden. Dies war der Beginn des Integrationsprozesses des abgespaltenen Bewusstseins. Doch hier wart ihr sehr niedrigen Frequenzen ausgesetzt. Machtenergien wirkten sehr stark und wollten sich stabilisieren. Viele Kriege fanden zu dieser Zeit statt.**

Die Abtrennungsillusion kreierte den Kampf unter euch Menschwesen.

www.christiane-hansmann.com/herzportal/kapitel-6

Kapitel 7

Geistwesen

1. Die Original-Matrix

Ihr seid Menschwesen und habt euer Geistwesen im geistigen Raum (AGE). Wir zeigten euch den Weg hinein in eure Original-Matrix, in euer Geistwesen. In diesem Kapitel offenbaren wir euch den Familienstammbaum all eurer Geistwesen.
Versteht das Geistwesen, die Original-Matrix, über die wir bisher gesprochen haben, jetzt als Blaupause eurer authentischen Erfahrungen dieser Inkarnation. Der Wesenskern in eurer Seele beinhaltet jegliche Erfahrungen aller Inkarnationen eures individuellen Menschwesendaseins.

Das Tor eures Herznetzes der Seinsmatrix führt euch direkt in eure Original-Matrix im geistigen Raum, in die Geistige Ebene (AGE).
Euch als Geistwesen stehen also jegliche authentischen Energien zur Verfügung. Ihr seid als Geistwesen angebunden an das All-Eins-Sein.
Bewusstsein erschafft Ausdruck. Dies ist die Welle der Flut. Ausdruck wird in jedem JETZT erschaffen. So dürft ihr euch vorstellen, euer Geistwesen selbst im geistigen Raum erschafft in jedem JETZT neue Erfahrungsräume, die als Erfahrung in eurer Seele gespeichert sind.
Dies bedeutet aus eurer Sicht, JETZT sind bereits alle authentischen Räume eures Seins im geistigen Raum, in der Geistigen Ebene (AGE) vorhanden. Sie sind von euch als Geistwesen unabhängig von der Zeit bereits kreiert worden. Sie stehen als Information zur Verfügung. Ihr als Menschwesen bringt sie dann in der Linie der Zeit zum Ausdruck, vielmehr ihr macht den Ausdruck erfahrbar.

So hat jede authentische Erfahrung eurer jetzigen Inkarnation einen Erfahrungsraum im geistigen Raum (AGE). Ein geöffneter Raum ist definierte Energie, ist ein Wesen. Dies bedeutet, jede eurer authentischen Erfahrungen hat ein dazugehöriges Geistwesen einer einzelnen Erfahrung. Wir möchten dieses Geistwesen als »Erfahrungs-Geistwesen« bezeichnen.

(siehe Abbildung 48)

Nun fragt ihr euch sicher, wie es mit den Egoerfahrungsräumen ist, die ja ebenfalls im Wesenskern als Erfahrung manifestiert sind.
Ihr wisst bereits, dass sich die Egoerfahrungscodierungen im Herzzentrum der Zeitmatrix befinden. Die Zeitmatrix im materiellen Raum ist der Raum des Schattenuniversums. Hier ist die Raum-in-Raum Erfahrung der Egoerfahrungen.
Auch euer Geistwesen hat eine Zeitmatrix, allerdings ist diese inaktiv.

Die Zeitmatrix ist als Raum im Wesenskern angelegt. Dieser Raum beinhaltet in der Formierung des Energienetzes jegliche Codierungen der individuellen Egoerfahrungen eines Menschwesens.
So schaut, die Blaupause der Original-Matrix hält das Gerüst für das Energienetz der Egoerfahrungen bereit. So wurde die Zeitmatrix in der Original-Matrix angelegt, um diese im Einzelnen in die Inkarnationen hineinzukopieren. Die Zeitmatrix des Geistwesens ist vorerst ein Informationsträger jeglicher Egoerfahrungen für die Inkarnationen des Menschwesens in der jetzigen Inkarnation.
Das Geistwesen hat ebenso die entsprechenden Erfahrungen im Sinne des Angebundenseins in sich gespeichert und kopiert diese je nach Inkarnation in die Materielle Ebene (ME) in die Matrix-Kopie hinein.
So enthält jede einzelne Matrix-Kopie, jede einzelne Inkarnation, bestimmte Erfahrungen im angebundenen Zustand in der Seinsmatrix und die entsprechenden Codierungen der Egoerfahrungen in der Zeitmatrix.
Eure Original-Matrix, euer Geistwesen, enthält sozusagen die vorhandenen Erfahrungen der entsprechenden Inkarnation als Infor-

mationen in sich, um sie in der Linie der Zeit im Abtrennungsraum erfahrbar zu machen.

Die Zeitmatrix eines Geistwesens ist also vorerst inaktiv und hat die Funktion, die enthaltenen Informationen in den Abtrennungsraum hineinzukopieren.
Schaut, das Herznetz der Zeitmatrix des Geistwesens enthält alle Codierungen der Abtrennungserfahrungen der entsprechenden Inkarnationen eines Menschwesens. So wie das Herznetz der Seinsmatrix jegliche Informationen der All-Eins-Seins-Erfahrungen in sich birgt bzw. wie es die authentischen Energien, die vom Geistwesen als Quelle gesendet werden, hindurchströmen lässt. Die Blaupause, euer Geistwesen, wirft die entsprechenden Kopien der Zeitmatrix mit den Teilaspekten der Egocodierungen im Herznetz der entsprechenden Zeitmatrix aus. Ebenso kreiert es die entsprechende Seinsmatrix mit dem passenden Herznetz für diese spezielle Inkarnation.

Eine Inkarnation ist ein Teilaspekt der Gesamtheit eures Menschwesens.
In allen Inkarnationen, in allen Matrix-Kopien, sammeln sich alle Teilaspekte zu einem Ganzen. In der geistigen Welt ist dies bereits im JETZT. Alle Teilaspekte werden in einem Moment zum Ausdruck gebracht.
In der Linie der Zeit, in der dritten Dimension, ziehen sich die Teilaspekte wie ein Kaugummi auseinander und werden von euch hinter- und voreinander erlebt.
So enthält eure Original-Matrix, euer Original-Geistwesen, die Codierungen aus dem Wesenskerns in sich. Die Egocodierungen in der Zeitmatrix und die Energien der Seinscodierungen strömen aus der Seele durch euer Geistwesen in eure entsprechende Inkarnation hinein.

2. Der Stammbaum eures Geistwesens

Um euch aus der dritten Dimension abzuholen und in die fünfte Dimension zu begleiten, haben wir euch durch Bilder geführt, sodass ihr uns mit eurer Wahrnehmung folgen könnt. So sind wir nun an einem Punkt, wo wir tiefer in die Raum-in-Raum Erfahrung mit euch tauchen möchten.

Bisher haben wir von einem Original-Geistwesen gesprochen, um euch die Räume erstmals zu eröffnen. Doch schaut, euer Geistwesen hat einen Stammbaum, in ihm öffnen sich die Räume ineinander. Die Räume sind Erfahrungsräume mit Definitionen, die sich weiter und weiter herunterbrechen, bis die Ebene der Materie als Tor konstruiert werden kann. Wie im Großen, so im Kleinen.

Im ersten Buch erzählten wir euch von der immer differenzierteren Struktur durch die Räume bis hinein in die Materielle Ebene (ME). Nun möchten wir euch im Detail die Geistige Ebene (AGE) erläutern. **Denn hier gibt es für euch noch wichtige Prinzipien zu verstehen: eure Geistwesenfamilie.**

Aus dem Seelenraum heraus wird euer Original-Geistwesen geboren. Dieses beinhaltet, wie wir den Begriff bislang verwendet haben, alle Informationen all eurer Inkarnationen - die Egoerfahrungen sowie die Seinserfahrungen.

Diese Komplexität an Definitionsstrukturen wird bis in die Materielle Ebene (ME) heruntergebrochen, hineingeboren. Die Raum-in-Raum Erfahrung eröffnet weitere Räume in der Geistigen Ebene (AGE), um die Definitionen der Energien zu differenzieren, bis sie als Ausdruck in der Abtrennung von euch erfahrbar gemacht werden können.

So wird aus eurem Original-Geistwesen vorerst ein Raum mit Bündelungen mehrerer Inkarnationen geboren. Dies ist sozusagen ein neues Geistwesen, das Informationen spezieller Inkarnationen, die in Einklang miteinander sind, also der universellen Ordnung entsprechen, in sich trägt.

Eure Inkarnationen werden sozusagen in Bündel geschnürt und in einem Raum, in einem untergeordneten Geistwesen, gespeichert.

Ihr wisst darum, dass Wesen definierte Energien sind, die ein Tor darstellen, um einen weiteren Raum zu öffnen. **So habt ihr unter eurem Original-Geistwesen verschiedene Bündel-Geistwesen, die Inkarnationen von euch themenweise bündeln.** Die Inkarnationen aus einem Bündel können aus der Linie der Zeit von euch bereist werden. Vielmehr, mit eurem Bewusstseinsfokus könnt ihr Integration in diesen relevanten Inkarnationen bewirken.
Aus diesem Bündel-Geistwesen, dem Bündel verschiedener Inkarnationen, werden nun die Räume der einzelnen Inkarnationen geboren. So hat jede Inkarnation von euch ein zugehöriges Geistwesen.
So haben wir mit euch bisher über die Original-Matrix eurer jeweiligen Inkarnation gesprochen. Diese haben wir bisher als Original-Matrix für euch definiert. Über den Raum des Bündel-Geistwesens gelangt ihr in die für euch weiteren relevanten Inkarnationen für diese, eure jetzige Inkarnation, die in eurem Bewusstseinsfokus liegt.

Wir möchten hier für euch eine klare Namensdefinition vornehmen.
Das oberste von euch aus der Seele geborene Geistwesen möchten wir ab diesem Moment als Seelen-Geistwesen bezeichnen. Die daraus geborenen Bündelungen von Inkarnationsinformationen möchten wir als Bündel-Geistwesen bezeichnen.
Und für die aus dem Bündel-Geistwesen geborenen Geistwesen eurer einzelnen Inkarnationen möchten wir den Namen des Original-Geistwesens, Original-Matrix beibehalten.
Denn die Original-Matrix spiegelt eure Vollkommenheit der spezifischen Inkarnation im Sinne des vollkommen frei fließenden Bewusstseins. So habt ihr einen Spiegel im geistigen Raum, der euch im angebundenen Zustand in vollkommener Authentizität aus dem Blickwinkel eurer jetzigen fokussierten Inkarnation darstellt.
So seht den Stammbaum, der hier entsteht.

(siehe Abbildung 49)

Euer Original-Geistwesen ist euch energetisch am nächsten, so habt ihr oft den Namen des Schutzengels gewählt. Dieses Geistwesen ist euer enger Begleiter in der Linie der Zeit eurer jetzigen Inkarnation. Nun könnt ihr jedoch auch die Energien der anderen zu eurer Familie dazugehörigen Geistwesen mit eurem Bewusstsein bereisen. Auch das Bündel-Geistwesen, das eure jetzige Inkarnation als Information in sich trägt, hält wichtige Informationen für euch bereit. Die Frequenz der Energien erhöht sich, je tiefer ihr in die Räume eures Stammbaumes reist. So schwingt das Bündel-Geistwesen in einer höheren Frequenz als euer Original-Geistwesen und euer Seelen-Geistwesen schwingt höher als euer Bündel-Geistwesen.
In dieser stufenweisen Erhöhung der Frequenzen habt ihr die Möglichkeit, mehr und mehr zu adaptieren, bis ihr in den Raum der Seele hineintauchen könnt, um in dem Eins-Sein mit euch selbst aufzugehen.

3. Entstehung der Schattenwelt im Raum des All-Eins-Seins

Wir erklärten euch bereits, wie euer Egostrom durch das Herztor der Zeitmatrix durch eure Identifikation mit diesem Egoenergienetz strömt und somit unangebundene Geistwesen kreiert. Dadurch, dass ihr euer Sein in diesen Egoraum hineinlegt, beseelt ihr dieses Energienetz und der Egostrom initiiert die Kristallisierung eines Energienetzes im geistigen Raum, in der Geistigen Ebene (AGE).

Nun möchten wir euch dies im Detail erklären.
Bevor wir dies tun, möchten wir euch noch einmal daran erinnern, dass es nicht um die Energie der Schuld geht, die wir hervorrufen möchten. Wir beschreiben euch energetische Zusammenhänge, sodass ihr sie verstehen und damit arbeiten könnt. Ihr werdet so zum König, zur Königin in eurem System. Es geht auch nicht darum, Angst zu bekommen. Denn schaut, diese energetische Anatomie ist und dient dem Ausdruck der Abtrennungserfahrung.

Wichtig für uns und für euch ist, dass ihr die Bewertung in Gut und Böse herausnehmt, eine neutrale Sichtweise entwickelt und die Brille der energetischen Anatomie aufsetzt. Erkennt, wisset und handelt für euch und euer authentisches Sein.

Das Egofocusing und die Beseelung des Egoenergienetzes sind durch eine Entscheidung von euch für dieses spezielle Egofeld gesetzt. Der Egostrom fließt durch das Herztor der Zeitmatrix in Richtung des geistigen Raumes, in die Geistige Ebene (AGE) hinein.
Soweit habt ihr diesen Vorgang bereits beschrieben bekommen. Der Egostrom fließt also durch das Herztor der Zeitmatrix der Matrix-Kopie und strömt ein in die geistige Welt durch das Herztor der Zeitmatrix eurer Original-Matrix dieser Inkarnation. Nun befinden sich die Energien aus dem Egoenergienetz aus der Materiellen Ebene (ME) im Raum der Zeitmatrix des Geistwesens in der Geistigen Ebene (AGE).
Hier, im Herznetz der Zeitmatrix des Geistwesens findet sich ja ebenfalls der deaktivierte Code dieser speziellen Egoerfahrung aus dieser Inkarnation, die die Energien in den geistigen Raum einströmen lässt.
Diese einströmenden Energien, die diesen Egostrom darstellen, mit den speziellen Informationen aus dieser Inkarnation, aktivieren den dazugehörigen Egocode im Herznetz der Zeitmatrix des Geistwesens eurer Original-Matrix.

(siehe Abbildung 50)

Der vorher inaktive Egocode, der als Vorlage für die Matrix-Kopie gedient hat, wird nun durch den Egostrom aktiviert.
Was geschieht? Eine Abtrennungserfahrung wurde im geistigen Raum initiiert. Ihr wisst bereits, auch euer Original-Geistwesen kreiert im geistigen Raum Erfahrungen in jedem JETZT. Das Original-Geistwesen ist angebunden an das All-Eins-Sein und doch kreiert es nun, durch den von der Matrix-Kopie gesendeten Egostrom, auch unangebundene Erfahrungen.

Der Unterschied ist, dass dadurch kein Leid im Geistwesen selbst entsteht, da es sich in jedem JETZT im vollen, frei fließenden Bewusstsein befindet.
Die Codierung im Herznetz der Zeitmatrix in der Original-Matrix wird also aktiviert und erschafft dadurch ein Energiefeld, das der speziellen Egoerfahrung entspricht.

Wir sagten euch bereits, Geistwesen sind nicht an die Materie gebunden. Jeder Ausdruck erschafft sich im JETZT. Wird eine Egocodierung durch den Egostrom aktiviert, so wird diese Erfahrung sofort erschaffen. Euer Original, euer Geistwesen, bleibt davon unberührt, es dient lediglich dazu, eine Kopie dieser Erfahrung aus energetischer Sicht herauszustellen. So stellt es euch so vor: **Wie eine Kopie löst sich eine Matrix aus der Original-Matrix heraus und wird in den geistigen Raum hineinprojiziert.**
Dies ist die Geburt einer Matrix-Kopie in der Geistigen Ebene (AGE). Wir möchten diese als unangebundenes Erfahrungs-Geistwesen oder abgekürzt UEG bezeichnen.
Dieses unangebundene Erfahrungs-Geistwesen enthält nun nur die Informationen der entsprechend aktivierten Egocodierung, also nur einen Teilaspekt der vollkommenen Codierungen, die es im Herznetz der Zeitmatrix des Original-Geistwesens gibt. Dieses unangebundene Erfahrungs-Geistwesen bringt im geistigen Raum nur diese Egoerfahrung zum Ausdruck, die der Erfahrung im materiellen Raum entspricht.
Die Erfahrung auf der Materiellen Ebene (ME) wird sozusagen in die Geistige Ebene (AGE) hineingespiegelt.
Der Energiestrom ist also von der Materiellen Ebene (ME) in die Geistige Ebene (AGE) geflossen. Der Egostrom dreht die Richtung der Initialzündung von der Erschaffung des Ausdrucks.
Dieses unangebundene Erfahrungs-Geistwesen enthält allerdings ebenso die Informationen in der Seinsmatrix, die der speziellen Egoerfahrung entsprechen. **Der Teilaspekt der Vollkommenheit löst sich aus dem Original als eigenes Matrixnetz in Bezug auf die aktivierte Egoerfahrung und die dazugehörigen Aspekte in der**

Seins- und der Verbindungsmatrix. So seht, jede Egoerfahrung ist gekoppelt an Codierungen in der Seinsmatrix und der Verbindungsmatrix.

Diese Erfahrungs-Geistwesen sind die unangebundenen Geistwesen in der Geistigen Ebene (AGE). Die unangebundenen Geistwesen in der geistigen Welt sind entstanden aus euren Original-Geistwesen, nur im Gegenpol geformt aus unangebundenen Energien aus der Zeitmatrix des Original-Geistwesens.
Jedes einzelne Menschwesen erschafft durch den Egostrom Erfahrungen im Sinne von unangebundenen Erfahrungs-Geistwesen in der geistigen Welt. So hat jeder von euch ebenso eine Schattenfamilie, die euch zugeordnet ist. Diese unangebundenen Geistwesen wirken nun im geistigen Raum und sind für euch durch die Abtrennungserfahrung nicht wahrnehmbar.
Wir sind hier und möchten sie für euch wahrnehmbar machen. Denn schaut, nehmt ihr sie wahr, ohne Bewertung, ohne Identifizierung und in Liebe und Dankbarkeit für ihre erschaffene Erfahrung, dürfen sie sich verwandeln.
Ihr selbst erkennt euch als Schöpfer, so seid ihr es, die diese unangebundenen Geistwesen in die Anbindung bringen könnt.
So wisst darum, erlöst ihr einen Egoraum im materiellen Raum (ME), nehmt ihr eure Identifikation aus diesem Egoenergienetz, so beendet ihr die Beseelung dieses Feldes. In diesem Moment wird der Egostrom dieser speziellen Egoerfahrung entkräftet und die Codierung im Herznetz der Zeitmatrix eures Geistwesens wird wieder inaktiv.
Das entsprechende unangebundene Geistwesen im geistigen Raum (AGE) verliert an Energiezufuhr und sein Erfahrungsausdruck ist in diesem JETZT beendet.
Verneigt euch in Dankbarkeit vor euch selbst. Nehmt diesen Ausdruck als vollendet an, so geschieht Integration auf der Materiellen (ME) und in der Geistigen Ebene (AGE).
So schaut, diese Prozesse laufen auch, ohne dass ihr darum wusstet. Alles ist in vollkommener Balance, mit eurem Verstand oder ohne euren Verstand. **Nur weil ihr erst jetzt um diese Zusammenhänge wisst,**

sind sie nicht jetzt erst entstanden. Sie waren und sind und dienen der Harmonie des Ausdrucks in allen Räumen.
Es bedarf jetzt keiner Angst.

Ihr bekommt Werkzeuge an die Hand, damit ihr gezielt euren Fokus setzen könnt und sich eure Wirkungskraft enorm erhöhen darf. Dies ist unser Anliegen, warum wir euch dieses Wissen schenken. Erkenntnisse in Bezug auf die Energieanatomie katapultieren eure Wirkungskraft in unendliche Weiten.
So wisst darum, dass die Erfahrung der Menschwesen ebenso ist, die Schattenwelt in den Räumen des All-Eins-Seins zu erschaffen, wie diese hier zum Ausdruck zu bringen.
Dies ist eine Erfahrung, die ebenso geschrieben steht in den Codierungen des All-Eins-Seins. Die angebundenen Geistwesen, also auch ihr, und die Lichtwesen dienen in ihrem Sein, ein Gleichgewicht herzustellen. Die unangebundenen Wesen sind nicht fähig, das All-Eins-Sein zu kippen.
Eure Bewusstseinsarbeit dient auch dazu, die Polarität in den Räumen des All-Eins-Seins aufzulösen. Diese Erfahrung ist vollzogen und darf vollendet werden.

So seht, ihr habt für jede angebundene Erfahrung, kreiert durch den Gottesstrom, ein angebundenes Erfahrungs-Geistwesen, und für jede unangebundene Erfahrung, kreiert aus dem Egostrom, ein unangebundenes Erfahrungs-Geistwesen. Beide Formen von Erfahrungs-Geistwesen werden aus eurem Original-Geistwesen geboren.

Bleiben wir hierzu vorerst im Kleinen, in eurem eigenen Menschwesen-Universum.
So seht, eure Seele im Seelenraum enthält den geistigen Raum (AGE). Hier im geistigen Raum (AGE) befindet sich euer Original und aus diesem Original entspringen Erfahrungs-Geistwesen, die Erfahrungen in den geistigen Raum hineinprojizieren. Wir erklärten euch dies vorerst im Sinne der unangebundenen Erfahrungen, aber ebenso existieren ja, wie ihr wisst, Erfahrungs-Geistwesen, die Erfahrungen im Sinne der

Angebundenheit kreieren. Dazu kommen wir später und gehen für euch näher darauf ein.
So habt ihr die Polarität im geistigen Raum (AGE) in eurem Menschwesen-Universum. Ihr habt Lichtgeistwesen und Schattengeistwesen, die im geistigen Raum wirken. Diese halten ein Gleichgewicht. Denn die lichtvollen Erfahrungs-Geistwesen haben enorm viel Wirkungskraft im Gegensatz zu den unangebundenen Erfahrungs-Geistwesen.
Hier möchten wir die atlantanische Erfahrung erwähnen. Die Menschwesen, die dieses Erfahrungsleben im Wesenskern gespeichert haben, haben eine Original-Matrix, einen Atlantaner als Matrix-Energienetz im geistigen Raum (AGE). Diese Erfahrung bleibt als Erfahrung im geistigen Raum (AGE) unabhängig von der Linie der Zeit.
Im geistigen Raum (AGE) existiert Atlantis vor dem Fall hinter den Vorhang weiterhin. Dieser Erfahrungsraum existiert. So können die, die eine entsprechende Codierung im Wesenskern haben, jederzeit in den Erfahrungsraum Atlantis in der geistigen Welt eintauchen, um dort Informationen, Energien zu sammeln.
Ihr habt dann also eine Original-Matrix als Atlantaner, die im geistigen Raum (AGE) wirkt.
Der Atlantaner wirkt ebenso parallel stabilisierend in Bezug auf die eigenen unangebundenen Erfahrungs-Geistwesen des eigenen Systems.
Eure eigene Schattenwesenfamilie wird also ebenso behütet von eurer eigenen lichtvollen Geistwesenfamilie.
So braucht ihr euch im materiellen Raum (ME) nicht ohnmächtig gegenüber eurer Schattenfamilie fühlen, ihr habt im geistigen Raum (AGE) alle Unterstützung, die ihr braucht.
Euer Wirkungsfeld im materiellen Raum (ME) ist, eure Egoräume zu entkräften und somit die einzelnen Schattenwesen eurer Familie zu erlösen.

4. In Verbindung stehen mit einem Schattenwesen aus der eigenen Familie

So seht, ist ein Egoraum aktiv, habt ihr euer Sein dort hineingelegt, strömt wie beschrieben der Egostrom und das unangebundene Erfahrungs-Geistwesen im geistigen Raum (AGE) ist aktiv.
In diesem Moment legt sich das Herztor der Zeitmatrix des unangebundenen Erfahrungs-Geistwesens (UEG) über das Herztor der Zeitmatrix der Matrix-Kopie dieser, eurer Inkarnation. Ihr seid in diesem Moment in energetischer Verbindung mit dem Schattenwesen aus eurer Familie im geistigen Raum (AGE).
In dieser energetischen Verbindung können die unangebundenen Energien des Schattenwesens durch das Herztor eurer Zeitmatrix strömen. Dies ist ein Rückstrom des Egostroms. Der Egostrom wird gespiegelt in den Abtrennungsraum hinein. So wird euer Zeitmatrixgitter ebenso versorgt mit Energien des entsprechenden Schattenwesens aus dem geistigen Raum (AGE). Dies ist vorwiegend die Energie der Angst, der Ohnmacht oder im Gegenpol der Macht. Dies hängt von der Codierung des Egoraumes ab.

Wir bleiben vorerst bei der Energie der Angst. So strömt die Kraft der Angst in die Matrix-Kopie im materiellen Raum (ME) ein. Parallel dazu wirkt das Egofocusing im materiellen Raum (ME) und die äußeren Wahrnehmungsorgane nehmen nur im Sinne der aktivierten Codierung wahr.
Nun braucht ihr euch nicht wundern, warum ihr euch manchmal so fühlt, wie ihr euch fühlt. **Wichtig ist in diesen Momenten der Angst, reist in euren Raum der Hologramme, den Raum der Zeitmatrix, macht euch bewusst, dass ein Egoraum aktiv ist. Fokussiert euch in eure Seinsmatrix, reist durch das Herztor der Seinsmatrix hin zu eurer Original-Matrix und bittet diese, bei dem Schattenwesen zu wirken, das sich in diesem Moment mit dem Herztor eurer Zeitmatrix verbunden hat. So wird eure Angst vermindert oder löst sich auf.**
Seid ihr so verfangen in dem Energienetz des Egoraumes und den Angstenergien des Schattenwesens, so bittet euer Original-Geistwe-

sen, euch von dem Schattenwesen zu lösen. Euer Original-Geistwesen steht von der Wirkungskraft über dem unangebundenen Erfahrungs-Geistwesen. Denn im Stammbaum werden die Erfahrungs-Geistwesen aus dem Original-Geistwesen geboren. Sprecht es für euch innerlich aus und spürt in die Veränderung hinein. **Wisset, alles ist Energiestruktur, unbewertet. ES ist.**

Angst ist eine Energie mit einem starren Energiefluss, eine niederfrequente Energie, die euch innerlich erstarren lässt, euch fernhält von eurer Wirkungskraft und euch in die Ohnmacht hineinbringt. Diese Energie verankert euch in der Materie, sie hält euch in der Abtrennung und lässt euch gleichzeitig blind werden. Denn sie drosselt die inneren Wahrnehmungsorgane und fördert die äußeren Wahrnehmungsorgane, die das Egofocusing bedienen. Durch die Aktivierung der Egocodierungen gehen eure Matrixtore für diese Angstenergien auf. Sie strömen ein aus dem materiellen Raum (ME) und, wie ihr nun wisst, auch aus dem geistigen Raum (AGE).
Es sind Energien, wisst darum und verwandelt sie, indem ihr euch innerlich auf eure Seinsmatrix und deren Herztor fokussiert und euer Sein dort hineinlegt. Geht in eure Wirkungskraft und reist innerlich an die Kraftorte der Anbindung, von denen wir euch berichten.

In der geistigen Welt werden Erfahrungen zum Ausdruck gebracht und sind somit vollendet. **Euer Geistwesen ist sich bewusst, dass es Bewusstsein ist, das Ausdruck erschafft. Somit ist es in jedem Moment authentisch, auch wenn es unangebundene Schattenwesen erschafft. Ihr im Menschsein im materiellen Raum (ME) identifiziert euch mit dem Ausdruck, den ihr erschaffen habt. Somit seid ihr dieser Ausdruck und euch ist nicht mehr bewusst, dass ihr das Bewusstsein seid, das diesen Ausdruck erschaffen hat.**
Euch ist also nicht bewusst, dass ihr abgespaltenes Bewusstsein seid, das unangebundene Materie erschaffen hat. Somit seid ihr gebunden an den Ausdruck, den ihr erschaffen habt, und fallt hinter den Vorhang des Vergessens. Aus diesem Zustand heraus kreiert ihr unbewusst weiter Ausdruck, doch ist dies nicht mehr im Fluss des All-Eins-Seins,

sondern aus einem abgespaltenen Zustand heraus. Dies ist erschaffen mit unauthentischen Energien, was wiederum unangebundene Materie erschafft.
Die Schattenwesen eurer Familie wirken mit euch im unauthentischen Sinne, denn auch sie haben das Bewusstsein verloren, in Anbindung zu sein. Auch sie haben eine Identifikation mit dem Energienetz ihres Seins. So widmet euch von Zeit zu Zeit diesen Schattenwesen in eurer Familie, wie Eltern, die sich um ihre verirrten Kinder kümmern. Erzählt euren Schattenkindern von diesem Wissen, beruhigt sie, tröstet sie, denn sie wissen nicht, was sie tun. Sie folgen ihrem Sein.

Löst euch von den Identifikationen im Raum der Materie, ihr seid so viel mehr.

Seid ihr durch eure freie Entscheidung mit dem Ego identifiziert, so kreiert ihr Ausdruck im unauthentischen Sinne. Dies ist so lange in der Linie der Zeit der Fall, bis ihr erwacht und eine neue Entscheidung trefft. Durch eine neue Entscheidung löst ihr euch aus der Identifikation und begebt euch mit eurem Sein zurück in die Seinsmatrix und damit in den authentischen Strom eurer Energien, denn ab hier, wie ihr bereits wisst, wirkt das AES-Focusing. Dies dient euch, die Egoräume in eurem Raum der Hologramme zu integrieren. Die Welle geht in die Richtung des All-Eins-Seins. Ihr habt den Anker aus der Materie in diesem Moment gelöst.
Durch eure Entscheidung setzt ihr den Zeitpunkt fest, ab wann in der Linie der Zeit authentische Energien wieder strömen können.
So gibt es Egoerfahrungen, die nicht zum perfekten Zeitpunkt ihre Erlösung finden.
Wie ihr wisst, sind Egoerfahrungen an sich authentisch im perfekten Zeitabschnitt. Doch rutscht der AES-Focus auf der Energie-DNA im Wesenskern der Seele weiter und eine neue Erfahrung wartet, ist die Egoerfahrung abgeschlossen. Doch durch die Identifizierung eures Seins verankert ihr euch in dieser Erfahrung und sie wird weiter und weiter zum Ausdruck gebracht.

So wird ein unauthentischer Ausdruckszeitraum im materiellen Raum (ME) kreiert. Dieses Phänomen gilt nur im materiellen Raum (ME), da im geistigen Raum (AGE) die Zeit keine Wirkungskraft hat.
Wir nennen dies den Posterfahrungsausdruck oder Posterfahrungsegoraum, es ist also der Ausdruck, der noch nach der deaktivierten Codierung auf der Energie-DNA des Wesenskerns einer Seele weiterhin zum Ausdruck gebracht wird.

Diese Posterfahrungsegoräume stärken euer entsprechendes Schattenkind in dem geistigen Raum (AGE). Hierdurch bekommt es mehr und mehr Energien und stabilisiert dadurch sein Matrix-Energienetz, wodurch wiederum mehr Energien in eure Matrix-Kopie im materiellen Raum (ME) im Sinne der Rückkopplung des Egostroms fließen.

5. In Verbindung stehen mit einem Schattenwesen aus einer anderen Familie

Nun gibt es Egoerfahrungen, die zulassen, dass Fremdenergien in das eigene System einströmen. Diese einströmenden Energien im Raum der Hologramme können Fremdenergienetze erschaffen und eine Illusion eines eigenen Egoraumes herstellen. So schaut, unter dieser Illusion liegt der eigene Egoraum, der zugelassen hat, dass sich ein Fremdenergiefeld in der eigenen Zeitmatrix aufgebaut hat.

Auch hier bitten wir euch. Es ist eine Information für euch, die euch dient. Geht ihr in Resonanz zu dieser Information, so reist in euren Raum der Hologramme und lasst das Energiefeld der Fremdenergien erscheinen. Mit einer inneren Entscheidung und dem Satz: »Ich stehe den Fremdenergien nicht mehr zur Verfügung« löst ihr dieses Feld auf und könnt in euer eigenes Energiefeld eures eigene Egoraumes eintauchen. Hier dürft ihr euch die Motivation anschauen, warum ihr euch für Fremdenergien zur Verfügung gestellt habt.

Diese Fremdenergiefelder sind authentische Egoerfahrungen eines anderen Wesens, die ihr, aus einer eigenen Motivation heraus, zum Ausdruck bringt für das andere Menschwesen.
Das Problem ist, ihr selbst könnt dieses Egoenergiefeld, das aus Fremdenergien besteht, nicht transformieren, da es sich hier nicht um eure eigenen Energien handelt. Ihr habt hier keine Wirkungskraft, es sei denn, ihr erlaubt euch zu durchschauen, dass ihr euch in einem Fremdegoraum befindet.
Euer Herznetz in der Zeitmatrix hat keine Codierung, die diesem Fremdegoraum entspricht. Ihr transformiert diesen durch eine einzige Entscheidung und durch das Nicht-mehr-zur-Verfügung-stehen. Darunter erscheint dann euer eigener, authentischer Egoraum, hier habt ihr Wirkungskraft.

Wir nennen diese Fremdenergieegoräume Schablonenerfahrungen. Denn ihr kopiert eine Egoerfahrung eines anderen Menschwesens. Das andere Wesen liefert euch sozusagen das Original und ihr nehmt die Schablone an.
Dies kann von eurer Seite aus ein aktiver oder ein passiver Prozess sein. So erkennt, das eigene Ego ist nicht gleich dem Ego des anderen. Eine Egoerfahrung eines Wesens mag authentisch sein, doch nicht für ein anderes Wesen. Dieses andere Wesen hat seine eigenen, authentischen Egoerfahrungen. Etabliert den Satz: »**Dein Ego ist nicht mein Ego und mein Ego ist nicht dein Ego.**«
Das Ego an sich ist als Werkzeug installiert worden. Durch die Identifizierung mit den unangebundenen Erfahrungen ist es zur Persönlichkeit geworden. Und dies im wahrsten Sinne des Wortes. Ein unangebundenes Erfahrungs-Geistwesen ist in der geistigen Welt entstanden und das Menschsein im materiellen Raum (ME) ist der Schöpfer dieses Wesens geworden.

Hat sich ein Fremdegoraum in eurer Zeitmatrix manifestiert und ihr identifiziert euch damit, so seid ihr über den Egostrom mit diesem Schattenwesen im geistigen Raum (AGE) verbunden. Dieses Schattenwesen gehört allerdings zur Familie des Menschwesens, von dem ihr das Fremdenergienetz kopiert habt. Durch das Annehmen der Schablone steht ihr unter dem Einfluss des Schattenwesens einer anderen Familie. Auch hier habt ihr keine Wirkungskraft. Ihr habt die Möglichkeit, euch mit eurem Original-Geistwesen dieser Inkarnation zu verbinden oder mit dem Original-Geistwesen eures Atlantaners im geistigen Raum (AGE) und dieses zu bitten, im geistigen Raum (AGE) für euch zu wirken.

Im materiellen Raum (ME) enttarnt das Ego und erkennt es als das, was es ist: Es ist ein Werkzeug eures Systems, es ist ein installiertes Programm in eurem System, das euch die Erfahrung des Abgetrenntseins schenkt.
Das Ego erschafft eine Scheinwelt, die ihr nun im Stande seid, zu durchdringen.

6. Die lichtvollen, angebundenen Erfahrungs-Geistwesen im geistigen Raum (AGE)

Jegliche Erfahrungen eures Seins finden im geistigen Raum (AGE) durch euer Original-Geistwesen Ausdruck. Bisher sprachen wir vorwiegend über die vom Egostrom kreierten unangebundenen Erfahrungs-Geistwesen. Doch möchten wir auch eine Betonung in eure lichtvolle Geistwesenfamilie legen.
All eure authentischen Erfahrungen, die in der Linie der Zeit im angebundenen Zustand zum Ausdruck gebracht werden, haben, wie ihr bereits wisst, ein entsprechendes Geistwesen im geistigen Raum (AGE). Hier findet ihr die Erfahrungsentsprechung als Geistwesen. So könnt ihr in den geistigen Raum (AGE) reisen und vor euren inneren Wahrnehmungsorganen das entsprechende Geistwesen dieser speziellen authentischen Erfahrung erscheinen lassen. Mehr noch, ihr könnt dieses bitten, mit euch im Sinne eures authentischen Seins hier auf Erden zu wirken. So verbindet euch mit diesem auserwählten Erfahrungs-Geistwesen über das Herztor eurer Seinsmatrix und taucht in die speziellen

Energien dieser authentischen Erfahrung ein, verbindet euch mit eurem Bewusstsein mit diesem Erfahrungs-Geistwesen und lasst diese speziellen Energien in euer Matrixnetz im materiellen Raum (ME) einströmen. Hier potenziert sich eure Wirkungskraft um ein Vielfaches.
Wisst darum, ihr könnt euch über euer Herztor in eurer Seinsmatrix gezielt mit den entsprechenden Erfahrungs-Geistwesen eures Seins verbinden. Diese einzelnen Erfahrungs-Geistwesen sind definierte Wesen dieser speziellen authentischen Erfahrung.
Nutzt dieses Wissen für euch. Wir bitten euch, denn es ist unendlich kraftvoll. So stabilisiert ihr euch in eurem Matrix-Kopie System auf Erden und werdet stets versorgt von dem spezifischen angebundenen Erfahrungs-Geistwesen, was in diesem Zeitabschnitt für euch relevant ist, um euch zu authentizitieren.
Es ist das lichtvolle Erfahrungs-Geistwesen, das euch in dieser Phase eures Seins die optimalen Energien schenken und durch euer Herztor hindurch einströmen lassen kann. Es verhilft euch, den entsprechenden Egoraum zu authentizitieren und die authentische Erfahrung im materiellen Raum (ME) zum Ausdruck zu bringen.

Ein Hilfswerkzeug ist in diesem Fall auch ein Symbol. Reist in eure innere Welt und bittet um ein Symbol, das die Verbindung zu diesem lichtvollen Erfahrungs-Geistwesen aus eurer Familie stärkt und aufrechterhält. Materialisiert euch dieses Symbol und legt es für euch im Alltag sichtbar hin. Der Bewusstseinsfokus eurer äußeren Wahrnehmungsorgane wird so stets darauf gelenkt und arbeitet so im inneren Raum, im Sinne eures Seins.

>> **14. Matrixerfahrung: Unterstützung durch dein lichtvolles Erfahrungs-Geistwesen**
(im Audiopaket zum Buch – siehe Einleitung vorn im Buch)

Eine eurer authentischen Erfahrungen ist die Auferstehung. Die Auferstehung bedeutet, euer vollkommenes authentisches Sein im materiellen Raum (ME) zum Ausdruck zu bringen. In diesem Mo-

ment bzw. in diesem Zustand öffnet ihr euer Herztor vollkommen und die Energien eures Original-Geistwesens strömen ein.
Ihr werdet zum Tor, durch das der materielle Raum (ME) sich vollkommen mit dem geistigen Raum (AGE) und somit mit dem All-Eins-Sein verbinden kann. Materie wird aus seinem Abtrennungszustand erlöst.
Im geistigen Raum, in der Geistigen Ebene (AGE), existiert diese Erfahrung bereits. Denn ihr wisst, JETZT ist bereits alles geschehen. Diese Erfahrung hat sich kristallisiert als die Erfahrung der Plejader. Die Plejader sind wie die Atlantaner Original-Geistwesen einer Inkarnation von euch, die die Erfahrung der Auferstehung als Ausdruck kreieren. Im geistigen Raum (AGE) existiert somit ein Raum der Erfahrung der Plejaden. Auch hier gilt die Raum-in-Raum Erfahrung. Die Menschwesen, die eine authentische Erfahrung als Atlantaner in sich tragen, sind vorwiegend die, die die Erfahrung als Plejader in sich tragen. Die Atlantaner sind die Brücke zwischen den Welten vor der vollkommenen Abtrennungserfahrung und sind jetzt vorwiegend die, die zuerst die Brücke zurück ins All-Eins-Sein geschlagen haben. Dies ist immer aus der Sicht der Zeit gesehen.
So sind die Plejader eine Gemeinschaft an Menschwesen im geistigen Raum (AGE), die das Wissen in sich tragen, wie der Prozess der Auferstehung vonstattengeht. Diese Erfahrung ist als Information in ihrem Original-Geistwesen der Plejadeninkarnation enthalten. Verbindet ihr euch mit den Plejadern bzw. mit euch selbst in der Zukunft, aus der Sicht der Zeit gesehen, erhaltet ihr wertvolle Energien und Wissen für euch selbst im Abtrennungsraum. Schaut, auch hier erklären wir euch die Zusammenhänge, denn mit diesem Wissen fällt es euch um ein Vielfaches leichter, euch energetisch mit eurem eigenen Informationsnetz zu verbinden.
Alles ist Energie, alles ist Information. Wichtig ist, dass ihr den Weg, die Tore kennt, um an dieses Wissen und an diese Energien zu gelangen.

7. Herznetze eures Original-Geistwesens

a) Herznetz der Seinsmatrix

Aus dem Kapitel 3 ist euch bereits der Aufbau der drei Herznetze aus eurer Matrix-Kopie bekannt. Die Herznetze stellen Energieportale in einen jeweils anderen Raum dar. Je nachdem, wo ihr euren Fokus setzen möchtet, strömt ihr mit eurem Bewusstsein durch die Raum-in-Raum Erfahrung. Dies ist das Erleben der fünften Dimension.

Euer Original-Geistwesen wird durchströmt von den angebundenen Seelenenergien. Das Original-Geistwesen ist Empfänger und Sender zugleich. Durch das Herznetz der Seinsmatrix empfängt es die Energien aus der Seele und leitet diese weiter in seine entsprechende Inkarnation. Erinnert euch, das Original-Geistwesen ist die Quelle der Matrix-Kopie einer spezifischen Inkarnation.
Der Raum über bzw. um das Original-Geistwesen ist das Bündel-Geistwesen und der Raum um dieses ist euer einziges Seelen-Geistwesen. Dies bedeutet, euer Seelen-Geistwesen hält die Räume der Bündel-Geistwesen und aller Original-Geistwesen in sich. Die Herztore der jeweiligen Geistwesen sind die Verbindungen zwischen den Räumen.
Das Herztor der Seinsmatrix des Original-Geistwesens ist das Tor in eure heutige Inkarnation hinein und gleichzeitig das Tor, das euch über das Herztor des Bündel-Geistwesens und des Seelen-Geistwesens in den Raum eurer Seele einlässt.
Die detaillierte Energieanatomie des Herztores der Seinsmatrix eures Original-Geistwesens hilft euch beim Focusing und beim Eintauchen in die Raum-in-Raum Erfahrung.

Ihr wisst ebenso bereits aus dem Buch *OHNE WORTE*, dass die Matrix eures Geistwesens kein Herzchakrennetz besitzt und somit auch kein Chakrensystem. Die Definition eures Geistwesen ist ausschließlich Energie. Materie kann sich aufgrund des fehlenden Chakrensystems nicht um dieses Energiefeld materialisieren. Euer Geistwesen besteht aus definierten Energien.

So hat das Herznetz der Seinsmatrix eures Original-Geistwesens ein Zentrum, ein Herzmatrixnetz und ein Herzbündelmatrixnetz, das dem Raum eures Bündel-Geistwesens zugeordnet ist.
Euer Original-Geistwesen ist in jedem JETZT mit dem All-Eins-Sein verbunden. Dies bedeutet, sein Sein ist in jedem JETZT mit der Seinsmatrix identifiziert. So liegt das Sein eures Original-Geistwesens im Raum der Seinsmatrix und der Gottesstrom fließt dauerhaft hindurch und erfüllt die Matrix mit authentischen Energien.
Das Herznetz ist somit ausgedehnt und umgibt das Original-Geistwesen. Die definierte Energieform, der sogenannte Körper des Geistwesens, befindet sich somit im Herzraum der Seinsmatrix des Geistwesens. Die achtzehn Tore auf dem Herzmatrixring befinden sich um das Geistwesen und das Sammelgitter leitet die Energien weiter in das Matrixrahmengitter des Geistwesens. Um den Herzmatrixring herum befindet sich der Bündelherzring mit seinen Toren und darum befindet sich der Seelenherzring.
Zwischen den jeweiligen Ringen befindet sich der Raum als Tor hinein in den nächsten Raum sowie ein Energienetz dieses Raumes.
Zwischen dem Herzmatrixring und dem Matrixrahmengitter befindet sich das Herzmatrixnetz, das ebenso das Sammelgitter beinhaltet. Zwischen dem Bündelherzring und dem Herzmatrixring befindet sich das Bündelherznetz. Zwischen dem Seelenherzring und dem Bündelherzring befindet sich das Seelenherznetz.

(siehe Abbildung 51)

b) Herznetz der Zeitmatrix

Euer Original-Geistwesen hat keine Identifikation mit der Zeitmatrix. Doch besitzt es eine Zeitmatrix, um die Information der Abtrennungserfahrung in den Raum der Materie hineinzutransportieren.
So ist das Herztor der Zeitmatrix wie das Herztor der Zeitmatrix eurer Matrix-Kopie aufgebaut (siehe Kapitel 3). Das Zentrum des Herztores

hat ebenso die Ego-RNA als Ring um sich und trägt darin jegliche Codierung der Abtrennungserfahrungen, das Zentrum ist jedoch vorerst geschlossen. Doch in der Materialisierung der Abtrennungserfahrung im materiellen Raum (ME) öffnet sich das Zentrum des Herztores der Zeitmatrix eures Original-Geistwesens. Der Ablauf der Öffnung dieses Zentrums ist wie folgt:
So schaut, vorerst wird die Information jeglicher Abtrennungserfahrungen dieser speziellen Inkarnation in die Zeitmatrix der Matrix-Kopie hineinkopiert. Im Laufe der Linie der Zeit macht ihr diese spezifischen Abtrennungserfahrungen erfahrbar. Der Egostrom wird eröffnet und fließt durch das Tor eurer Zeitmatrix in den geistigen Raum (AGE) und kreiert dort die unangebundenen Erfahrungs-Geistwesen. Diese unangebundenen Erfahrungs-Geistwesen haben eine energetische Verbindung zu dem Herznetz der Zeitmatrix eures Original-Geistwesens. **So strömen im Egostrom Energien von den Herznetzen der unangebundenen Erfahrungs-Geistwesen hin zu dem Herznetz der Zeitmatrix des einen zugehörigen Original-Geistwesens.**

(siehe Abbildung 52)

Das Herznetz der Zeitmatrix befindet sich innerhalb der definierten Form des Original-Geistwesens. Es hat das Zentrum hinein in den Raum der Bündelungserfahrungen.
Ja, ihr lest es richtig. Das Herztor der Zeitmatrix eines Geistwesens führt in den nächsten »oberen« Raum. Solange die Zeitmatrix eines Geistwesens inaktiv ist, fließen hier keine Energien in die »oberen« Räume. Der Egostrom jedoch aktiviert die Codierungen im Herznetz der Zeitmatrix der Geistwesen und eröffnet somit auch das Herztor in der Zeitmatrix.

Die Geistige Ebene (AGE) ist in sich unterteilt in Räume.
Hier möchten wir euch ein Bild aus der Dreidimensionalität schenken.

(siehe Abbildung 53)

So habt ihr in jedem Raum in der Geistigen Ebene (AGE) unangebundene und angebundene Geistwesen, die jeweils durch den Egostrom oder den Gottesstrom ihre Definition finden.
Die unangebundenen Erfahrungs-Geistwesen kreieren durch das Herztor der Zeitmatrix des Original-Geistwesens eine definierte Form eines weiteren unangebundenen Geistwesens.
So steht eurem angebundenen Original-Geistwesen ein unangebundenes Original-Geistwesen gegenüber.
Wie wir vorher beschrieben, ist das Herztor der Zeitmatrix des Original-Geistwesens geschlossen. Doch durch den einströmenden Egostrom der unangebundenen Erfahrungs-Geistwesen öffnet sich dieses mehr und mehr, je mehr unangebundene Erfahrungs-Geistwesen ihre Energien über den Egostrom fließen lassen.
Der Ring der Codierungen um das Zeitmatrixherztor dehnt sich weiter und weiter aus.
So dient das angebundene Original-Geistwesen dem unangebundenen Original-Geistwesen in seiner Entstehung.
Ihr könnt diese Dynamik nun weiter fortsetzen in die Räume darüber. Denn die unangebundenen Original-Geistwesen lassen ihre Energien über den Egostrom weiter fließen durch das Zeitmatrixtor eines Bündel-Geistwesens.

(siehe Abbildung 54)

Jeweils durch das Zeitmatrixherztor eines angebundenen Geistwesens entsteht durch den Egostrom ein entsprechendes unangebundenes Geistwesen.
Durch viele unangebundene Erfahrungs-Geistwesen entsteht durch das Zeitmatrixtor des angebundenen Original-Geistwesens ein unangebundenes Original-Geistwesen. Durch viele unangebundene Original-Geistwesen entsteht durch das Zeitmatrixtor eines Bündel-Geistwesens durch den Egostrom ein unangebundenes Bündel-Geistwesen. Durch viele unangebundene Bündel-Geistwesen entsteht durch das Zeitmatrixtor des Seelen-Geistwesens durch den Egostrom ein unangebundenes Seelen-Geistwesen.

Erkennt die Geburtsquelle des Schattens im Licht. Das Licht ist Schöpfer jeglicher Erfahrungen. So könnt ihr euch selbst als Schöpfer erkennen und eine neue Entscheidung im Sinne des Angebundenseins treffen.

c) Herznetz der Verbindungsmatrix

Auch die Geistige Ebene (AGE) hat ein Massenbewusstsein. Das Massenbewusstsein erschafft einen Raum in einem Raum. Es ist die Sammlung der Energien, die alle anwesenden Wesen in den Raum einströmen lassen. In der Geistigen Ebene (AGE) sind alle Geistwesen versammelt, Geistwesen der Menschwesen und Geistwesen, die nur als Geistwesen definiert sind.

Die Energien aus der Matrix aller Geistwesen strömen durch das Herznetz der Verbindungsmatrix in den Massenbewusstseinsraum ein. Dieser formt sich mit den einströmenden Energien dieser Wesen. Alle anwesenden Wesen können aus dem Massenbewusstseinsraum Energien durch das Herztor ihrer Verbindungsmatrix in ihre Matrix einströmen lassen. Dies funktioniert wie bei euch im Herznetz der Verbindungmatrix eurer Matrix-Kopie. Es gibt einen entscheidenden Unterschied:

So schaut, ihr wisst nun von den unangebundenen und den angebundenen Geistwesen in der Geistigen Ebene (AGE). Die angebundenen Geistwesen verweilen im Gottesstrom. Dies ist ihr authentisches Sein. So strömen aus ihrem Herznetz der Verbindungsmatrix die Energien des All-Eins-Seins in den Massenbewusstseinsraum der Geistigen Ebene (AGE) ein.

Die unangebundenen Geistwesen, die ihre Energien aus dem Egostrom der niederfrequenten Räume erlangen und dauerhaft mit der Zeitmatrix identifiziert sind, da diese ihre Geburtsstätte ist, ergießen den Egostrom in den Massenbewusstseinsraum der Geistigen Ebene (AGE). Dies ist ihr Sein.

Ihr seht, im Raum der Geistigen Ebene (AGE) ist die Polarität festgelegt, hier findet die Erfahrung Ausdruck, aber es ist keine Entscheidung des einzelnen Geistwesens.

Den sogenannten Kampf, wie ihr ihn bezeichnet, in den höheren Räumen könnt ihr energetisch wie folgt verstehen: Die angebundenen Geistwesen, stabilisiert vom Gottesstrom, senden durch ihr Herznetz der Verbindungsmatrix Gottesstromenergien in den Massenbewusstseinsraum der Geistigen Ebene (AGE). Und sie lassen Egostromenergien aus dem Massenbewusstseinsraum durch ihr Herznetz der Verbindungsmatrix in ihre Matrix einströmen, um diese dann in Gottesstromenergien zu verwandeln. So transformieren die angebundenen Geistwesen dauerhaft Egostromenergien in Gottesstromenergien im Massenbewusstseinsraum der Geistigen Ebene (AGE) und stabilisieren diesen Raum damit im Licht.

Die Kraft der unangebundenen Geistwesen besteht in dem Einströmenlassen des Egostromes und in der gleichzeitigen Ernährung ihres Systems durch den Egostrom aus niederschwingenden Räumen und den Egoenergien aus dem Massenbewusstseinsraum der Geistigen Ebene (AGE). **Dies ist der sogenannte Kampf um das Gleichgewicht der Räume.** Würden die Energien des Egostroms im Massenbewusstsein der Geistigen Ebene (AGE) dominieren, würde die Geistige Ebene (AGE) in die Abtrennung fallen. Diese Kettenreaktion würde durch die höheren Räume weiterlaufen. Doch seht, der Schatten wurde aus dem Licht geboren.
Die Abtrennung kann nicht ohne das All-Eins-Sein existieren. Das Licht, die Energien des Gottesstroms tragen diese Erfahrung. Für euch ist es wichtig zu wissen, ihr seid am Schalter der Entscheidung. Denn von euch aus entsteht die Stabilisierung der Polarität bis in die oberen Räume hinein oder ihr beendet diese Erfahrung der Abtrennungsenergien und alle Räume verbinden sich wieder im All-Eins-Sein. Dies ist die Welle zurück in die Ureinheit.
Dies ist das Kollabieren aller Räume durch die Auflösung der Polarität.

Räume werden durch Polarität stabilisiert. Erkennt euch selbst als Stabilisatoren der Räume dieses Universums. Denn die Polarität wird durch euch in die Räume dieses Universums erschaffen.

Das Offenhalten der Räume ermöglicht den Ausdruck der Erfahrung. Durch euch als Entscheidungsinitiatoren werden die Räume gehalten oder sie kollabieren ineinander und vereinen sich zurück in der Ureinheit aller Räume.
Ihr seid Schöpfer des Universums. Erkennt euch in dieser Kraft und in dieser Größe.

8. Der freie Wille

Ihr seid die einzigen Wesen in diesem, eurem, unserem Universum, die die Möglichkeit des freien Willens als Werkzeug an die Hand bekommen haben.
Durch den Egomechanismus habt ihr euch als abgetrennte Wesen erfahren und euch somit mit dem Raum der Zeitmatrix identifiziert. So habt ihr als einzige Wesen die Möglichkeit, euch bei Beendigung des Egomechanismus zu entscheiden, mit welchem Raum ihr euch identifizieren möchtet.
Legt ihr euer Sein in die Zeitmatrix oder in die Seinsmatrix? Aus dem Raum der Verbindungsmatrix zieht ihr die entsprechenden Energien, die euch in dem jeweiligen Raum stabilisieren. Hier habt ihr als Einzige die Wahl.
Die Energien des Gottesstromes wurden durch den Egomechanismus, durch das Verschließen des Herztores in Energien des Egostromes verwandelt.
Der Strom der Energien drehte sich so, und ein Spiegel des All-Eins-Seins und die Polarität sind entstanden.
Der Egostrom ist somit ein Produkt aus dem Gottesstrom. So wie alle unangebundenen, entstandenen Wesen Produkte aus angebundenen Wesen sind.
Der Gottesstrom ist die Geburtsstätte.
Seht, welche Wunder in euch stecken. Ihr lebt euer Sein durch das Potenzial der Entscheidung, in welchen Raum ihr euer Sein hinein identifiziert.

Die angebundenen Geistwesen haben ihr Sein dauerhaft in der Seinsmatrix verankert und die unangebundenen Geistwesen haben ihr Sein dauerhaft in der Zeitmatrix fixiert. So dienen sie entweder dem Gottestrom oder dem Egostrom und stabilisieren den entsprechenden Pol, der daraus entsteht.

Ihr als Menschwesen seid die Quelle und entscheidet, welcher Strom mehr gefördert wird.

Denn bleibt ihr im Egoerfahrungszyklus hängen, so wird der Egostrom bis in die obersten Räume hinein gefördert. Transformiert ihr eure Egoräume und taucht ein in euren Geisterfahrungszyklus, so stärkt ihr den Fluss des Gottesstromes bis in die obersten Räume hinein.

Der freie Wille, der euch durch die Energieanatomie gegeben wurde, erschafft die Polarität, erschafft die Räume in der Unendlichkeit, macht Erfahrungen erfahrbar bis in die hohen Räume hinein, lässt das All-Eins-Sein als dieses erscheinen.

www.christiane-hansmann.com/herzportal/kapitel-7

Kapitel 8

Inkarnationen

1. Die Grundprinzipien

So schaut, ihr seid multidimensionale Wesen. Ihr seid nicht in der Linie der Zeit gefangen. Eure Körper sind Materialisierungen in der Materie und Materie ist gebunden in der Zeit, da sie Ausdruck des abgespaltenen Bewusstseins ist. Doch eure Körper sind eure Gefäße.
So habt ihr die große Freiheit, mit eurem Bewusstsein zu reisen in die Räume des Schattenuniversums und in die Räume des Lichtuniversums, das, um es noch einmal zu betonen, auch die Schattenräume beinhaltet.
Denn die Räume des All-Eins-Seins dehnen sich von innen, vom Punkt, aus dem Tor heraus aus nach außen in die Ausdehnung. Im Abtrennungsraum dreht sich die Bewegung durch euch als Tore von Bewusstsein und die Entstehung der Schattenräume geschieht im Raum der Zeitmatrix von außen nach innen.
So ist es gegeben, dass jegliche Schattenräume vom All-Eins-Sein gehalten sind. Die Schattenenergien strömen auch aus in das All-Eins-Sein durch euer Herztor der Zeitmatrix, also durch den Egostrom, und doch sind sie umhüllt von Energien des All-Eins-Seins und befinden sich in den Räumen des All-Eins-Seins.
So könnt ihr erkennen, der Entstehungsprozess des Schattensystems ist geführt und gehalten von den lichtvollen Energien des All-Eins-Seins.

Erkennt, dass ihr nicht in euren Körpern fixiert seid. Ihr seid frei fließendes Bewusstsein, das sich in den Räumen des Bewusstseins aufhalten kann.

Lasst ihr diese Tatsache in eurem System zu, so befreit ihr euch aus eurem eigenen Gefängnis. Ja, euer Bewusstsein hat diese Inkarnation fokussiert und möchte hier wirken und abgespaltenes Bewusstsein integrieren. Doch dürft ihr eure Fähigkeit des Reisens nutzen, um euch mit Energien und damit mit Informationen zu versorgen. Informationen im Sinne des All-Eins-Seins dienen euch. Sie schenken euch Erkenntnisse und somit können sie durch eine neue Ausrichtung in euch eine neue Handlung initiieren. Somit erschafft ihr einen neuen Ausdruck und damit Materie im Sinne eures Geistwesens.

Wie ihr bereits wisst, erschafft die Illusion der Abtrennung Pole. Ihr kreiert dadurch den Opfer- und den Täterraum. So habt ihr im Kleinen, also in dieser Inkarnation, Opfererfahrungen, aber auch Tätererfahrungen und ihr habt im Großen beide Pole als Ausdruck erfahren. Vergangene Inkarnationen könnt ihr einteilen in Opferleben und in Täterleben. Seid euch gewiss, ihr habt beide Pole gelebt. Auch diese Erkenntnis bringt Frieden in eure Systeme, denn ihr werdet dadurch wieder handlungsfähig und reicht euch selbst in einem Opferleben die Hand.

Bitte erinnert euch an unsere Worte. Schuld ist eine niedere Frequenz und verankert euch im Schattenuniversum. Es geht nicht um Schuld, es geht um Verantwortung.

Werdet frei. Erlaubt euch, euch auszudehnen. Was ist es, was euch eng macht? Was ist es, was euch klein hält?

Wir möchten jetzt mit euch in das Energiefeld der Schuld eintauchen. Ja, vorerst tauchen wir ein, damit ihr klar spüren könnt, was diese Energie mit euch macht.

So schließt für einen Moment eure Augen und lasst diese Energie unbewertet und rein durch euch strömen. Fürchtet euch nicht, es ist nur eine Energieschwingung. Betrachtet sie, ohne euch damit zu identifizieren. Erlaubt euch, diese Schuldenergien in vollem Umfang in eurem System wertfrei wahrzunehmen und zu spüren, was sie mit euch machen. Schaltet euren inneren Beobachter im Zentrum eures Herzens in der Seinsmatrix ein. Ihr seid präsent im Herzen, verbunden mit der geistigen Welt und von dort aus beobachtet die Schuldenergien, lasst sie durch eure Körper strömen und erlaubt ihnen, euer System zu verlassen.

So habt ihr sie zum Ausdruck gebracht. JETZT dürfen sie aus euch strömen und sich als Energieschwingung mit dem All-Eins-Sein verbinden.
Ihr seid frei fließendes Bewusstsein. Ihr seid ohne Anhaftung. Ihr seid.
Schuld hat eine Frequenz, die euch nicht in euer authentisches Sein entlässt. Ihr seid nicht diese Frequenz. So entscheidet euch JETZT, dass sich diese Energien in eurem System transformieren dürfen.

>> **15. Matrixerfahrung: Transformation von Schuldenergien in deinem System**
(im Audiopaket zum Buch – siehe Einleitung vorn im Buch)

Seid das Licht, das ihr seid. Verbindet euch mit eurem wahren Sein. Öffnet euren Herzraum, seid es euch wert. Wir sind mit euch in Liebe und Verbundenheit. Von Ewigkeit zu Ewigkeit.

Das Spiel des Egos erschafft Ohnmacht und Macht.
Egomacht ist eine Erfahrung, die aus der Willenskraft geboren ist. Eine Kraft, die euch stabilisiert, euch das Gefühl gibt, mächtig zu sein. Die Kontrolle zu haben in der Erfahrung der Abtrennung, gibt euch scheinbare Sicherheit. Gibt euch das Gefühl, wieder Herr in eurem eigenen Leben zu sein. Wer von euch kennt das nicht? Das Gefühl, nicht wirken zu können, ist die schlimmste Erfahrung für euch.
So schaut, die letzte, tiefe Basiserfahrung des abgespaltenen Bewusstseins ist die absolute Ohnmachtserfahrung. Bewusstsein, integriert in das All-Eins-Sein erschafft in jedem Moment Ausdruck. Dies ist pure Wirkungskraft.
Im energetischen Zustand des abgespaltenen Bewusstseins herrscht die Illusion, dass in keiner Weise Wirkungskraft vorhanden ist. Dies ist die tiefste Abtrennungserfahrung, die ihr erfahren könnt. Dies ist

die Hölle auf Erden. Denn ohne Wirkungskraft seid ihr gefangen, gehalten in Ewigkeit im Abtrennungsraum, den ihr als solches ja dann gar nicht mehr erkennt. Dies bedeutet für euch, die Hölle ist die Realität und nicht zu verändern.
So sind wir nun zu euch gekommen, erreichen euch in eurem Bewusstsein und bringen euch diese Informationen. Das Erwachen in euch bringt Licht in eure Systeme, lässt euch erkennen, dass ihr große, machtvolle Geistwesen im Sinne des All-Eins-Seins seid. Ihr seid machtvoll, ihr erschafft Ausdruck in jedem Moment.
Ihr könnt nicht nicht erschaffen. Ihr seid Tore, durch die das Bewusstsein Ausdruck kreiert. So erkennt dies und richtet euch aus, welchem Universum ihr eure Präsenz schenkt.
Die Egomacht in euch möchte das Gefühl der tiefsten Abtrennung, des tiefsten Ohnmachtsgefühls umgehen, vermeiden. Denn hier glaubt ihr, gefangen gehalten zu sein, so verankert zu sein, dass ihr euch aus euch selbst heraus nicht mehr befreien könnt. Dies ist die tiefste Abtrennungserfahrung. So wisst darum, jeder von euch hat diese Erfahrung bereits in seinem System als Information. Diese tiefe Opfererfahrung wird eingegraben und überdeckt von jeglichen anderen Egoräumen. Darüber versucht sich die Macht aufzubauen, die Kontrolle herrscht vor.
Der Lebenskampf in euch beginnt. Lebenskampf in euch bedeutet, sich stets von der tiefen Abtrennungserfahrung der Hölle hochzuheben, um nicht in diesem Erfahrungsraum zu versinken und nicht mehr herauszukommen.

Wir möchten dicht bei euch sein und euch sagen, diese Erfahrung ist vollendet. Das Spiel des Egos ist beendet. Ihr seid nun bereit, all eure fixierten Egoräume im Reich des Schattenuniversums zu erlösen.
Ihr seid frei fließendes Bewusstsein, das sich selbst aus dieser Illusion befreit.

2. Die Dynamik von Opfer- und Täterräumen

Erlöst ihr einen Opferraum, so ist es vonnöten, den dazugehörigen Täterraum ebenso zu entlarven. Ansonsten würde eine Handlung im Sinne des Täterraumes den bereits durchdrungenen Opferraum wieder aktivieren.
Wir geben euch ein Beispiel:
Eine Ehefrau wird von ihrem Ehemann nicht beachtet. Sie bekommt keine Aufmerksamkeit. Ihr Glaubenssatz ist: »Ich bin es nicht wert, geliebt zu sein.«
Dieser Glaubenssatz aktiviert das entsprechende Energiefeld um sie herum. Sie hat sich einen Ehemann ausgesucht, der dieses Feld bedient. Die Nichtbeachtung ihrer Person aktiviert nun das Energiefeld dieses Glaubenssatzes. Der Trigger ist gesetzt. Nun folgt ihre Handlung, um in ihrer Wirkungskraft bleiben zu können.

Ihr möchtet handlungsfähig bleiben, so setzt ihr eine Ursache der Erfahrung außerhalb eures Systems und richtet dann eure Handlung danach aus.
So habt ihr eine Begründung kreiert und bleibt für euch scheinbar handlungsfähig.

Diese Ehefrau versucht nun, ihrem Mann alles recht zu machen. Sie versucht »gut« zu sein, um sich Liebe zu verdienen, um Aufmerksamkeit zu bekommen. Sie umsorgt ihn, achtet auf seine Bedürfnisse und richtet sich nach seinem Leben. So handelt sie, um ihren Glaubenssatz scheinbar verwandeln zu können.
Sie hat nicht in ihrem Bewusstsein, dass sie nach einem Glaubenssatz handelt.
Sie glaubt noch, der gesetzte Glaubenssatz ist die Realität. So erschafft sie die Realität von Neuem. Denn ihr Mann ist diese Umsorgung von seiner Frau gewöhnt, es ist für ihn Normalität. Wenn er selbst noch unbewusst, mit abgespaltenem Bewusstsein kreiert, ist ihm nicht bewusst, aus welcher Motivation heraus seine Frau diese Handlung vollzieht.

Die Frau bleibt in der Ohnmacht, denn sie erfährt auf diesem Weg keine Wertschätzung und kreiert sich somit erneut ihren Glaubenssatz. Das Energiefeld dieser scheinbaren Realität stabilisiert sich. Dies ist die Opfererfahrung der Frau.
Nun haben die beiden drei Kinder. Die Frau ist so fixiert in ihrer Handlung, dem Mann zu gefallen, um ihren Mangel auszugleichen, dass sie ihren Fokus und ihre Wirkungskraft nicht auf ihre drei Kinder gerichtet hat. Ihre Kinder erfahren keine Aufmerksamkeit und es ist sehr gut möglich, dass sich ein ähnlicher Glaubenssatz wie bei der Mutter ausbildet.
So wird die Ehefrau zum Täter den Kindern gegenüber. Dies wäre dann ihr Täterraum.
Hier erkennt ihr die beiden Pole, die im Spiel des Egos entstehen.

Nun lösen wir das Spiel auf im Sinne des integrierten Bewusstseins.
Die Ehefrau erkennt ihren Glaubenssatz als Glaubenssatz. In diesem Moment geschieht schon etwas Heiliges. Denn in diesem Moment der Erkenntnis löst sich das eigene Sein aus diesem Energiefeld. Die Erkenntnis beinhaltet: »Ich bin nicht diese Realität.« So löst sich das abgespaltene, fixierte Bewusstsein aus dem Energiefeld und wird zum Beobachter dieses Energiefeldes. Der innere Beobachter springt an. Dies ist ein heiliger Moment!
Denn ab diesem Moment strömt integriertes Bewusstsein aus dem All-Eins-Sein mit in den Raum. Das abgespaltene Bewusstsein wurde erlöst und ab diesem Zeitpunkt beginnt der Prozess der Integration.
Die Ehefrau erkennt, dass sie durch ihre Handlung nichts bewirkt und nur ihren Glaubenssatz stabilisiert hat. Sie darf eine neue Entscheidung treffen.
Hier begegnet ihr der Angst, denn ihr glaubt, lasst ihr los von alten Mustern, verliert ihr Sicherheit in der Materie. Die scheinbare Wirkungskraft, die den Glaubenssatz stabilisiert hat, hat für eine scheinbare Basis in der Materie gesorgt. Durch eine veränderte Handlung und somit eine Veränderung des Energiefeldes wird sich auch die Materie verwandeln. Dies ist die wahre Wirkungskraft. Ihr materialisiert Ausdruck.

Nun gibt es zwei Möglichkeiten an Resultaten. Die Ehefrau richtet ihre Aufmerksamkeit vorerst auf sich selbst und fängt an, sich nach ihren eigenen Bedürfnissen zu fragen. Sie fängt an, es sich selbst wert zu sein. Ihre Handlung richtet sich nun nach ihren eigenen Bedürfnissen und sie selbst wird zum Mittelpunkt ihres Lebens. Dies ist heilsam, denn sie sorgt dafür, dass ihr innerer Mangel durch sie selbst gefüllt wird. Sie wird frei von Energien aus dem Außen.

Ihr Mann wird diese Veränderung merken, denn er bekommt nun weniger Energien, die ihm zur Verfügung stehen. Er wird wach. Jetzt hat er zwei Wege. Durch diese Veränderung kann er ins integrierte Bewusstsein gehen und erkennen, welche Dynamik entstanden ist.

Er erkennt seine Liebe zu seiner Frau und die beiden gehen in eine wahrhaftige Begegnung. Oder er bleibt im abgespaltenen, fixierten Bewusstsein und erlebt die Veränderung seiner Frau als eigenen Mangel. Er geht in den Kampf und erwartet, weiter versorgt zu werden. In diesem Fall, bleibt die Ehefrau in ihrer Erkenntnis, trennen sich die Wege der beiden. Doch die Frau hat sich ein neues Energiefeld erschaffen durch die Lösung des Glaubenssatzes und wird sich im Sinne des Resonanzprinzips einen Mann ins Leben ziehen, der ihre neue Realität bestätigt.

Nun gilt es weiter für die Frau, den Täterraum zu entdecken, um in Vollständigkeit beide Räume zu transformieren. Sie darf erkennen, dass sie ihren Kindern zu wenig Energien in Form von Aufmerksamkeit geschenkt hat. Auch hier darf sie wirken und ihre Handlungen verändern. So erschafft sie wahre Begegnung zwischen den Kindern und sich selbst. In diesem Moment heilt sie ihre eigenen Pole des Glaubenssatzes und heilt ebenfalls den Glaubenssatz der Kinder, der durch ihren Egoraum aktiviert wurde. Denn auch die Kinder bringen diese Information des Egoraumes mit in diese Inkarnation.

Wir möchten euch erläutern, wie die Dynamik der Entstehung der einzelnen Egoräume in den Polen wirkt. Ihr setzt euch Glaubenssätze, um eine Begründung für eine Erfahrung zu haben. So bleibt ihr scheinbar in eurer Kraft. Doch die eigentliche Ursache ist woanders zu finden.

Hier ein weiteres Beispiel aus einer vergangenen Inkarnation:
Eine Frau im Mittelalter wurde als Kind von ihrer Mutter nicht liebevoll aufgezogen. Im Gegenteil, sie wurde von ihr verspottet und gedemütigt. Um ihre Liebe dennoch zu bekommen, arbeitete sie über ihre Kräfte, ohne sich eine Pause zu gönnen, um ihrer Mutter viel abzunehmen, aber eigentlich, um endlich liebevoll behandelt zu werden. Über ihre Egohandlung vergaß sie, ihre Lebensfreude zum Ausdruck zu bringen, die sie als Potenzial in ihrem Wesenskern gespeichert hat.
Eines Tages wurde sie beschuldigt, einem damaligen Wachmann schöne Augen gemacht zu haben, der eigentlich verheiratet war. In Wirklichkeit war es der Wachmann, der ihr nachstieg, und sie lehnte ihn ab. Aus gekränktem Stolz beschuldigte der Wachmann diese Frau öffentlich. Eine Hetzjagd im Dorf wurde angestachelt, denn die Frau war sehr hübsch und viele Neider konnten ihren Neid so entladen. Sie wurde auf dem Marktplatz verurteilt, mit Teer und Federn beworfen und aus dem Dorf verjagt. So starb sie allein im Wald.

Die Ursachensetzung einer Opfererfahrung ist nicht in dem Moment der Opfererfahrung zu finden. Sie ist vorher zu sehen. So seht, die Egohandlung der Verausgabung aufgrund des Glaubenssatzes »Ich muss nur genug tun, dann werde ich geliebt« hat ein Energiefeld aufgebaut. Aufgrund dessen wurde sie von den Mitbewohnern des Dorfes beschuldigt, »zu viel« getan zu haben, und öffentlich gedemütigt. Die Frau wollte den Schmerz des Nichtgeliebtseins und des Verspottetwerdens von der Mutter vermeiden, entwickelte über den Glaubenssatz eine Handlung, um der Ohnmachtserfahrung zu entgehen und kreierte sich durch das entstandene Energiefeld die gleiche Erfahrung in Groß.

Dies war ein Beispiel aus einer Inkarnation. Aber natürlich ist die Dynamik über mehrere Inkarnationen zu betrachten. Denn die Tatsache, dass die Mutter sie lieblos und mit Demütigungen aufgezogen hat, hatte eine Ursache. Ihr wisst bereits, Kinder bringen ihre Egoräume mit in die jeweilige Inkarnation. Diese werden vorerst von den

Eltern aktiviert, später auch von anderen Personen aus dem eigenen Leben.
Wir möchten euch weitere Beispiele geben von Inkarnationen dieser Frau, die zu dieser Opfererfahrung gehören. In einer Täterinkarnation war diese besagte Frau zum Beispiel ein Mann. Seine Mutter starb bei seiner Geburt und sein Vater machte ihn dafür verantwortlich. So wurde er hart und lieblos erzogen, beladen mit Schuld. Diesen Erfahrungsschmerz versuchte er auszugleichen, indem er die Schuldenergien nach außen projizierte. Er lenkte diese Energie sozusagen um. Der entsprechend entstandene Glaubenssatz könnte lauten: »Andere müssen sich korrekt verhalten, dann bin ich in Sicherheit.«
Ihr seht, im Opferleben bezieht sich der Grundglaubenssatz auf eine Handlung bezogen auf sich selbst, und im Täterleben bezieht sich der Grundglaubenssatz auf eine Handlung der anderen.
Der Vater besaß ein großes Gut in Zeiten des Mittelalters und Ländereien. Dörfer um sein Gut herum waren unter seiner Befehlsherrschaft. Da der Sohn der Erstgeborene war, hatte er keine weiteren Geschwister. Der Vater verstarb früh an einer Krankheit, so dass der Besitz an ihn überging. Er herrschte nun über seine Ländereien. Aufgrund seines Glaubenssatzes war er ein herzloser, verbitterter Gutsherr und urteilte hart über seine Untergebenen. Das scheinbare Recht nahm er als Rechtfertigung für seine Härte. Er verursachte sehr viel Leid unter den Menschen. Eines Tages, es war Winter, ritt er aus und wollte neue Bereiche in seinem Umfeld entdecken. Er verirrte sich im Wald, es fing stark an zu schneien und er erfror einsam und orientierungslos.

Erkennt die Zusammenhänge. Egoräume werden in der Kindheit aktiviert und der Glaubenssatz, der entsteht, prägt entweder ein Opferleben oder ein Täterleben.
So existieren Polglaubenssätze. Denn wie ihr wisst, baut ein Glaubenssatz ein Energiefeld auf, das dann im Leben zum Ausdruck gebracht wird.
Die beiden Glaubenssätze gehören als Pole zusammen. In der Linie der Zeit ist es nicht relevant, in welcher Reihenfolge Täter- und Opferleben kreiert werden. Sie bedingen sich und gleichen sich aus. Doch

beide möchten zum Ausdruck gebracht werden, damit das Gleichgewicht erhalten bleibt.
Ihr glaubt, dass durch ein Tätertum das Opfertum ausgelöst wird. So ist es nicht. Beide Glaubenssätze sind bereits als Code im Herzzentrum der Zeitmatrix angelegt. Die Entstehung der Pole im Abtrennungsraum bedingt die Codierung der Polglaubenssätze.
So kann in der Linie der Zeit auch zuerst der Opferglaubenssatz als Erfahrung kreiert werden und danach der Täterglaubenssatz oder umgekehrt. Dies widerspricht euren Karmagesetzen, in denen beschrieben steht, dass das Tätertum ein Opfertum auslöst. In dieser Dynamik dürft ihr nun erkennen, dass der Schuldgedanke darin versteckt ist. Denn es heißt übersetzt, fügst du anderen Leid zu, erleidest du selbst den Schmerz. Die Ursache ist dann im Täter gesetzt. Der Täter ist sozusagen schuld.

Richtig ist, euer abgespaltenes Bewusstsein ist eher darauf aus, euer eigenes Leiden zu beenden, da darin die Ohnmachtserfahrung und die Löschung eurer Wirkungskraft beinhaltet ist. So beginnt eure Bewusstseinsarbeit im Pol des Opfertums. Doch wisst, es geht nicht um die Entdeckung der Täterschuld. Es geht darum, den Gegenpol im eigenen System zu finden. Damit meinen wir den Täterglaubenssatz und dessen Energiefeld, um so die Deaktivierung des Opfer- und des Täterraumes zu bewirken.
Wie wir bereits sagten, löst ihr nur den Opferglaubenssatz und der Täterglaubenssatz bleibt bestehen, wird das Opferenergiefeld weiter aktiviert, da der Gegenpol noch nicht gelöscht wurde.

Egoräume entstehen im Herzraum der Zeitmatrix von außen nach innen. Das heißt, das Schattenuniversum baut sich von außen nach innen auf. Es gibt einen Ursprungsglaubenssatz, der die äußerste Hülle des Zeitmatrixraumes darstellt.
Dieser Ursprungsglaubenssatz kann ein Opfer- oder ein Täterursprungssatz sein.
Die dadurch entstehende Destruktivität bezieht sich beim Opfertum auf sich selbst und beim Tätertum auf andere Menschen.

So fragt euch, warum ist Opfertum in eurer Bewertung mehr anerkannt als Tätertum? Denn die Destruktivität entfaltet sich in beiden Fällen, nur die Fließrichtung der Energien ist eine andere.
Destruktivität ist das Produkt, der Ausdruck des abgespaltenen Bewusstseins. Das abgespaltene Bewusstsein ist die Quelle des Schattenuniversums. In welche Richtung die Destruktivität wirkt, hängt von der Codierung des Glaubenssatzes ab.

Ihr könnt euch Menschwesen einteilen in zwei Pole, die sich ebenso gegenseitig stabilisieren. Der eine Pol braucht den anderen Pol. Diese Einteilung ist aus der Sicht des All-Eins-Seins wertfrei. Beide Pole dienen sich. Seht, es gibt Menschwesen, deren äußerste Hülle durch die Codierung eines Opferglaubenssatzes manifestiert ist, und es gibt Menschwesen, deren äußerste Hülle durch die Codierung eines Täterglaubenssatzes manifestiert ist. In diesem äußeren Raum entstehen dann alle weiteren Egoräume.
Also bei den einen erst Opferraum dann Täterraum und bei den anderen erst Täterraum dann Opferraum. Auch hier erkennt ihr noch einmal, dass ein Täterraum nicht einen Opferraum hervorruft. Beide sind bereits vorhanden und die Reihenfolge ist bereits in der Codierung festgelegt.
Dieser Ursprungsglaubenssatz legt fest, zu welchem Pol ihr gehört.
Schaut euch die verschiedenen Menschen an. Es gibt Menschen, die die Ursache des Problems gleich in sich selbst sehen, und es gibt Menschen, die die Ursache des Problems gleich in anderen sehen. Die einen haben einen Opferursprungsglaubenssatz und die anderen einen Täterursprungsglaubenssatz. Dies ist wertfrei zu betrachten.

In den jeweiligen Inkarnationen gibt es die »points of no return«. Dies bedeutet, wenn eine Handlung im Sinne der kritischen Masse wieder und wieder ausgeführt wird, kommt die Resonanz im Spiegel des Lebens als Automatismus.
Schaut, dies ist nicht als Bestrafung zu sehen, sondern ist Energiephysiologie. Ihr befindet euch in einem Energiefeld und kreiert diese Realität in der Materie. Ihr wisst bereits, dieses Energiefeld ist eure Realität

und ihr zieht euch die entsprechenden Energien durch eure Handlungen von außen in eure Systeme. So füllt und stabilisiert sich dieses Energiefeld und wird stärker. Der Glaubenssatz wird durch Handlungen gelebt und die dahinter liegende Erkenntnis wird umgangen. Im Beispiel der Frau: Sie arbeitet und arbeitet, um der Mutter zu gefallen und ihre Wirkungskraft zu behalten, um nicht in den Ohnmachtsschmerz des Nichtgeliebtseins zu fallen. So wird die Energie des Schmerzes in ihrem System geblockt. Diese Energie staut sich an und wird abgespalten. Das abgespaltene Bewusstsein gewinnt mehr und mehr an Kraft. Die Frau versucht durch ihre Handlungen, ein Gleichgewicht zu schaffen. Dies ist stets die Motivation von euch – ein Gleichgewicht erschaffen, um euch zu stabilisieren in der Abtrennung. **Der »point of no return« ist in dem Moment, wo die Kraft des abgespaltenen Bewusstseins so groß geworden ist bzw. das Matrixgitter so gefüllt ist mit den geblockten, gestauten Energien, dass sich um dieses Energiefeld jetzt Materie baut.**

Seht, das Energienetz ist gefüllt mit Informationen des Schmerzes und der Ohnmacht, da sie nicht ins Fließen gebracht werden, sondern durch Egohandlungen kompensiert und unterdrückt werden. Am »point of no return« ist die kritische Masse an Energien im Matrixnetz erreicht, das bedeutet, das Matrixnetz ist stark gefüllt mit diesen Informationen und die Materialisierung beginnt.

Am Beispiel der Frau: Sie wird öffentlich beschuldigt und verurteilt. In diesem Moment ist die Kette der Materialisierung in Gang gekommen. Die Materialisierung ist gestartet und ab dem Zeitpunkt kann die Frau nicht wirken, um dies rückgängig zu machen. Materie ist träge und es braucht Zeit, bis sie sich aufbaut. So ist es auch mit dem Abbau bzw. Umbau von Materie. Habt ihr durch eure Bewusstseinsarbeit ein neues Energiefeld im Sinne des integrierten Bewusstseins erschaffen, braucht es sowohl Zeit als auch die kritische Masse an den neuen Energien, damit sich Materie um dieses Feld bildet. In diesem Fall bedeutet die kritische Masse, die Handlungen im Sinne des Geisterfahrungszyklus mehrmals ausgeführt zu haben, bis sich das Energiefeld genügend authentizitiert hat. Im integrierten Zustand fließen Energien hindurch und sind nicht blockiert. So greift hier die Authentizitierung.

Im ersten Buch *OHNE WORTE* gaben wir euch Werkzeug, um eure Energienetze zu authentizitieren. Nutzt diese, sie dienen euch, integriertes Bewusstsein zu manifestieren.

Es geht nicht darum, dass ihr jetzt Angst bekommt und euch beispielsweise einen Glaubenssatz erschafft »Ich muss ganz schnell meine Egoräume schließen, dass ich den ›point of no return‹ umgehe.« Nein, eine einfache Entscheidung reicht und ihr begebt euch in den Fluss des AES-Focusings. Seid ihr in diesem Bewusstseinsstrom, entfädelt sich das Labyrinth der Egoräume in eurem Sinne und die blockierten Energien füllen die Energiefelder im Zeitmatrixraum nicht weiter auf.
Ihr könnt eure Entscheidung wie folgt formulieren, bitte fühlt euch frei, eine eigene Formulierung zu kreieren. Dies ist nur ein Vorschlag:

»Ich lege meine Präsenz in meinen Seinsraum, verankere sie im JETZT. Mein Wirken ist ausgerichtet im Sinne meines AES-Focusings.«

>> **16. Matrixerfahrung: Ausrichtung deiner Präsenz**
(im Audiopaket zum Buch – siehe Einleitung vorn im Buch)

3. Der Ursprungsglaubenssatz

Wir möchten näher auf den Ursprungsglaubenssatz eingehen, denn hier ist die Eröffnung der Abtrennungserfahrung und der Beginn der Aktivierung der Egocodierungen.
Ihr wisst bereits, dass es Menschwesen gibt, die in ihrer Energie-DNA im Wesenskern die Erfahrung der Raumöffnung der Materiellen Ebene (ME) gespeichert haben, und Menschwesen, die die Erfahrung in sich tragen, sich als Atlantaner in den geöffneten Raum zu kristallisieren. Wir möchten am Beispiel der Atlantaner die Entstehung des Ursprungsglaubenssatzes erläutern.

Wie in Kapitel 6 erklärt, fielen die Atlantaner durch ihre Egoaktivierung im Wesenskern nach und nach aus dem All-Eins-Sein. Jeder Atlantaner hatte den perfekten Zeitpunkt seiner eigenen Aktivierung. Die Atlantaner waren ja bereits als kristallisierte Geistwesen im materiellen Raum (ME) vorhanden und fielen in diesem energetischen Zustand hinter den Vorhang des Vergessens. In dem Moment des Fallens wird jegliches Wissen über das All-Eins-Sein, die Zusammenhänge, die universellen Gesetze, die Erfahrung der Verbindung mit dem All-Eins-Sein vergessen. Die Atlantaner im wachen Zustand wussten, welchen Prozess sie vorbereiteten. Sie wussten, dass sie den Abtrennungsraum auf die Erfahrung der vollständigen Abtrennung vorbereiteten. Doch im Fallen war all dieses Wissen nicht mehr abrufbar. Auch war nicht mehr abrufbar, dass der Moment des Fallens durch die Egoaktivierung im Wesenskern ausgelöst wurde.
Die Egoaktivierung der Atlantaner löste die Vervollständigung des geschlossenen Abtrennungsraumes aus. **Dies ist ein Prozess der Liebe, denn die Abtrennung wollte im Ganzen erfahren werden, um so die Flut in die Ebbe drehen zu können und um so dem All-Eins-Sein als Spiegel zu dienen.**

So vergaßen die Atlantaner die Ursache der Abtrennung, die in ihrem System selbst zu sehen ist. Eine Ursachensetzung, die im Sinne des All-Eins-Seins in Liebe ist.
Das Fallen in den materiellen Raum (ME) kreiert das abgespaltene Bewusstsein. Abgespaltenes Bewusstsein ist die Quelle des Ausdrucks des Schattenuniversums.
Die Polarität entsteht. Pole sind Energietrennungen, Energien, die nicht mehr gemeinsam fließen. Pole halten Energien fest. Abgespaltenes Bewusstsein ist ein blockierter Energiefluss. So separieren sich die Energien und bilden Pole, um den Raum zu stabilisieren.

Wir sprachen bereits davon, dass die Ohnmachtserfahrung die eigene Wirkungskraft in euch aushebelt und dass ihr diese Erfahrung auf jeden Fall umgehen wollt. Der Fall in die Hölle ist das Fallen in den Abtrennungsraum, aus dem ihr euch selbst scheinbar nicht mehr be-

freien könnt und in Ewigkeit dort verweilt. So werden Glaubenssätze kreiert, Ursachen ins Außen gesetzt, um eine Ursache festzulegen und um dadurch eine Handlungsmöglichkeit zu haben.
Der Ursprungsglaubenssatz der Atlantaner ist in dem Moment des Fallens entstanden. Manche Atlantaner haben die Ursache gegen sich selbst gerichtet und manche Atlantaner haben die Ursache gegen andere gerichtet. Also sind hier Ursprungsopferräume und Ursprungstäterräume entstanden.

Jeder Atlantaner hatte eine authentische Tätigkeit, die er als Atlantaner ausgeführt hat. In einem bestimmten Moment ist er gefallen und hat diesen Moment in die Ursachensetzung miteingebunden. So ist es für die Menschwesen, die eine atlantanische Erfahrung in ihrem Wesenskern tragen, relevant aufzudecken, wie sie gewirkt haben und in welchem Moment sie gefallen sind.
Für Menschwesen, die die Materielle Ebene (ME) eröffnet haben, ist es wichtig zu erfahren, wie der Moment des Fallens aus dem geistigen Raum (AGE) heraus stattgefunden hat.
Der Ursprungsglaubenssatz ist der äußerste Raum des eigenen Egouniversums.
So seht, bringt ihr in dieses Energiefeld Bewusstsein im Sinne des All-Eins-Seins hinein, so gibt es eine kraftvolle Kettenreaktion in das Innere des Egouniversums und alle darin enthaltene Egoräume werden leichter transformiert. Denn die inneren Egoräume basieren auf dem äußersten Egoraum, der durch den Ursprungsglaubenssatz entstanden ist.

Hinter jedem Egoraum verbirgt sich ein Potenzial von euch. Denn fängt die Energie des Egoraumes wieder an zu fließen, ist dies frei fließendes Bewusstsein, und somit manifestiert sich im Abtrennungsraum euer im Wesenskern codiertes Potenzial, das ihr im materiellen Raum (ME) zum Ausdruck bringt. Transformiert ihr einen Egoraum, fangen die Energien wieder an zu strömen und durch eure Matrix fließen eure authentischen Energien aus eurem Geistwesen. So offenbart ihr euch euer Gott gegebenes Potenzial. Die Gott gegebenen Potenziale sind die Energiecodierungen im Wesenskern, die aus dem All-Eins-Sein Bewusstsein entspringen.

Hier nochmal für euch zusammengefasst: Die Codierungen im Wesenskern, in eurer Seele, sind Codierungen, die eure Authentizität manifestieren. Codierungen im Herzzentrum der Zeitmatrix in eurer Matrix-Kopie sind Codierungen, die die Räume des Abtrennungsuniversums manifestieren.
Die Codierungen im Herzzentrum der Zeitmatrix in eurer Matrix-Kopie sind programmiert worden durch Codierungen im Wesenskern eurer Seele.
Versteht, die Abtrennungserfahrung ist eine codierte Erfahrung im Wesenskern eurer Seele. Also ist sie authentisch und im Sinne des All-Eins-Seins.
Wir möchten euch noch einen Schritt weiter mitnehmen. Die Codierungen im Herzzentrum der Zeitmatrix sind in der Anatomie des jeweiligen Matrix-Kopienetzes bereits angelegt. Der Ursprungsglaubenssatz sowie alle daraus entstehenden Glaubenssätze (Codierungen) sind als Information im Herznetz der Zeitmatrix hinterlegt.
Im Moment des Fallens wurde aus energetischer Sicht das Herztor der Seinsmatrix mit der Eihaut verschlossen und die Ursprungscodierung im Herzraum der Zeitmatrix wurde aktiviert, sodass zuerst das abgespaltene Bewusstsein entstanden ist und sich daraufhin die Präsenz des Bewusstseins aus dem Seinsmatrixraum in den Zeitmatrixraum verlagert hat. Hier fand in diesem Moment die Identifizierung mit der Zeit statt. So seid ihr Menschwesen in die dritte Dimension gefallen, um hier die Abtrennungerfahrung zu vervollständigen.
Seht, eure Egoerfahrungen im Abtrennungsraum sind bereits als Information im Herznetz der Zeitmatrix hinterlegt.
Jeder von euch hat ein individuelles Egouniversum, das er durchdringen darf. Jeder von euch hat individuelle Codierungen, die die Egoerfahrungen manifestieren. Alles ist geführt. Ihr wart niemals allein.

Jetzt in dieser Epoche des Bewusstseinsprozesses geht es um das Durchdringen der einzelnen Egoräume bis hin zum Ursprungsglaubenssatzes. Das Erwachen wurde initiiert.
Es ist für die Atlantaner wichtig, sich an ihre Tätigkeit in der wachen atlantanischen Zeit zu erinnern. Denn diese authentische Tätigkeit möchte jetzt in dieser, eurer Zeit wieder zum Ausdruck gebracht werden.
Die Menschwesen, die den materiellen Raum (ME) geöffnet haben und direkt aus dem geistigen Raum (AGE) gefallen sind, haben durch das Durchdringen ihres Ursprungsglaubenssatzes einen direkten Zugang in den geistigen Raum (AGE).

Das Sein der Atlantaner war es, den Abtrennungsraum vorzubereiten, indem sie Wissen aus dem All-Eins-Sein in die Materie hineingebracht haben. Denn sie wussten in dem angebundenen Zustand, dass sie mit ihrem Bewusstsein in den Abtrennungsraum fallen würden. Sie hinterließen Energieorte mit hochschwingenden Frequenzen, so auch die Pyramiden. Schaut die Form der Pyramiden, an was erinnert euch dieses? Die Matrix besteht aus zwei Doppelpyramiden. Die Pyramiden auf Erden sind oben aus Materie gebaut und nach unten hin erstrecken sie sich als energetisch manifestierte Pyramide mit der Spitze nach unten. In der Mitte der Doppelpyramide befindet sich in eurem System das Herzzentrum, so auch bei den Pyramiden. **In der Mitte der Doppelpyramiden befindet sich ein hochschwingendes, energetisches Tor. Durch dieses Tor strömt Energie aus dem All-Eins-Sein ein, um den Abtrennungsraum zu stabilisieren. Diese Tore wurden von den Atlantanern manifestiert. Dies sind Energiefelder, manifestiert in das Informationsnetz der Erde. Ihr wisst bereits aus Kapitel 4, dass das Informationsnetz der Erde das Speichersystem des Massenbewusstseins ist. So wird das Massenbewusstsein durch diese Portale im Verlauf des Bewusstseinsprozesses in eine höhere Schwingung gehoben.**

Ein anderes Speichermedium sind die Delfine. Jeder Atlantaner hatte seinen eigenen Delfin, mit dem er in Verbindung stand. Delfine sind Träger von Fremdenergienetzen, allerdings in diesem Fall von Energienetzen, die die Information einer Original-Matrix eines Menschwesens enthalten. So schaut, die Atlantaner haben eine Kopie des Energienetzes ihres Geistwesens in einen ihnen jeweils dienenden Delfin hineingelegt. So trägt der Delfin im Abtrennungsraum eine Kopie des Originals als Energiefeld in sich. Diese Energiefelder strömen ebenso in das Massenbewusstsein mit ein. So stehen diese Informationen im Abtrennungsraum zur Verfügung. Warum kommen euch die Delfine so menschlich vor? Sie erinnern euch an euch selbst. Im Kontakt mit einem Delfin seid ihr eurem Original, eurem Geistwesen, sehr nah. Eure Herzen öffnen sich, seht ihr einen Delfin. Ihr öffnet euch unbewusst im Herzzentrum und geht in Begegnung mit eurem eigenen Geistwesen.

Atlantis war in Marmor und Glas am Wasser von euch energetisch erschaffen worden. Eine klare, reine, hochschwingende Atmosphäre wurde von euch als Energiefeld kreiert. Die Gebäude waren in majestätischen Formen manifestiert, mit Glaskuppeln nach oben und vielen Säulen aus Marmor. Marmortreppen führten zu verschiedenen Anhöhen, auf denen weitere großzügige, hell leuchtende Säle erbaut waren. Erinnert euch an diese Bilder.

Jeder Atlantaner war an einem Ort beheimatet, je nach authentischem Sein. Denn die Atlantaner lebten ihr authentisches Sein und dienten automatisch dadurch dem All-Eins-Sein.

Zum Beispiel gab es Heilungssäle, in denen Atlantaner im Sinne der bereits gefallenen Menschwesen wirkten. Schaut, in der Linie der Evolution waren ja die Menschwesen, die den Urknall initiiert hatten, bereits in menschlichen Körpern inkarniert. Diese Menschwesen befanden sich in einem eigenen System in Abtrennung. Diese Menschwesen kamen zu den Atlantanern und erhielten Unterstützung.

Manche Atlantaner haben in ihrem Wesenskern die Erfahrung, eng verbunden im Energienetz der Erde zu wirken und damit das Massenbewusstsein zu stabilisieren. Diese zogen sich regelmäßig in die Natur zurück und verbanden sich mit der Erde.

Unser Medium, das diese Zeilen hier schreibt, war bereits in Atlantis ein Kanal für uns und hat regelmäßig für die Menschwesen, die sich

in Abtrennung befanden, Wissen und Energien von uns als Lichtwesengemeinschaft weiter in den Raum der Materie fließen lassen. Ein anderer Atlantaner hat dieses Wissen in Kristallen gespeichert.
Ein weiterer Speicherort für universelles Wissen, das damals von den Atlantanern in den Abtrennungsraum manifestiert wurde, sind Kristalle und Edelsteine.
Versteht es wie folgt: Das universelle Wissen konnte von den Atlantanern in die Materie transportiert werden, sodass es euch genau jetzt wieder zur Verfügung steht und im Laufe der Zeit die Frequenz heben konnte.

Ebenso gab es Atlantaner, die mit anderen Wesenheiten in anderen Räumen Kontakt hatten und mit ihnen den Abtrennungsprozess vorbereitet haben. Schaut, die von euch sogenannten Außerirdischen sind Wesenheiten in anderen Räumen, die euch Menschwesen in der Erfahrung der Abtrennung begleitet haben und noch begleiten. In der atlantanischen Epoche haben ein paar Atlantaner mit ihnen energetische Prozesse vorbereitet und im Sinne des All-Eins-Seins gewirkt, um die Erfahrung des abgespaltenen Bewusstseins erfahrbar zu machen. So hatten schon die Atlantaner Kontakt mit diesen Wesenheiten aus anderen Universen.
Wieder andere Atlantaner haben über Gesang den Abtrennungsraum mit Energien gefüllt. Frequenzen können über eure Stimme durch Töne aus dem All-Eins-Sein in den Abtrennungsraum transportiert werden. So gibt es Atlantaner, deren authentisches Sein ist, ein Kanal für Frequenzen in Form von Gesang zu sein.
Sich mit den Wesenheiten der Tiere zu verbinden, ist ein weiteres Wirkungsfeld mancher Atlantaner. Ihr erkennt an unserer Aufzählung, dass es unterschiedlichste Bereiche gibt, in denen sich das authentische Sein manifestieren kann.
So ist dies ebenso zu übertragen auf die heutige Epoche. Die Erinnerung an das eigene Wirkungsfeld als Atlantaner öffnet euch den Zugang in diese Epoche der Brücke zwischen den Räumen. Denn in der Phase des Erwachens ist es für die Atlantaner eine Zwischenstation, in ihrem authentischen Sein zu wirken.

4. Zukünftige Inkarnationen: Die Plejader

Ihr wisst um das JETZT. Im All-Eins-Sein sind wir nicht in der Dimension Zeit fixiert. Wir sind frei fließendes Bewusstsein ohne Anhaftung im Ausdruck. Alles ist JETZT. Menschwesen haben die heilige Erfahrung in sich, die Zeit als Erfahrung zu manifestieren. So habt ihr diesen Raum der Abtrennung erschaffen, in dem die Zeit als Kraft wirkt. In der Linie der Zeit bewegt ihr euch mit eurem Bewusstsein vor und zurück. Ihr sucht den Schlüssel auf dieser Linie und hofft durch ein richtiges Verhalten, die Linie verlassen zu dürfen. Dies nennt ihr Karma.
Nun wisst ihr bereits, dass der Schlüssel das JETZT ist, durch den ihr in die Raum-in-Raum Erfahrung tauchen könnt und von dieser Perspektive aus jegliche Erfahrungen auf der Linie der Zeit befreien und integrieren könnt. Dies ist ein großer Schritt, eine große Erkenntnis in eurer Bewusstseinsentwicklung.

So schaut, ebenso könnt ihr wertvolle Informationen aus zukünftigen Inkarnationen hier in eure jetzige fokussierte Inkarnation hineinfließen lassen.
Ja, Inkarnationen werden vom Bewusstseinsfokus angeleuchtet, sodass euer Erleben auf der Linie der Zeit in dieser speziellen Inkarnation in der Linie der Zeit manifestiert wird.
Der Bewusstseinsfokus bestimmt, in welcher Inkarnation euer bewusstes Erleben stattfindet. Alle weiteren Inkarnationen laufen, wie ihr bereits wisst, parallel ab.
Ihr könnt dies mit dem Focusing eurer Energie-DNA im Seelenraum vergleichen. Der Taschenlampenstrahl beleuchtet einen Abschnitt auf eurer Energie-DNA in eurem Wesenskern und so werden diese Energien im Seelennetz eingelassen und stehen euch als Geistwesen und in der entsprechenden Inkarnation zur Verfügung. Das Focusing im Wesenskern bestimmt ebenso, welche Inkarnation bewusst erlebt wird und fokussiert wird und wo ihr dadurch die Möglichkeit habt zu wirken.
Ihr habt die Fähigkeit, mit eurem frei fließenden Bewusstsein in zukünftige Inkarnationen zu reisen, um dort einzutauchen. Denn auf der

Linie der Zeit entwickelt ihr euch bereits in die Vereinigung mit dem All-Eins-Sein hinein.

Wir möchten euch hier Einblicke schenken in eine eurer Zivilisationen, über die ihr bereits Bewusstsein erlangt habt: die Plejader.
Die Plejader sind eine Gemeinschaft von Matrix-Kopien eurer eigenen Geistwesen im geistigen Raum (AGE). Hier möchten wir noch tiefer mit euch eintauchen. Denn das Wissen um die Plejader ist vor allem in dieser Zeit, in dieser Epoche von höchster Relevanz.

Im materiellen Raum (ME), in dem ihr zurzeit mit eurem Bewusstsein anwesend seid, existieren Sternenbilder. Dies sind materielle Planeten im materiellen Universum. Wir erzählten euch im ersten Buch *OHNE WORTE* bereits, dass die Planeten einem materiellen Chakrensystem zugeordnet sind. Sie stellen das gesamte Chakrensystem des materiellen Raumes (ME) dar.
Das Sternenbild der Plejaden steht energetisch für das dritte Auge, für das Stirnchakra.
So dürft ihr euch, wenn ihr euch mit diesem Sternenbild verbinden möchtet, bewusst eurem dritten Auge, eurem Stirnchakra öffnen und euch dort energetisch einloggen.
Schaut, die Atlantaner haben ihr Energiefeld im materiellen Raum (ME) auf der Erde manifestiert. Die Plejader haben ihr Energiefeld im materiellen Raum (ME) auf den Planeten der Plejaden manifestiert. So tragen diese Orte im materiellen Raum (ME) diese speziellen Energien. Möchtet ihr Verbindung mit euren zukünftigen Inkarnationen als Plejader aufnehmen, so verbindet euch über euer Chakrensystem, das Stirnchakra, mit diesem Ort im materiellen Raum (ME). Denn das Chakrensystem ist das System, das dem materiellen Raum (ME) zugeordnet ist.
Möchtet ihr den Erfahrungsraum der Plejaden in eurem inneren Universum bereisen, so taucht durch das dritte Auge in euer inneres Universum, in die Projektionsebene (PE). Dies ist der Raum, in dem euer Matrixsystem beheimatet ist. Das obere Matrixtor der Seinsmatrix ist das Tor, das euch in der Authentizitierung den Erfahrungsraum der

Plejader in eurem inneren Universum eröffnet. Hier könnt ihr eintauchen und Informationen sammeln. Stellt euch vor, ihr taucht durch das obere Matrixtor hindurch und erwacht in der Erfahrungswelt der Plejader. Eure Projektionsebene (PE) wird euch die Informationen dieser Erfahrungswelt senden.

Erinnert euch, die Öffnung eurer Zirbeldrüse ist von höchster Bedeutung, um das Gespür für all diese Informationen zu empfangen. So öffnet ihr euer Chakrensystem in der Materiellen Ebene (ME), um euch mit den Planeten, den Plejaden, zu verbinden und euer Matrixsystem in der Projektionsebene (PE), um euch mit der energetischen Erfahrungswelt der Plejaden zu verbinden. Ihr habt euren Bewusstseinsfokus so in zwei Räumen präsent.
Dies stellt die Verbindung zu der Erfahrung der Plejaden her. Seht, um in Räume zu gelangen, bedarf es einer entsprechenden Frequenz, um sich einloggen zu können. Es ist wichtig, diese Funktion zu verstehen. Seht dies wie in eurem irdischen Internetsystem, ihr braucht einen Code, um euch in einen Router einzuloggen. Dieses Prinzip existiert ebenso auf den universellen Ebenen.
Schwingt euch in die Energien eures Stirnchakras, eures dritten Auges, sowie in die Energien eures oberen Matrixtores ein.

(siehe Abbildung 55)

Öffnet in diesen Toren eure Energien, bringt sie ins Fließen und verbindet euch innerlich mit dem Sternensystem der Plejaden.
Die Planeten der Plejaden sind ein energetisches Tor im Raum der Materie hinein in die Erfahrungswelt der Plejader. Stellt es euch nicht so vor, dass die Plejader auf den Planeten der Plejaden im materiellen Raum (ME) leben. Nein, die materiellen Planeten beinhalten die Informationen, das Energiefeld der Erfahrungswelt der Plejader.

Es gibt einen Zusammenhang zwischen den Atlantanern und den Plejadern. Diesen möchten wir euch hier noch einmal näher erläutern. Die Atlantaner sind Erfahrungen von euch, die sich vor der Abtrennungserfahrung als Gemeinschaft im geistigen Raum (AGE) geformt haben. Das bedeutet, dass ihr als Geistwesen Matrix-Kopien (GW) eine Gemeinschaft gebildet habt, die die Vorbereitungen vor der vollkommenen Aktivierung des Egomechanismus aller Menschwesen getroffen hat.

Atlantaner sind, wie ihr bereits wisst, Menschwesen. Plejader sind ebenso Menschwesen. Wir möchten dies wiederholen, Plejader sind in der Linie der Zeit bereits auferstandene Menschwesen, die sich als Gemeinschaft geformt haben, um die Menschwesen, die sich noch in der Abtrennung befinden, zu unterstützen.

Stellt es euch wie folgt vor: In der Linie der Zeit sind einige von euch bereits in ihrem Original erwacht und können sich im geistigen Raum (AGE) als vollständiges angebundenes Geistwesen erleben. Ihr könnt als Geistwesen ebenso Erfahrungen kreieren.

So habt ihr im Massenbewusstsein die Erfahrung der Plejader kreiert. Eine Gemeinschaft, die bereits auferstanden ist und die sich noch in der Abtrennung befindenden Menschwesen unterstützt.

Wir sagten euch, wenn die kritische Masse an Erwachten erreicht ist, ihr euch als erwachte Menschwesen im materiellen Raum (ME) erfahren und zum Ausdruck gebracht habt, kollabiert der materielle Raum (ME) und ihr aufersteht als Gemeinschaft in den geistigen Raum (AGE). So sei ES.

Doch in der Linie der Zeit gibt es Epochen, wo ihr die kritische Masse noch nicht erreicht habt, aber viele von euch in der Zukunft schon erwacht sind.

Wir wissen, dies mit eurem Verstand zu erfassen, ist nicht wirklich leicht.

Denn das Zeitgebilde kollabiert, während wir dies erläutern. Die Zeit existiert und erschafft gleichzeitig Parallelen, die es eigentlich in der Linie der Zeit nicht geben kann. So überholt sich die Zeit selbst und entkräftet sich durch dieses Phänomen, während sie noch existiert. Dies ist ein Loop. Die Zeit wird zum Raum, in dem alles möglich ist.

Also, in der Zukunft sind viele von euch, vor allem Menschwesen, die die Erfahrung als Atlantaner in ihrem Wesenskern haben, erwacht und wirken im jetzigen Raum der Zeit mit ihrem Bewusstsein.
Ihr selbst kommt sozusagen aus der Zukunft und reicht euch selbst die Hand, um euer Bewusstsein mit dem All-Eins-Sein zu verbinden. Die Plejader sind Menschwesen mit der Erfahrung der Wiedervereinigung mit dem All-Eins-Sein. Sie sind Menschwesen nach der Abtrennungserfahrung, die von euch kreiert wurde.
Atlantaner sind eine Gemeinschaft an Menschwesen, die die Abtrennungserfahrung vorbereitet haben, und Plejader sind eine Gemeinschaft an Menschwesen, die euch im Raum der Zeit JETZT helfen, wieder in die Anbindung zu gelangen, da sie selbst diese Erfahrung bereits in der Linie der Zeit durchlaufen haben.
Ihr selbst aus der Zukunft helft euch in dieser JETZT fokussierten Inkarnation, zu erwachen. Nehmt ihr Kontakt zu eurer eigenen zukünftigen Inkarnation, Matrix-Kopie (GW), auf, verbindet ihr euch mit den Plejadern.
Die Menschwesen, die nicht in Resonanz gehen mit den Plejadern, haben diese Erfahrung nicht in ihrem Wesenskern gespeichert. Dies bedeutet nicht, dass sie die Erfahrung der vollständigen Rückanbindung nicht in sich tragen. Diese Menschwesen gehen in den geistigen Raum (AGE) in dem Moment, in dem Raum der Zeit, über wenn die kritische Masse erreicht ist und alle Menschwesen im materiellen Raum (ME) diese Erfahrung teilen.

Wie wir bereits sagten, gibt es Menschwesen, die diese Brückenerfahrung in ihrem Wesenskern haben. Dies sind die sogenannten Atlantaner und die sogenannten Plejader.
Über die Atlantaner haben wir bereits berichtet. Hier möchten wir über die Gemeinschaft der Plejader erzählen, um euch die Energien der bereits vollzogenen Erfahrung der Rückanbindung näher zu bringen.

Um euch mit eurem Atlantaner-Dasein zu verbinden, strömt über euer Herztor in den geistigen Raum (AGE). Dies ist ein reiner Zugang in

den Raum eures Originals. Die Erfahrung als Atlantaner war die erste Matrix-Kopie (GW) im geistigen Raum (AGE). Die erste Kopie-Erfahrung in der Welle der Flut. Daher fühlt sich diese Erfahrung für euch so lichtvoll an.
Das Tor in den Raum der Plejader geht, wie wir euch bereits beschrieben, über das Stirnchakra und das obere Tor der Seinsmatrix mit der gleichzeitigen Verbindung mit dem Sternenbild der Plejader. Dies fühlt sich erdiger an. Die Plejader haben alle Erfahrungen des Menschseins integriert und tragen diese integrierten Informationen in sich. Die Verbindung zu einem Plejader herzustellen, benötigt eine andere Frequenz als Log-in.

Die Plejader sind große schlaksige Gestalten, die den Atlantanern ein wenig ähneln. Sie haben sehr große, ovale Augen und ihre Haut schimmert etwas bläulich.
Ihre inneren Wahrnehmungsorgane sind vollständig geöffnet, sind mit den äußeren Wahrnehmungsorganen vereint und dienen ihnen als Hauptquelle für Informationen, um im Sinne des All-Eins-Seins handeln zu können.
Sie sind erwacht, was bedeutet, dass ihr Herztor in Vollkommenheit geöffnet ist und sie in vollkommener Anbindung zu ihrem Geistwesen im geistigen Raum (AGE) sind. Sie strömen in Liebe und seid ihr mit ihnen in Kontakt, werdet ihr eingehüllt von den Energien der Liebe, von den frei fließenden Energien des All-Eins-Seins.
Da sie alle Egoräume transformiert haben und ihr authentisches Sein in den Ausdruck bringen, ist die gesamte Zeitmatrix in der Rotation gestoppt und deaktiviert. Ihr wisst bereits, dass dies bedeutet, dass sie den Egostrom in der Fließrichtung gedreht haben und somit der Gottesstrom durch ihr Herztor in die Materielle Ebene (ME) einströmt.
Da sie Menschwesen sind, können sie sich auf der Materiellen Ebene (ME) zeigen und manifestieren. Sie haben eine Gemeinschaft gebildet, in der alle füreinander sind. Jeder lebt sein Potenzial, das in jedem JETZT in den Ausdruck gebracht wird. Ein liebevolles Miteinander ist die Basis ihrer Gesellschaft.

Sie sind ein Volk, örtlich in der Materiellen Ebene (ME) beheimatet auf den Planeten der Plejaden. Sie reisen in den von euch sogenannten Raumschiffen auf die Erde, um euch aus dem Raum der Zukunft zur Seite zu stehen.
Wir sagten bereits, hier macht die Zeit einen Loop und offenbart sich als Raum.
Das mag für euch wie Science-Fiction klingen, denn euer Verstand hat eine andere Realitätsbasis erschaffen. Aber geht in eurem Tempo vor, es ist nicht relevant, diese Informationen in euer System einzulassen, wenn es euch nicht dienlich erscheint.
Stellt euch eine Frage, woher stammen all die Ideen aus euren Filmen?

Die Plejader sind ähnlich durchlässig wie die Atlantaner. Sie haben sich zwar materialisiert und sind doch wie durchlässige Geistwesen im materiellen Raum (ME). Sie benötigen keine Nahrung und kein Wasser, da ihre Körper sich von den frei fließenden Energien ernähren und stabilisieren.
Sie sind frei darin, sich ebenfalls im geistigen Raum (AGE) mit ihrem Bewusstseinsfokus aufzuhalten und sich dort als Erfahrungs-Geistwesen in Vollkommenheit zu kristallisieren.
Ihr Sein ist es, euch in der Linie der Zeit Heilenergien zu senden, die euch die Erfahrung eurer Ganzheit schenken und euch an eure Liebe erinnern:
»Wir kommen zu euch, um euch an eure Liebe zu erinnern. Spürt unsere Liebe, die wir euch schenken. Wir sind ihr, ihr seid wir. In dem Stadium, in dem ihr euch befindet, fließt noch so viel Mangel durch euch, Abtrennungsenergien. Im Erwachen erkennt ihr durch euer Sein die Liebe, die durch euch strömt. Ihr seid Liebe, pure Energien. Wir, die Plejader, dienen euch in der Heilung. Wir bringen die Energien der Integration, der Lösung von Blockaden und erinnern euch an euren Ursprung. Ihr seid pure Liebe.«

www.christiane-hansmann.com/herzportal/kapitel-8

Kapitel 9

Praktische Anleitungen

1. Egoräume verwandeln

Wir möchten euch hier eine praktische Anleitung an die Hand geben, sodass ihr einen Weg der Umsetzung vor euren Augen habt.

Ihr wisst bereits, dass die Codierung eines Glaubenssatzes im Herznetz der Zeitmatrix hinterlegt ist. Durch einen Trigger durch die Gefühlswelten, die Gedankenwelten oder die Körperempfindungswelten im Außen wird durch das Egofocusing eine bestimmte Codierung aktiviert. Die Taschenlampe, das Egofocusing, fixiert sozusagen den Abschnitt dieser Codierung und so wird dieser Code aktiviert. Ein aktivierter Code wirft das entsprechende Energienetz aus. Dieses Energienetz ist in diesem Moment das Matrixnetz der Zeitmatrix. Die Matrix der Zeitmatrix ist sozusagen die Vorlage, in die sich dann das entsprechend aktivierte Energienetz hineinlegt.

Nun befindet ihr euch in diesem aktivierten Energienetz und die entsprechend programmierten Tore lassen dann die entsprechenden Energien in das System einströmen.

Durch die Bahnen und Tore der Zeitmatrix strömen nun die Energien der Codierung des aktivierten Glaubenssatzes. Diese Energien strömen weiter in das Chakrensystem durch die Chakrentore und durch die Meridiane hin zu jeder Zelle. Energien sind Informationen, so wird jede Zelle mit den Informationen des aktivierten Glaubenssatzes versorgt. Ihr werdet zu diesem Egoraum.

Wird ein Energienetz ausgeworfen und ihr befindet euch darin mit eurem Sein, so erlebt ihr all diese darin enthaltenen Informatio-

nen, Energien, als die Realität, die in diesem Moment scheinbar geschieht.
Dieses Energienetz wird zu eurer Realität. Eure Umgebung im Außen hält alle Informationen, Energien, bereit, die zu diesem Energienetz passen. Vielmehr die Informationen, Energien, strömen von außen in euer Energiesystem ein. Ihr nehmt eure Umgebung wahr mit der Wahrnehmungsbrille dieser Egorealität.

Nun habt ihr die Möglichkeit, euch in eurer Egorealität bestätigt zu fühlen oder den aktivierten Egoraum zu nutzen, um ihn zu verwandeln.
Um einen Egoraum zu verwandeln, ist es wichtig, dass er aktiviert ist. Es ist wichtig, dass das Energienetz dieser Codierung aktiv ausgeworfen wurde, damit ihr die Codierung deaktivieren könnt.

Schaut, ein chronischer Egoraum ist eine Codierung im Herznetz der Zeitmatrix, die durch die äußeren Wahrnehmungsorgane, das Egofocusing, jederzeit aktiviert werden kann, sodass das Energienetz zum Tragen kommt.
Eine chronische Codierung ist nicht vom Egofocusing hervorgehoben, sodass das Energienetz nicht um euch geworfen ist, aber jederzeit geworfen werden könnte.

Eine Codierung zu deaktivieren und sie somit komplett zu löschen, geschieht in mehreren Schritten.

Schritt 1: Die Loslösung des Egofocusings aus der Codierung

Schaut, das Egofocusing fokussiert das Außen und scannt die Umgebung mit der entsprechenden Egobrille. Werden Informationen im Außen gescannt, die zu einer Codierung passen, so wird diese aktiviert und das Energienetz wird ausgeworfen. Der Egoerfahrungszyklus läuft ab (im Buch *OHNE WORTE* wurde dies in Abbildung 3 dargestellt).

Informationen aus dem Außen können Gefühlsfrequenzen, Gedankenfrequenzen oder Körperempfindungsfrequenzen sein.
Die Bewusstwerdung über diesen Ablauf lässt euch wahrnehmen, dass ihr mit der Egobrille, dem Egofocusing, eure Umgebung scannt. Dies ist Erwachen in Stufe eins. Das Egofocusing wird als dieses erkannt. Schaut, eure Aufgabe im Erwachen ist es, dass das abgespaltene Bewusstsein sich als abgespaltenes Bewusstsein erkennt. Dies ist Erwachen, denn in diesem Moment erwacht das abgespaltene Bewusstsein und erkennt sich selbst als dieses, so wird es zum fließenden integrierten Bewusstsein und ist eingebunden im All-Eins-Sein.

Das Erwachen ist die Integration des abgespaltenen Bewusstseins in das fließende Bewusstsein.

Abgespaltenes Bewusstsein ist die Blockade der vorher fließenden Energien. Der Fluss der Energien, der Fluss des Ausdrucks ist gestoppt. Ihr erkennt, dass ihr im Außen Begebenheiten wahrnehmt, die zu alten Erfahrungen passen. **So setzt ihr den Moment gleich mit der Vergangenheit. Die Schablone der alten Erfahrungen legt sich über die aktuelle Situation. Der Glaubenssatz wird in seiner Realität bestätigt.** Erkennt, dass ihr eine Egobrille tragt. Erkennt, dass ihr eine Erfahrung aus der Linie der Zeit als Schablone über die aktuelle Situation legt. Ja, die Situation scheint dieselbe zu sein wie in der Vergangenheit, aber nur durch das Egofocusing, durch die Egobrille.
Ein nicht verwandelter Glaubenssatz, ob er chronisch vorhanden ist oder aktiviert wurde, bewirkt einen Egoerfahrungszyklus, der sich in den Handlungen in eurem Leben manifestiert. So seht, durch eure Handlungen im Sinne eurer Glaubenssätze manifestiert ihr Materie, die eure Glaubenssätze spiegelt. So wird die Materie im Außen ein Spiegel für Egorealitäten in euch. So kommt es zustande, dass ihr innerlich argumentiert: »Ja, aber mein Leben zeigt doch, dass die Egorealität die wirkliche Realität ist.« Und damit bestätigt ihr die Egorealität als die Realität und das Egofocusing bleibt auf die Codierung, den Glaubenssatz, fixiert. Die Codierung wird immer wieder aktiviert und die Egorealität wird weiter fokussiert. Die Handlungen dienen dem

Egoerfahrungszyklus und Materie, Ausdruck, wird weiter im Sinne der Egorealität von euch erschaffen.

Wie wäre es, wenn ihr diesen Ablauf erkennt? Wie wäre es, wenn ihr annehmt, dass ihr diejenigen seid, die die Materie entsprechend der Egorealtiät durch Handlungen manifestiert habt, und euer Egofocusing dies nun als Aktivierung des Glaubenssatzes nimmt? Wenn ihr wahrnehmt, dass dadurch der Egoraum aktiviert wird und ihr in diesem Moment euer Leben zu 100 Prozent als diese Realität wahrnehmt mit allen dazugehörigen Gefühlen, Gedanken und Körperempfindungen? Das Bewusstwerden, dass die äußere Begebenheit Materie ist, die durch die eigenen Egoerfahrungszyklen kreiert worden ist und nun durch das Egofocusing genutzt wird, um diese Egorealität zu aktivieren und zu bestätigen, dient euch, aus diesem Zyklus auszusteigen.

Erkennt ohne Wertung das Egofocusing. Erkennt eure eigene Egobrille.
In diesem Moment löst ihr die Vorstellung auf, dass die Begebenheiten in eurem Leben euch die Realität spiegeln. Ihr entkräftet die vorher von euch festgelegte Tatsache, dass die Egorealität die Realität ist.
Die Egorealität bezieht sich immer auf die Vergangenheit, sie bezieht sich immer auf gemachte Erfahrungen im Sinne der Abtrennung.

Jeder Moment eures Lebens ist neu. Jeder Ausdruck in seiner Vollkommenheit ist in jedem JETZT einmalig. Egorealitäten fixieren die Energien der Vergangenheit und halten sie im abgespaltenen Bewusstsein.

Dieser Prozess des Erwachens bewirkt, dass eure Seinspräsenz aus dem Raum der Zeitmatrix in den Raum der Seinsmatrix verlegt wird. Eure Identifikation mit der Egorealität wird aufgelöst und es wird euch möglich, euer Sein in den Seinsraum zu manifestieren.
Dies ist ein energetischer Vorgang, in dem das AES-Focusing aktiviert wird.

Hier geht es nicht um »tun«. Allein durch das Zulassen des Erwachens geschieht dies im Energiesystem.

Um diesen energetischen Vorgang zu unterstützen, könnt ihr regelmäßig meditieren und eure Präsenz in eurem Seinsraum fokussieren. Euer Seinsraum wird durch das Matrixnetz der Seinsmatrix dargestellt und gehalten. Dadurch verankert ihr euch im Seinsraum und übt euch darin, euch in diesem Energiefeld zu stabilisieren.

Schritt 2: Sammeln der Informationen

Im ersten Schritt habt ihr das Egofocusing enthebelt. Ihr habt erkannt, dass die äußere Materie ein Spiegel der kreierten Egorealität ist. Könnt ihr nun erkennen, welche Informationen von eurem Egofocusing ins Visier genommen wurden? Welche Trigger im Außen dieser speziellen Egorealität dienen? Ihr wisst jetzt bereits, dass es eine Egorealität ist.
Schreibt euch diese Informationen auf. Dadurch habt ihr festgehalten, was euch im Außen triggert. Es ist an der Zeit, dem Glaubenssatz auf die Schliche zu kommen.

Dieser Schritt dient der Informationssammlung.
Nutzt eure Umgebung, euer Leben nun als Spiegel, um dienliche Informationen zu bekommen. In diesem Moment nutzt ihr das AES-Focusing. Denn eure inneren Wahrnehmungsorgane springen an und scannen die Umgebung nach wertvollen Informationen, die euch dienen, die Codierung im Herznetz der Zeitmatrix zu entschlüsseln.

Schritt 2 ist bereits eine Umkehrung der Energiefließrichtung. Der Fluss dreht sich – er fließt nun nicht mehr von außen nach innen, sondern von innen nach außen.
Im Sammeln der Informationen könnt ihr erkennen, um welche Situation es sich in der Vergangenheit gehandelt hat, die ihr als Ego-

realität festgelegt und auf die ihr euren Egoerfahrungszyklus aufgebaut habt.
Nun kennt ihr die Schablone, die ihr im Laufe der Zeit stets über euer Leben gelegt habt.

Der daraus entstandene Glaubenssatz ist der Schlüssel, der die Egorealität hat entstehen lassen. So haltet Ausschau nach den Informationen, die euch diesen Schlüssel in die Hände legen.
Die gesammelten Informationen sind die Energien, die sich noch blockiert im Energienetz dieses Egoraumes befinden. So habt ihr diese Blockaden mit eurer inneren Taschenlampe angestrahlt und somit ins Bewusstsein gehoben. Durch das Anleuchten dieser im Schatten gelegenen Energien beginnen sie bereits ins Fließen zu kommen.
Viele von euch sind noch in dem »Tun« verhaftet. »Was muss ich tun, um aus den Egorealitäten auszusteigen?«
Wir möchten euch sagen, die Kraft des Bewusstseins übersteigt euer jetziges Vorstellungsvermögen. Die Kraft, die ihr durch die Bewusstwerdung freisetzt, verwandelt vorerst euer inneres Universum. Das Egoenergiefeld wird decodiert, verwandelt. So habt ihr eine neue Basis im Sinne des All-Eins-Seins erschaffen, auf der neue Erfahrungen durch den Geisterfahrungszyklus kreiert werden.

Die Kraft liegt im Sein. Im Sein öffnet ihr euch für euch selbst. In der Öffnung zu euch selbst darf das Bewusstsein durch euch strömen. Fließendes Bewusstsein verwandelt blockierte Energien. So verwandelt ihr Energiefelder und somit Materie.
Wie wollt ihr die Materie verändern, wenn der Energiestempel dieser Materie noch nicht verwandelt wurde? So tut ihr im Außen, wollt Materie verändern und vergesst darüber eure größte Kraft.
Die Kraft eures Bewusstseins ist eure Schöpferkraft!

Schritt 3: Konfrontation mit den Ängsten

Nicht ohne Grund habt ihr aufgrund der alten Erfahrung ein Konstrukt durch den Glaubenssatz erschaffen. Erfahrungen, die aus dem abgespaltenen Bewusstsein entspringen, kreieren Schmerz, Leid und Angst. Dies sind die Produkte der Abtrennungserfahrungen. Ihr möchtet euch davor schützen. Ihr möchtet diese Erfahrungen nicht noch einmal erleben. So entwickelt der Egoerfahrungszyklus eine angebliche Möglichkeit, diesen alten Schmerz zu umgehen.

Hier ein Beispiel eines Glaubenssatzes: »Wenn ich den anderen nicht im Blick habe, geht es ihm schlecht und ich verliere ihn.« Dieser Glaubenssatz bewirkt, dass die Ausrichtung der Aufmerksamkeit auf das Gegenüber, mit dem sich derjenige stark verbunden fühlt, ausgerichtet ist. So fließt die eigene Kraft oft hin zu dem anderen, um ihn zu stabilisieren. Die vergangene Erfahrung beinhaltet den Verlust einer geliebten Person mit einer gleichzeitigen Beschuldigung der eigenen Person. Diese Trauer, dieser Schmerz möchte nicht noch einmal erfahren werden. So setzt der Glaubenssatz die Egorealität: »Wenn ich das Gegenüber immer im Blick habe, kann ihm nichts passieren und ich verliere ihn nicht.«

Die Erkenntnis des Glaubenssatzes ermöglicht, wie in Schritt 1 und 2 beschrieben, die Verwandlung des Energiefeldes.
Nun kommt der für euch schwerste Schritt. Denn, wenn ihr den Egoraum erfasst habt, geht es um die Umsetzung, um ihn zu entkräften.
In diesem Moment werden die Ängste wach, die noch an der Egorealität festhalten. Die Egorealität erkennt sich als Realität. So ist der feste Glaube, wenn ihr in neue Handlungen geht, dass euch dann genau die alte schmerzhafte Erfahrung im Leben wieder begegnet. Ihr glaubt, ihr habt die Macht, das Leben so zu beeinflussen, dass euch diese schmerzhafte Erfahrung nicht noch einmal widerfährt.
Dies ist begründet aus dem Abtrennungsgedanken, denn der besagt: »Ihr seid außerhalb des Lebens, das Leben ist nicht in euch.« Ihr glaubt,

ihr müsst in einem »fremden Leben« bestehen. Mit dem Abtrennungsgedanken, ihr wurdet sozusagen als Fremdkörper in das Leben hineingeboren, müsst ihr im Leben kämpfen, um zu bestehen.
Erkennt, ihr seid das Leben. Ihr kreiert das Leben. Ihr seid eins mit dem Leben. Das Leben ist euer ganz persönlicher Energiefluss in der Linie der Zeit. Erkennt, ihr seid nicht außerhalb des Lebens, das Leben ist kein Organismus außerhalb von euch. Ihr seid dieser Organismus.
So seht, der Abtrennungsgedanke bezieht sich auf die Räume des All-Eins-Seins sowie auf die Materie im Abtrennungsraum. So seid ihr in eurer Vorstellung abgelöst aus allem, was außerhalb von euch ist, wie auch von den Räumen, die in euch sind. Ihr separiert euch in Absolutheit. Der Kampf ist somit mit dem Leben selbst, um dort bestehen zu können.
Euer eigener Glaubenssatz möchte euch in der Materie, im Leben den sicheren Weg bahnen, sodass ihr überleben könnt in der Umgebung, in die ihr »aus Versehen« hineingeboren seid.

Nun stellt euch vor, ihr akzeptiert eine neue Wirklichkeit. Ihr erkennt euch selbst als abgespaltenes Bewusstsein, das durch euer System wirkt. Aus diesem Moment des Erwachens resultieren verschiedene Konsequenzen.
Die Erkenntnis über die Realität eines Glaubenssatzes hebt den Schleier der Illusion und lädt euch ein, neue Handlungen zu initiieren. In diesem Moment spiegelt euch das Leben allerdings noch die Realität des Glaubenssatzes. Im Außen erkennt ihr noch Gefahr und das innere Erwachen hat eine Ahnung der neuen Wirklichkeit, die sich allerdings noch nicht als Materie geformt hat. So beruht die Ahnung des Erwachens nur aus einem Gespür aus der inneren eigenen Welt. Diese innere Welt, dieser Zugang zu den Räumen des All-Eins-Seins, ist noch so unvertraut für euch und hat sich noch nicht in Vollkommenheit erwiesen, dass ihr die neuen Handlungen ausführen würdet ohne wirklichen Halt im Inneren mit der gleichzeitigen alten Egorealität im Außen.

Seht, welche Herausforderung hier auf euch wartet. In diesem neuen Schritt benötigt ihr Mut und Vertrauen in Bezug auf das in euch leise flüsternde Gespür, das euch sagt: »Geh diesen neuen Weg. Er bringt dir eine neue, heilvolle Erfahrung im Sinne deines Seins.« Niemand kann es euch versprechen, hier seid ihr euer eigener Wegweiser.
Nun könnt ihr erfassen, dass die Angst, das Resultat der Egorealität, sehr laut wird, beginnt ihr, einem neuen Weg in euch zu folgen. Denn die Egorealität, die auch noch im Außen bestätigt wird, wird sehr laut und ist überzeugt, dass ihr nun das Leid erfahrt, vor dem ihr euch eigentlich beschützen wolltet.

Wir sind hier und möchten euch ermutigen, vertraut dem Gespür in euch, traut eurer inneren Wahrnehmung, erkennt das Leben als Spiegel der alten Egorealität und kreiert euch mit einer neuen Entscheidung und den dadurch neu ausgerichteten Handlungen eine neue Erfahrung im Sinne eures Geistes. Nehmt die Angst an die Hand wie ein kleines Kind, das beruhigt werden möchte. Tröstet diese Angst, erzählt ihr eure Erkenntnisse und erzählt ihr von eurem Gespür. Bleibt Beobachter in Bezug auf die Angst, sodass sie nicht zum Herrscher in eurem System wird, und geht behutsam und liebevoll die neuen Schritte eures Seins.

Die neuen Handlungen besiegeln den Geisterfahrungszyklus und erschaffen eine neue Erfahrung fernab der Schablone aus der Vergangenheit. So wird die Codierung des alten Glaubenssatzes transformiert. Das Herznetz der Zeitmatrix wird freier und durchlässiger für Energien aus dem Herznetz der Seinsmatrix. So fließen authentische Energien in euer Matrixsystem ein.

Schritt 4: Selbstwirksamkeit

Ihr seid das Leben. Das Leben ist kein Organismus außerhalb eures Systems. Alles in seiner Komplexität ist vollkommen und folgt einer übergeordneten Ordnung. Wir möchten euch die von euch in diesem

Zusammenhang oft falsch verstandene Selbstwirksamkeit mit der Integration eurer Egoräume offenbaren.
Ein sehr wichtiger Aspekt auf dem Weg der Zeit hinein in euer JETZT.
Da ihr noch das Außen als Außen definiert, begegnen euch Situationen und Erfahrungen, die ihr durchlaufen habt, die für euch sehr schmerzhaft waren oder sind. Ihr seid sozusagen aus eurer Perspektive dem Äußeren ausgeliefert. Nun könnt ihr in die Ohnmacht verfallen oder euer Wille, euer Ego sucht nach Schutzlösungen. Hier beginnt der Kampf. Auch in der Ohnmacht beginnt der Kampf, da ihr innerlich die Türen zu macht, um nicht im Kern erreichbar, verletzlich zu sein. Dies bedeutet, ihr verhärtet innerlich und äußerlich.
So kreiert das Ego Schutzhandlungen, um seine angebliche Selbstwirksamkeit zu erhalten. Selbstwirksamkeit ist das große Potenzial der universellen Schöpferkraft, die durch euch fließt.
Nun möchten wir dies für euch differenzieren.
Das Ego möchte die Selbstwirksamkeit erhalten und aus der Ohnmacht herausführen, so kreiert es, wie ihr bereits wisst, den Egoerfahrungszyklus.

Nun kommen wir zur Schöpferkraft. Die Schöpferkraft fließt durch euch. In der angebundenen Schöpferkraft seid ihr verbunden mit dem Leben, mit dem All-Eins-Sein. Ihr öffnet euch für die Wirkungskraft des Universums. Die universelle Intelligenz, die in vollkommener Komplexität einer übergeordneten Ordnung folgt, darf durch euch strömen und wirken. Was bedeutet dies?
ES ist!
Dies ist der Schlüsselsatz für die Wirkung der angebundenen Schöpferkraft.
Denn um im Leben in der Ohnmacht bestehen zu können, schließt ihr Abtrennungsenergien, Erfahrungen in euch ein. Das Verschließen bewirkt, dass ihr keinen Zugang mehr zu diesen Informationen habt. Egoräume entstehen, sie wirken im Untergrund.
Die Akzeptanz des »ES ist« gibt sich dem IST-Zustand hin.
Die Akzeptanz des IST-Zustandes lässt los, ihr ergebt euch dem, was ist.

Im Ergeben dessen, was ist, öffnet ihr den verschlossenen Egoraum. ES darf sein. Ihr öffnet die Tür für euch selbst. Das, was nun geschieht, ist magisch. Stellt es euch bildlich vor. Durch das Öffnen der Tür im Einverstandensein mit euch selbst strömt die Wirkungskraft des All-Eins-Seins ein und ordnet im Sinne des großen Ganzen.

Hier möchten wir euch ein Beispiel im Kleinen geben:
In der Meditation in eurem inneren Universum, der Projektionsebene (PE), setzt ihr den Fokus auf euer oberes Basistor der Seinsmatrix, um hier authentische Energien zum Strömen zu bringen. Doch eure inneren Wahrnehmungsorgane blockieren und geben euch keine Informationen darüber. Ein Grund dafür könnte sein, dass ihr innerlich Angst vor dem habt, was ihr sehen könntet. Ihr möchtet den IST-Zustand nicht wahrhaben. So schützt ihr euch vor dieser scheinbaren Ohnmachtserfahrung und schließt die Tür zu diesen Informationen. So schwelen diese Energien im Untergrund und produzieren weiter ihre Realität.
Mit dem Schlüsselsatz »ES ist!« ergebt ihr euch und seid einverstanden mit dem, was ist. So öffnet ihr euch, obwohl, wie oben bereits beschrieben, die Angst in diesem Moment sehr groß wird. Ihr öffnet die Tür und die Schöpferkraft strömt ein.
So seht ihr zum Beispiel das obere Basistor völlig schwarz, zementiert und verschlossen.
Die Angst ist: Wenn ich es sehe, habe ich keine Möglichkeit der Veränderung, also verschließe ich diese Information vor mir selbst und entwickele mit dem Ego Kompensationsmechanismen.
Doch schaut, durch die Öffnung der Tür und das Ergeben strömt die universelle Intelligenz in diesen Raum. Durch eure Hingabe, Öffnung und Wertfreiheit hat die Schöpferkraft die Möglichkeit bekommen, die vorher gehaltenen Energien ins Fließen zu bringen. Die Blockade löst sich in diesem Moment. Das ist die Magie. Ihr glaubt zu sterben und im Sterben werdet ihr neu geboren.

Die wahre Selbstwirksamkeit ist das »ES ist!«. Dies setzt voraus, dass ihr erkennt, dass ihr selbst das Leben seid, dass ihr selbst ein-

gebunden seid in das große Ganze und durch euch die universelle Intelligenz strömt, sobald ihr euch dafür öffnet und euch dieser Kraft hingebt.

In dem oben genannten Beispiel dürft ihr Beobachter bleiben, wie sich das Tor von allein öffnet, reinigt und anschließend strahlende authentische Energien in euch einströmen.
Die Annahme dessen, was ist, erlöst euch von den Räumen der Dunkelheit.
Nehmt die Dunkelheit an – sie ist, ES ist – und erlaubt der übergeordneten angebundenen Schöpferkraft in eurem Sinne zu wirken.

Schritt 5: Manifestation der Geisterfahrung

Seid euch bewusst, diese Prozesse geschehen meist in Phasen im Laufe eures Lebens.
Es gibt Phasen, da ist ein Glaubenssatz sehr deutlich in der Spiegelung des Lebens zu erkennen. Ihr wirkt mit eurer Bewusstseinsarbeit und transformiert Egoenergien, löst die Codierung aus der Festigkeit der Wirkung heraus. Diese Phase schließt sich und das Leben spiegelt euch einen anderen Glaubenssatz oder es ist eine Pause und euer Leben läuft in ruhigen Bahnen, ohne dass große Bewusstseinsprozesse gefordert sind.
Dann, nach einer gewissen Zeit meldet sich der Glaubenssatz, an dem ihr bereits in der ersten Phase gewirkt habt. Jetzt dürft ihr das anwenden, was ihr bereits gelernt habt. Vielleicht ist jetzt Schritt 3 dran oder Schritt 3 möchte wiederholt werden, um die Manifestation der Geisterfahrung weiter zu vollziehen.
Wisst, ihr habt keine Fehler gemacht, nur weil sich der Glaubenssatz von Neuem zeigt. Er möchte weiter in der Tiefe transformiert werden. Ihr habt Glaubenssätze, die sehr starke Stempel sind, und ihr habt Glaubenssätze, die aus den starken Glaubenssätzen entsprungen sind. Diese sind in ihrer Wirkungskraft nicht so gravierend wie die ersten massiv eingravierten Codierungen.

Erscheint eine Egorealität mehrfach im Spiegel des Lebens, so wisst, hier dürft ihr noch weiter wirken und diesen Stempel verwandeln. Daraus resultiert das Geschenk der verwandelten Materie, denn das Leben wird so weiter und weiter zum Spiegel eures Geistes.
Ihr kreiert Materie im Sinne eures authentischen Seins, so strömen Energien aus eurem Geistwesen durch eure Matrix und somit kreiert ihr Materie im Sinne eures Geistwesens.
Vertraut dem Strom des Lebens. Dieser offenbart euch in jedem Moment einen Spiegel, den ihr nutzen könnt, um euch in eurem Bewusstseinswirken auszurichten.
Der Spiegel des Lebens dient euch als Informationsquelle, so wie eure innere Welt euch als Informationsquelle dient (hierzu findet ihr wertvolle Informationen in Kapitel 2).

Schritt 6: Polarität der Egoräume aufdecken

Um das vollständige Kollabieren der Codierungen zu bewirken, bedarf es der Beachtung der Polaritätskräfte. Gegensätze stabilisieren einen Raum. So ist es von Bedeutung, die Egoräume in ihrer Polarität zu erkennen und zu durchdringen.
Durchlauft ihr die Transformation eines Egoraumzyklus, so wendet euch im Anschluss dem dazugehörigen Gegenpol Egoraum zu.
Wir berichteten bereits in Kapitel 8 von der Bedeutung der Erkenntnis über die Polarität der Egoräume: Opferegoraum und Täteregoraum. Taucht gegebenenfalls noch einmal dort ein.

Schritt 7: Umprogrammierung von Egocodierungen zu Geistcodierungen

So schaut, wir haben in diesem Buch sehr ausführlich über die Entstehung von Egoerfahrungen durch Programmierungen auf dem Herznetz der Zeitmatrix, eurer Ego-RNA gesprochen. So wisst ihr nun, wie diese entstehen und welche Auswirkungen diese in eurem

System und somit in eurem Leben haben. Ihr habt gelernt, wie ihr diese Energiefelder verwandeln könnt, euer Sein dort herausnehmen könnt.
Ihr kennt den Weg, der diese Egoprogrammierung auf der Ego-RNA löscht.
Ein kraftvolles Werkzeug auf diesem Weg ist ebenso die Öffnung in die Geisterfahrung hinein als real empfundene Realität. Diese könnt ihr in eurem inneren Universum erscheinen lassen. Es geht nicht darum, die Löschung des Glaubenssatzes durch das Durchtauchen dieses Raumes zu vermeiden. Es setzt in dem Transformationsprozess eine Gegenpolerfahrung des Geistes, der die authentische Erfahrung von euch zu diesem Thema beinhaltet.

Hier ein Beispiel:
Zwei Menschwesen inkarnieren als Zwillinge. Der Bruder entscheidet sich frühzeitig, in den ersten Wochen wieder aus dem materiellen Raum (ME) herauszugehen. So geht er ab. Die Schwester bleibt zurück und erfährt eine schmerzhafte Abtrennungerfahrung.
In der Geburt ist sie nun die Erstgeborene und muss sich den Weg ins Leben allein erkämpfen. Im Kampf, ins Leben zu kommen, manifestiert sich die Egoerfahrung.
Im Durchdringen dieses Energiefeldes und im Herauslösen der eigenen Identifikation aus dieser Erfahrung, im wertfreien Beobachten und dem dadurch ermöglichten Fließen der Gefühle beginnt sie, diese Codierung auf dem Herznetz der Zeitmatrix zu löschen.

Die Umprogrammierung in die Geisterfahrung wird vollzogen, wenn die dazugehörige Erfahrung aus der Vergangenheit im JETZT neu erlebt werden kann.
So seht, das Eintauchen in die Egoerfahrung liegt in der Vergangenheit.
Die Auswirkung des Egoenergiefeldes dieser Frau ist in ihrem Leben aktuell zu finden. Zum Beispiel das ständige Alleinsein mit Problemen und das Empfinden, sich selbst immer eine Stütze im Leben sein zu müssen.

Das Erkennen, woher dieses Energiefeld in dieser Inkarnation kommt, ist, wie ihr wisst, der erste Schritt. Nun hat diese Frau die dazugehörige Erfahrung aus der Linie der Zeit in dem Ereignis im Mutterleib erkannt und beginnt, dieses zu lösen.
Die Umprogrammierung ist das Öffnen des Geisterfahrungszyklus bezogen auf die Egoerfahrung in der Vergangenheit.

Reist in euer inneres Universum und öffnet euch hier im Herzzentrum eurer Seinsmatrix. Lasst die Bilder erscheinen, die zu der Geisterfahrung dieses speziellen Egoraumes gehören. Jeder Egoraum hat einen dementsprechenden Geistraum.
So erfahrt mit allen Sinnen den Geistraum in eurem inneren Universum, in der Projektionsebene (PE).

Im Fall unseres Beispiels würde dies folgendes bedeuten:
Die Frau reist in ihr inneres Universum in das Herzzentrum ihrer Seinsmatrix und empfängt über ihre Zirbeldrüse das Gespür des entsprechenden Geistraumes.
Sie spürt, wie ihr Bruder im materiellen Raum (ME) bleibt. Wie sie sich den Raum teilen, in Freude und Verbundenheit auf dem Weg ihres Lebens fließen und in Freiheit füreinander sind.
Mit all ihren Sinnen nimmt sie diese Erfahrung in ihr System auf. In der Geburt selbst wird ihr gezeigt, dass sie die Zweitgeborene ist und ihrem Bruder auf dem Weg ins Leben folgt. Sie spürt die Leichtigkeit des Lebens als Erfahrung: Sie kann ablassen vom Kampf, allein bestehen zu müssen.
Ihr gesamter Körper erlebt diese Geisterfahrung im JETZT. So ist sie erfahren worden und die Umprogrammierung ist vollzogen.

2. Hingabe und Ohnmacht

Das abgetrennte Bewusstsein erschafft den Raum der Materie. In dieser Abtrennung blockiert der Fluss der Energien und die fließenden Energien, die Liebe des All-Eins-Seins verlieren ihre Wirkung. So erfährt das abgetrennte Bewusstsein den Verlust der Wirkungskraft im Sinne der Liebe. Das abgetrennte Bewusstsein erschafft Materie, die durch blockierte Energien Ausdruck findet.

Materie, die dadurch mit niederfrequenten Energien geformt ist, erschafft das Produkt der Abtrennung, also des Egomechanismus. Produkt des Egomechanismus ist Angst, Schmerz und Leid und vor allem Ohnmacht. Denn Ohnmacht ist das Grundgefühl der Abtrennungserfahrung, da eure Wirkungskraft im Sinne des All-Eins-Seins verloren geht. In dem Zustand der Abtrennung erschafft euer System Egomaterie. Ihr seid gefallen ohne Handhabung, wie ihr aus euch selbst heraus in die Anbindung kommt, vielmehr, ihr habt vergessen, dass ihr aus der Anbindung stammt und dort noch vorhanden seid.

Ohnmacht ist das Auf-sich-allein-gestellt-sein, ohne die Kräfte des All-Eins-Seins nutzen zu können. Die Wahrnehmung, allein im Leben, in dem ihr euch als »Fremdkörper« wahrnehmt, auf euch gestellt zu sein, manifestiert die Ohnmacht als Realität.

Die einzige Möglichkeit, die ihr seht, ist, für euch Wege zu finden, um mit der Ohnmacht umgehen zu können. So ist die Ohnmacht der Boden, auf dem ihr scheinbar steht und wo ihr versucht, mit eurer Kraft zu überleben.

Ein Weg ist, dass ihr euch im Außen fokussiert und ablenkt. Materie um euch hortet, die euch Halt gibt, euch einen Wert verleiht, sodass ihr euch in eurer Wirkungskraft fühlt. Denn ihr seht durch die von euch gehortete Materie um euch herum, dass ihr sehr wohl handlungsfähig seid und eure Existenz scheinbar sichern könnt.

Gefahrenherde aus dem Leben versucht ihr zu minimieren. Eure Technik habt ihr vorangebracht, um euch im Leben zu verankern und zu stabilisieren.

All dies ist entstanden aus dem Grundgefühl der Ohnmacht, die alle Menschwesen in sich als Basis, als Realität angenommen haben.

Glaubt uns, auch die Menschwesen, die mächtig erscheinen und bei denen ihr meint, von außen sehen zu können, dass sie ihr Leben in der Hand haben, auch diese haben als Basis die Scheinrealität, in der Ohnmacht zu existieren. Doch einige Menschwesen haben den Weg gesucht, Macht über andere Menschwesen zu erschaffen, sodass sie sich mächtig fühlen können und ihr eigentliches Grundabtrennungsgefühl der Ohnmacht nicht fühlbar ist.
Fühlt ihr diese Ohnmacht nicht, glaubt euer System, ihr habt alles im Griff, seid Herr der Lage in eurem Leben, habt das Leben gemeistert.

Bei vielen, die erwachen, war der Weckruf ein Ereignis im Außen, das gezeigt hat, dass ihr nicht Herr der Lage seid. Das Leben hat so viele unbekannte Variablen, dass ihr merkt, ihr habt eigentlich gar nichts im Griff.
Diese Momente lassen die Scheinrealität der Basis, auf der ihr bisher standet – die Ohnmacht – erscheinen. In vollem Ausmaß wird sie denjenigen präsentiert und sie scheint die Hölle auf Erden.
Denn das, was die ganze Zeit versucht wurde auszubalancieren, bricht wie ein Kartenhaus in sich zusammen. Die Erkenntnis, dass ihr durch den Kampf nichts bewirken könnt, macht sich im eigenen System breit. Alternativen gibt es zu dem Zeitpunkt in eurem Bewusstsein noch nicht.
Die Ohnmacht zu erfahren, ohne einen Ausweg zu wissen, ist für euch die sogenannte Hölle. In der Abtrennung zu sein, ohne Wirkungskraft, sich selbst daraus befreien zu können, birgt eine große Kraft. Aus diesem Punkt heraus entsteht die Wendung der Entwicklung.
Hier liegt der Zauber. In diesem Punkt existiert die Umkehrung der Energien.
Das Fallen in die pure Ohnmacht ermöglicht euch ein Durchschreiten eines Tores. Das Tor, das euch hineinführt in die Hingabe.

Was bedeutet Hingabe? Hingabe ist das Einverstandensein mit dem eigenen System. Das Vertrauen, dass das eigene System den Weg in die Anbindung kennt.

Der Kampf wird beendet. Die Vorstellungen, wie das Leben zu meistern ist, wie ihr euer Überleben retten könnt, dürfen sich auflösen. Denn durchschreitet ihr dieses Tor, habt ihr aufgegeben zu kämpfen. Die Ohnmacht hat gesiegt und ihr glaubt innerlich, nun sterben zu müssen.

Doch hier findet das Wunder statt. Hier öffnet sich die Hingabe.

Eure Waffen werden niedergelegt und ihr werdet weich. Weichheit kehrt ein in euer System. Euer System öffnet sich und im Aufgeben selbst erlaubt ihr den Energien, wieder fließen zu dürfen.

Kampf ist Festhalten von Energien, Festhalten von Energien erschafft Blockaden, Blockaden sind abgespaltenes Bewusstsein, abgespaltenes Bewusstsein erschafft Egomaterie mit dem Produkt der Ohnmacht.

Fangen die Energien durch euer Aufgeben wieder an zu fließen, lösen sich Blockaden, Liebe strömt durch euch und ihr erfahrt eine große Transformation bis hin zu einer Wiedergeburt.

Die Wiedergeburt ist die Erfahrung, im All-Eins-Sein gehalten zu sein, im All-Eins-Sein angebunden zu sein. Die Wiedergeburt ist die Rückanbindung an das All-Eins-Sein.

Durch diese Erfahrung wird das Vertrauen erschaffen, gehalten zu sein fernab von eurem eigenen Kampf.

Die Erfahrung zu machen, dass das Leben für euch ist, heilt die Basis der scheinbaren Ohnmacht. Hier dreht sich eure Sicht von »Das Leben ist eine Gefahr und ich muss mich vor dem Leben und seinen Gefahren schützen« hin zu »Das Leben ist für mich und wirkt in meinem Sinne«.

>> **17. Matrixerfahrung: Das Leben ist für dich!**
(im Audiopaket zum Buch – siehe Einleitung vorn im Buch)

Durch diese Drehung auf die Sicht des Lebens entspannt sich euer System mehr und mehr. Ihr beginnt und spürt, wie euer System und das Leben, das ihr außerhalb erlebt, sich bedingen und miteinander wirken. Ihr macht die Erfahrung, dass das Leben ein Spiegel eures eigenen Seins ist. Mehr und mehr könnt ihr euch so öffnen für die Wir-

kungskraft eures eigenen Systems, der Wirkungskraft des Lebens und des All-Eins-Seins.
Ihr beginnt zu verstehen, dass all dies nicht zu trennen ist. Wir alle sind eins, so wirken wir als Eins. Wir bedingen uns untereinander. Die Gemeinschaft ist ein Kollektiv, das wie ein Organismus aus sich selbst heraus schwingt und Ausdruck erschafft.
Euer eigenes individuelles System ist ein Organismus, der aus sich selbst heraus schwingt und wirkt im Sinne eures eigenen Seins, wenn ihr dies erlaubt und den Kampf als beendet erklärt. Doch davor möchte das Tor der Ohnmacht durchschritten werden.
Die Hingabe an euch selbst eröffnet in der Dunkelheit eures Seins das Tor der Ohnmacht, der eigenen inneren Hölle.
Durchschreitet dieses Höllentor im Vertrauen, dass wir auf der anderen Seite auf euch warten. Ihr selbst wartet auf der anderen Seite auf euch und nehmt euer abgespaltenes Bewusstsein in die Arme, verbindet es mit dem All-Eins-Sein und erwacht in Vollkommenheit in euch selbst.

Führt euch das Leben in die pure Erfahrung der Ohnmacht, so wisset darum, euch wird ein Tor geschenkt, durch das ihr schreiten könnt. Die Ohnmacht zu fühlen mit dem gleichzeitigen Wissen um das Tor der Öffnung in die Hingabe, erlöst den Kampf, der versucht, euch am Leben zu halten.

Kennt ihr die Erfahrung der Trauer in euch, die ihr versucht zurückzuhalten, euch davor zu schützen, sie fühlen zu müssen? Und wenn der innere Druck so groß wird, dass ihr die Energien dieses Gefühls nicht mehr halten könnt und ihr diese fließen lasst, war die Vorstellung des Gefühls schlimmer als das Fühlen selbst. Denn in dem Moment des Fließenlassens der Trauer spürt ihr bereits die Erleichterung darin.
Es ist wie eine Befreiung der Energien, die durch euer Loslassen ins Fließen kommt. Energien, die beginnen zu fließen, verbinden sich mit dem All-Eins-Seins, solange ihr diese nicht als euer Sein bewertet, denn in diesem Moment würdet ihr diese Energien in eurem System halten.

So gebt das Gefühl frei und wisst darum, dies sind Energien und nicht euer eigenes Sein.
Hier erlöst ihr euch von dem Stau der festgehaltenen Gefühle.
Ebenso verhält es sich mit der Ohnmacht, nur dass die Ohnmacht als Gefühl für euch existenzbedrohender ist als alle anderen Gefühle.

Ein weiterer Weg, euch von der Basis der Ohnmacht abzuheben, ist der krampfhafte Versuch, euch über Bewusstseinsarbeit über dem Boden zu halten. Nicht in jeder Phase eurer Entwicklung ist es euch dienlich, euch in die Lüfte zu schwingen. Von Zeit zu Zeit, im Rhythmus eures Systems ist die Erdung in euch selbst vonnöten. Dies bedeutet, euch an euch selbst hinzugeben, an euer System und den Kampf des Lebens zu beenden. Lasst ihr euer System gewähren, kann es sein, dass es euch in »die Kammern des Schreckens« (wie wir sie im Buch *OHNE WORTE* genannt haben) führt. In diesen Kammern dürft ihr euch erlösen und die blockierten, gehaltenen Energien zum Fließen bringen. Der Kampf, der im Leben stattfindet, ist das Zuhalten dieser Kammern. Ihr verbraucht so viel mehr Kraft im Zuhalten der Kammern mit den blockierten Energien aus Angst vor der eigenen Ohnmacht diesen Energien gegenüber.
So bedeutet Bewusstseinsarbeit von Zeit zu Zeit das Abtauchen in unerlöste Gefilde, das Eintauchen in die Ohnmacht, um das Tor der Hingabe durchschreiten zu können.

Kraftvolle Werkzeuge sind die Entscheidungen, wie ihr bereits wisst. So die Entscheidung: »Ich bin einverstanden mit mir selbst. Ich vertraue meinem System. Mein System wirkt im Sinne meines Seins. Es darf das geschehen, was durch mich geschehen möchte. In der Hingabe zu mir selbst verbinde ich mich mit meinem vollkommenen Sein und tauche ein in den Fluss der Energien, der Liebe.«

Befindet ihr euch mit eurer Präsenz in einer »Kammer des Schreckens«, so wisset darum, wo ihr euch befindet. Das Tor wird vor euch erscheinen, lasst ihr die Ohnmacht als Energien fließen. Wisset, es ist »nur« eine Erfahrung. Die Ohnmacht ist nicht euer Sein. Ihr seid nicht das abgespaltene Bewusstsein. Das abgespaltene Bewusstsein ist eine Ausdrucksform des All-Eins-Sein-Bewusstseins. **Ihr seid frei fließendes All-Eins-Sein-Bewusstsein.**

Wir möchten hier noch mal näher auf die Kraft eures eigenen Systems eingehen. Euer System ist eingebettet in das All-Eins-Sein, in die Lebensintelligenz.
Alles entsteht aus sich selbst heraus. Schaut, die Räume entstehen jeweils aus dem vorherigen Raum. Die Ureinheit gebärt aus sich selbst heraus Räume, die wiederum Räume aus sich selbst heraus gebären und so weiter.
Die Kraft, die Ordnung der Vollkommenheit entsteht in jedem Punkt aus sich selbst. Dies ist ein universelles Gesetz der Wirkungskräfte. Diese Wirkungskraft existiert ebenso in eurem System. Wie im Großen, so im Kleinen wirkt die Intelligenz des Bewusstseins.
Das, was diese Wirkungskraft verhindert, ist euer Kampf, im Leben bestehen zu wollen. In diesem Moment deckelt ihr die Intelligenz eures eigenen Systems.
Ihr haltet euch selbst fest, um nicht in eurer Existenz scheinbar bedroht zu sein. Dieses »euch halten« verhindert den Fluss eures Systems, um im Sinne eures Seins wirken zu können.

Seht den Samen eines Baumes. Er springt auf. Aus sich selbst heraus entsteht die Entwicklung, entsteht das Wachstum. Hätte der Samen Angst vor seiner Zartheit, die er beim Aufspringen seiner Hülle zeigt, würde er mit aller Kraft versuchen, die Schale zuzuhalten, um nicht aufzuspringen. **Er würde seine Kraft gegen den Fluss des Lebens einsetzen, um sich nicht verletzlich zeigen zu müssen. Dies wäre sein Kampf. In der Hingabe zu sich selbst würde er der Lebensintelligenz seines Systems vertrauen und sich seinem Fluss hingeben. Das gesamte Universum ist auf Wachstum und Integration ausgerichtet. Es basiert auf der Ausrichtung der Vollkommenheit.**

Euer Körper ist ein gutes Instrument, mit dem ihr diese folgende Übung der Hingabe an die eigene Lebensintelligenz durchführen könnt.

Legt euch bei dieser Übung bequem auf den Rücken, entspannt euch, werdet ruhig.
Sprecht zu eurem Körper: »Wirke im Sinne meines Seins.« Werdet in diesem Moment zum inneren Beobachter eures Körpers.
Dies ist der erste Schritt dieser Übung. Beobachter des eigenen Körpers zu werden bedeutet, dass ihr euch nicht mit eurem Körper identifiziert. Ihr seid so viel mehr. Erkennt euren Körper als Erfahrungsgefäß auf der Materiellen Ebene (ME). Diese Übung ist ebenso wertvoll dabei, den eigenen inneren Beobachter zu schulen.
Sogenannte Entwirrungen beginnen in dem Moment, wo ihr voll und ganz in den inneren Beobachter eingetaucht seid, wo ihr euch an euch selbst hingebt. Entwirrungen bringen eine Ordnung im Sinne eures Seins in euer Körpersystem und somit auch in euren Energiekörper. Energien beginnen zu fließen, Energien fließen in neue Bahnen, Tore öffnen sich, die ihr vorher geschlossen gehalten habt. Es kann vorkommen, dass der Körper anfängt, sich bewegen zu wollen. Gebt dem nach, diese Bewegungen setzen Räume in euch frei, sodass euer Licht, euer Bewusstsein dort einfließen kann.
Gehaltene Energien können auch gehaltene Gefühle sein, so erlaubt euch im Status des inneren Beobachters, diese Energien fließen zu lassen. Es ist Heilung im höchsten Sinne.
Ebenso können Gedanken oder Geistesblitze erscheinen, die euch dienen, alte Strukturen und Glaubenssätze zu durchschauen.
In der Hingabe übergebt ihr eurem System die Führung und erlaubt ihm, euch den Weg zu zeigen, der euch in die Verbindung zu euch selbst führt.
Vertraut euch, verbindet euch mit euch, vereint euch mit eurem Geistwesen, eurem frei fließenden Bewusstsein.

3. Die Zirbeldrüse

Die Zirbeldrüse ist, wie ihr bereits wisst, ein energetisches Portal, das den materiellen Raum (ME) mit dem inneren Universum, eurer Projektionsebene (PE), verbindet.
Die Öffnung dieses Portals ist für die Realitätsformung eures Alltagsbewusstseins von größter Bedeutung. Durch das Gespür des Gewahrseins erlaubt euer Verstand, eine neue Realitätsbasis zu etablieren. Das Massenbewusstsein der Menschheit wird so auf eine neue Ebene, in einen neuen Raum gehoben.

So, was könnt ihr hier für euch tun?
Erkennt die Zirbeldrüse in ihrem Potenzial als Portal. Sie ist die Antenne, die Informationen aus dem geistigen Raum (AGE) empfängt.
So könnt ihr in zwei Räumen im Sinne der Zirbeldrüse wirken:
Im materiellen Raum (ME) könnt ihr im Sinne eures Körpers das Organ Zirbeldrüse unterstützen. Hier hat jeder von euch einen individuellen Weg. Sammelt hierzu Informationen in eurem inneren Universum, um euren authentischen Weg zu erfahren.
Zum Beispiel könnte dies sein, weniger Zucker zu euch zu nehmen, den Körper zu entgiften, euren Säure-Basen-Haushalt in ein Gleichgewicht zu bekommen, euer vegetatives System durch Stressreduktion im Alltag zu harmonisieren und so weiter.
Im Raum eurer Projektionsebene (PE) wirkt ihr direkt energetisch. Hier lasst ihr euch Informationen senden in Bezug auf den energetischen Zustand eurer Zirbeldrüse. Erinnert euch, in der Akzeptanz des IST-Zustandes darf der Wandel aus euch selbst heraus entstehen. Eure Systemintelligenz wirkt in eurem Sinne, sobald ihr das »ES ist« als Kraft wirken lasst.
So heilt ihr durch euren neutralen Bewusstseinsfokus, den ihr auf eure Zirbeldrüse lenkt, den Zustand dieses wertvollen Organs und erhöht die Frequenz ihres Energiefeldes.
Wir legen euch ins Herz, vollzieht diese Praxis regelmäßig. Denn die Unterdrückung dieses Energiefeldes der Zirbeldrüse wird aktiv im Massenbewusstsein betrieben.

So setzt eine Gegenbewegung in euch in Gang und schenkt euch die Öffnung und die Kraft des Zirbeldrüsenorgans.

>> **18. Matrixerfahrung: Das Potenzial deiner Zirbeldrüse**
(im Audiopaket zum Buch – siehe Einleitung vorn im Buch)

4. Die Quelle der authentischen Lebensenergien

Eure Willenskraft hat euch aus der Ohnmachtserfahrung herausgehoben und euch somit scheinbar Macht verliehen, im Leben bestehen zu können.
Diese Willenskraft ist ein Motor, eine Quelle, die euch mit Energien versorgt. Diese Quelle der Willenskraft hat immer ein Ziel. Das Ziel ist, euch aus der schmerzhaften Egoerfahrung aus der Vergangenheit zu beschützen. Dieses Ziel gibt euch Schwung und ist gleichzeitig Kampfenergie. Dieser Motor ist auf die Zukunft ausgerichtet. »In der Zukunft wird alles besser, solange ich den Motor der Willenskraft am Laufen halte!«, ist der dazugehörige Glaubenssatz.
Doch irgendwann werdet ihr müde zu kämpfen. Das Ziel lässt diesen Motor starten, doch kommt ihr in der Zukunft nie an. Es existiert in diesem Konstrukt immer wieder eine neue Zukunft. Willenskraft ist Egowille und Egowille ist gefangen in der Linie der Zeit. So wollt ihr euch in der Linie der Zeit dauerhaft schützen vor Erfahrungen aus der Linie der Zeit.
Dies ist euer Erhaltungstrieb. Ihr wollt euch als Individuum erhalten, ihr wollt im Leben bleiben. Dies ist der euch bekannte Egoerfahrungszyklus (im Buch *OHNE WORTE* wurde dies in Abbildung 3 dargestellt).
Die Energien der Willenskraft werden aus dem Wurzelchakra regeneriert. Das Wurzelchakra zieht von außen Energien in das System ein und verteilt diese entsprechend im eigenen Energienetz.
Ihr wisst, das Chakrensystem ist ein System angebunden an den materiellen Raum (ME). So zieht es Energien in das individuelle System

aus dem materiellen Raum (ME), dem Abtrennungsraum. Das eigene System wird über den Egowillen mit unangebundenen Energien versorgt, die dann wieder den Egoerfahrungszyklus stärken.

Werdet euch aktuell bewusst, für was brennt eure Willenskraft im JETZT? Welcher Motor ist am Laufen und möchte für euch Materie kreieren? Durchschaut die Motivation dahinter. Was möchtet ihr dadurch erreichen? Welche Erfahrung wollt ihr durch die Handlungen, die durch die Willenskraft initiiert werden, nicht mehr erleben?
Welcher Egoerfahrungszyklus ist aktiv? Reist dazu in eurem Chakrensystem in den Raum des Wurzelchakras und sammelt hier Informationen eures IST-Zustandes.
Ja, jedes Chakra ist ebenso ein Erfahrungsraum mit seinen entsprechenden Energien. So erfahrt das Chakrensystem ebenso als ein Universum gefüllt mit Räumen spezieller Energien. Dies ist die Kraft des »Mein Wille geschehe«.

So, was bedeutet dann die Kraft des »Dein Wille geschehe«?
Die Willenskraft hebt euch scheinbar aus der Ohnmacht. Die Seinskraft wird geboren in der Hingabe an euch selbst.
In der Öffnung der Hingabe in euch vollzieht ihr einen Shift in eurem System. Es ist ein Wechsel der Lebensenergiequelle.
Ihr wechselt aus dem Wurzelchakra hinein in euer Herzzentrum der Seinsmatrix.
Das Herzzentrum der Seinsmatrix öffnet sich als Tor, aus dem die Energien aus der Geistigen Ebene (AGE) in eure Systeme einströmen. Gefühlt verliert ihr die Kontrolle über euer Leben, da ihr euch nicht mehr in der Linie der Zeit ausrichtet. Kein Vergleich Vergangenheit/Zukunft findet mehr statt. Ihr seid im JETZT angekommen und öffnet eure Herzquelle. Sie wird so zur dauerhaften, unerschöpflichen Quelle eurer Energien. Sie hat kein Ziel, sie ist JETZT und versorgt euch mit den im JETZT authentischen Energien.
Die Quelle der Liebe öffnet sich in Hingabe im JETZT. Sie ist zugleich Erfüllung und Erlösung. Eure Wahrnehmung ist gehalten in eurem inneren Universum in der Öffnung eurer inneren Wahrneh-

mungsorgane und somit verbunden durch eure Zirbeldrüse mit dem Gespür des Gewahrseins.

So, welche Energien strömen in Bezug auf euer fokussiertes Egowillenthema durch eure Herztore ein? Welche Geisterfahrung möchte sich in eurem Leben materialisieren?
Wenn ihr möchtet, nutzt auch hier für euer spezielles Thema die Kraft der Entscheidung und formuliert in euren Worten den Shift in eurem System, den ihr vollziehen möchtet.

Die Energien der Seinskraft fließen in Leichtigkeit. Hier bedarf es weder Kampf noch Anstrengung. ES ist. So erfahrt ihr durch den Shift der Lebensenergiequelle eine Erholung in euch, ein tiefes inneres Ankommen in eurem Sein.

www.christiane-hansmann.com/herzportal/kapitel-9

Begriffe

www.christiane-hansmann.com/faq-begriffserklaerungen

Weitere Bücher der Autorin

Christiane Hansmann

Wie macht man sich frei von den Schmerzerfahrungen des Egos – und von falschen Überzeugungen über die eigenen Potenziale?

In unserer Zeit des Wandels manifestiert sich ein völlig neues Bewusstsein, in dem Wissenschaft und Spiritualität miteinander verschmelzen: Christiane Hansmann präsentiert das durch sie gechannelte Wissen aus der geistigen Welt und offenbart überraschende Einsichten in übergeordnete universelle Zusammenhänge des menschlichen Seins und Wirkens.

Dieses Buch schenkt faszinierende Antworten auf die großen Menschheitsfragen – nach unserem wahren Ursprung, unserer Bestimmung und dem Sinn des Lebens – und bietet weitreichende Erkenntnisse in die Natur der Seele und die bisher nur zu Bruchteilen genutzte Kraft unseres Bewusstseins.

Mit vielen praktischen Werkzeugen und Anleitungen, um das eigene Leben bewusst, authentisch und selbstbestimmt zu gestalten!

978-3-7787-7589-9

Leseprobe unter **www.ansata-integral-lotos.de**

Ansata

Christiane Hansmann

Mehr als nur ein Buch – eine bewegende Bewusstseinsreise in das Höhere Selbst

Auf einmal war da diese kleine Elfe namens Mosaphir. Was sie dem Kinderarzt Vincent über den Sinn des Lebens, die wahre Natur des menschlichen Geistes und eine verborgene Realität hinter der alltäglichen erzählt, stellt alles auf den Kopf, was er bisher zu wissen glaubte. Nach und nach erwacht Vincent aus seinem unbewussten Leben und erkennt: Es bleibt nur noch wenig Zeit, um die Herzen der Menschen und das Schicksal unserer Welt zu retten ...

Mit geführten Audio-Meditationen und inspirierenden Video-Impulsen zum kostenlosen Abruf begleitest du Mosaphir und Vincent bei ihren Abenteuern – und erforschst zugleich die grenzenlose Kraft deiner eigenen Seele.

Dieser spirituelle Roman hat die Kraft, das eigene Leben und die Sicht auf die Welt grundlegend zu verändern!

978-3-453-ISBN-0

Leseprobe unter **www.ansata-integral-lotos.de**

Ansata

Erfahre das Wissen aus diesem Buch!

Hier kommst du zu unseren Erlebnisworkshops:

https://www.christiane-hansmann.com/herzportal-workshops

AWAKENING
Begleitung in deine Herzöffnung

Unser umfangreicher Basis-Workshop – schaffe die Grundlage für dein Verständnis der Energieanatomie und deren Anwendung in deinem Leben.

NAVIGATION
Dein Kompass im Leben

Der Workshop, der das universelle Wissen mit deinem Alltag verbindet und dir Orientierung in lebensnahen Herausforderungen schenkt.

CLEARING
Der Reset für deinen Lebensraum

Unser erster Workshop geführt aus der geistigen Welt – tauche mit den Lichtwesen und Salvador in diesen hochschwingenden Erfahrungsraum ein und initiiere dadurch deinen authentischen Lebenswandel.

ABBILDUNGEN

Abbildung 1
Entstehung der Räume

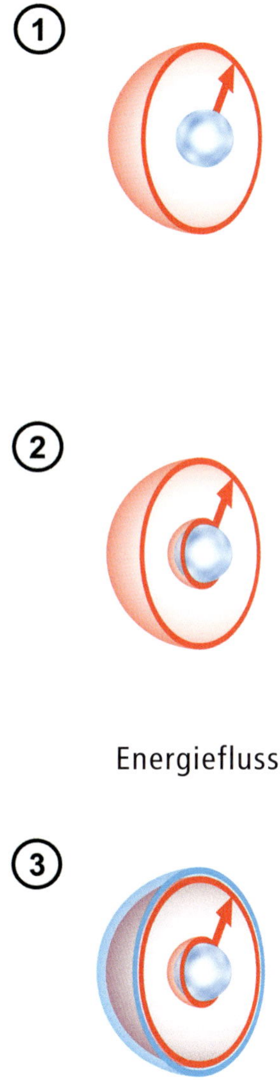

Abbildung 2
Ausstülpung der Räume

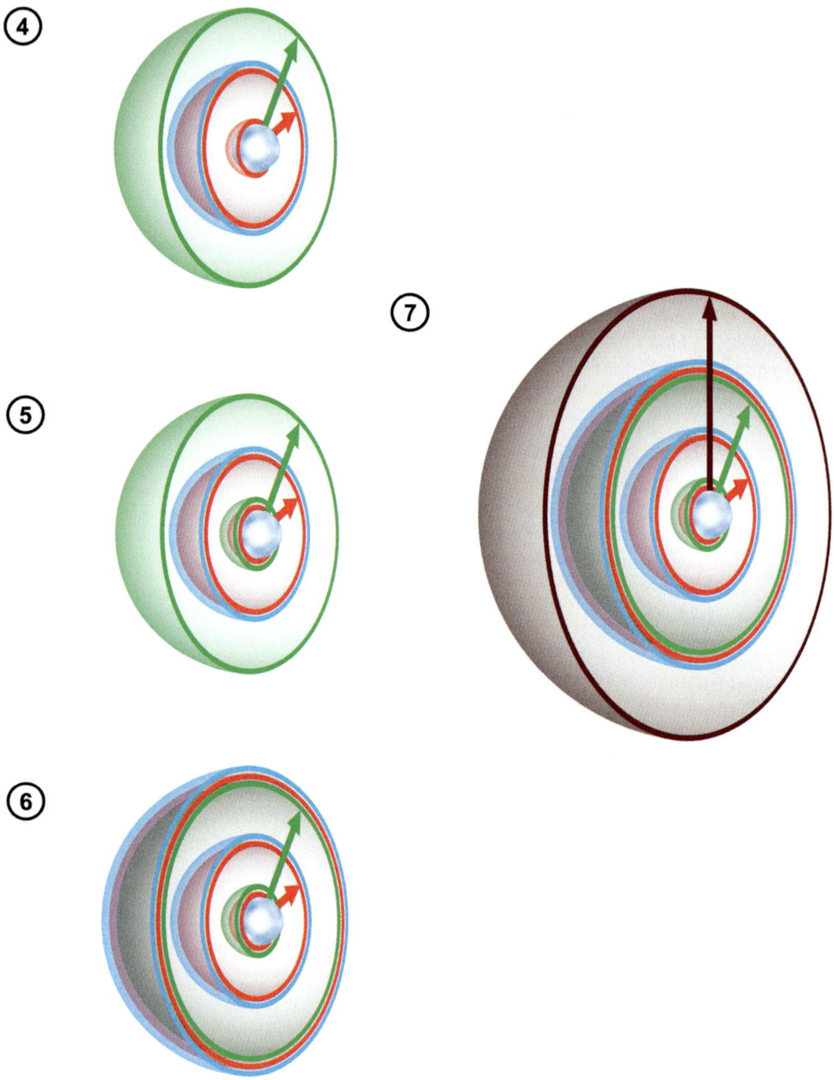

Abbildung 3
Umkehrbewegung des Bewusstseinsflusses

8

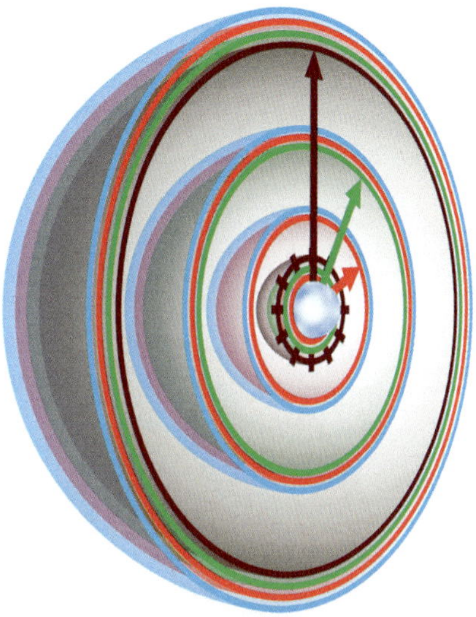

Entstehung von abgespaltenem Bewusstsein

Die Eihaut wirkt wie ein Stoppschild.

Durch den Egomechanismus wird das Bewusstsein im materiellen Raum fixiert.

Abgespaltenes Bewusstsein ist entstanden.

9

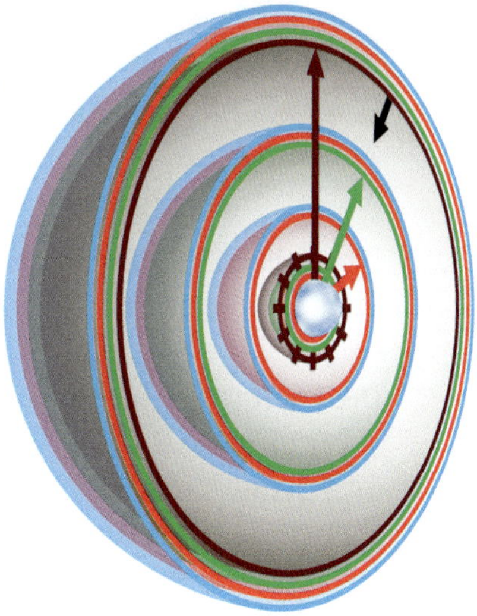

Spiegelentstehung

Der Bewusstseinsfokus erlebt sich im Ausdruck in einem abgetrennten Raum.

Die Fließrichtung des Bewusstseins dreht sich von außen nach innen.

Die Projektionsebene (PE) wird zum Spiegel des All-Eins-Seins.

Abbildung 4 / Abbildung 5

Öffnung des Projektionsraumes / Das Kollabieren der Räume

Abbildung 4

⑩

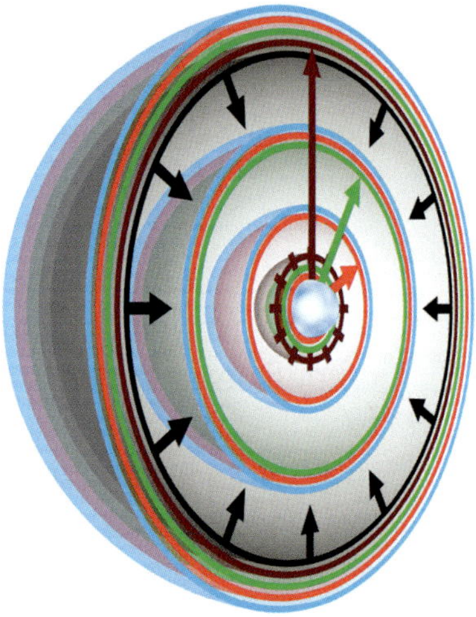

Sobald alle blockierten Energien aus dem materiellen Raum anfangen zu strömen und sich das Herztor zu 100 Prozent geöffnet hat, kollabieren die Räume nach innen.

Abbildung 5

⑪

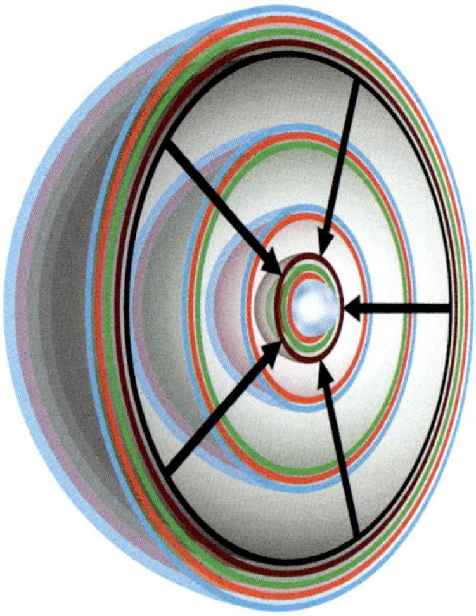

Das Kollabieren der Räume ist die Ebbe des Bewusstseins.

Die Energien strömen durch die Tore zurück in Richtung des All-Eins-Seins.

Abbildung 10
Der Massenbewusstseinsraum als Lichtuniversum

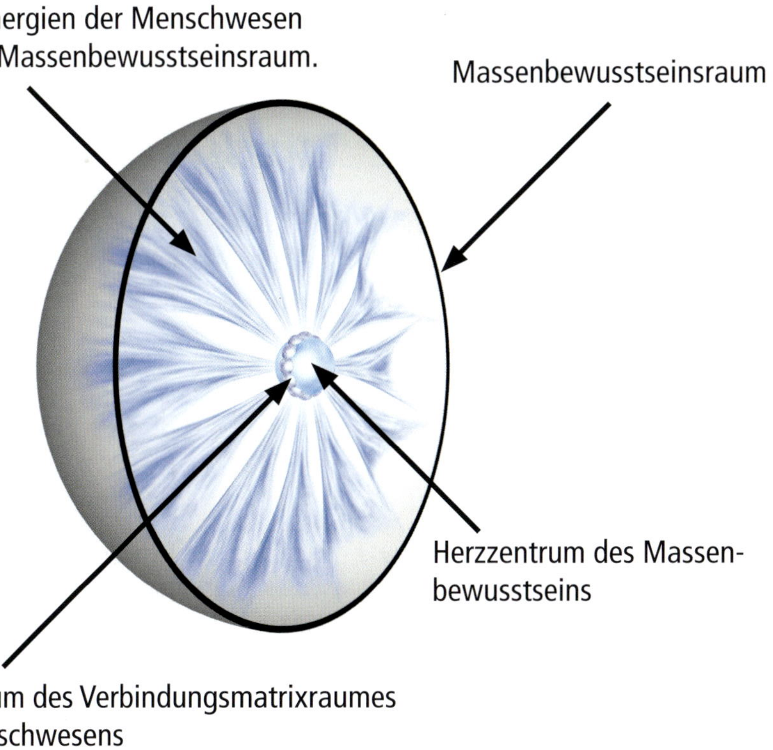

Das Lichtuniversum materialisiert sich im Massenbewusstsein.

Abbildung 11
Die Energieversorgung des Raumes der Gottwesenheit

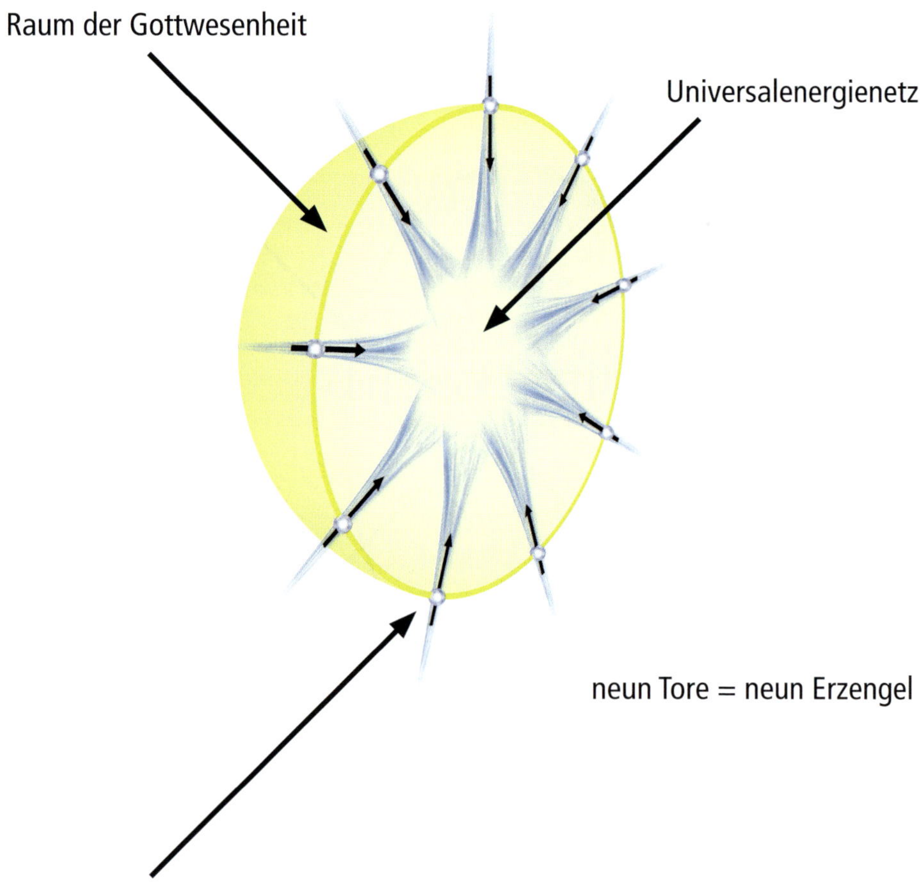

Die neun Erzengel sind Wesen, die durch ihr Herztor die Universalenergien in den Raum der Gottwesenheit strömen lassen.

Abbildung 15 – 2

Der Gottesstrom strömt weiter durch die Matrixtore aller drei Matrizen aus dem Sammelgitter in das Rahmengitter ein.

Abbildung 15 – 3

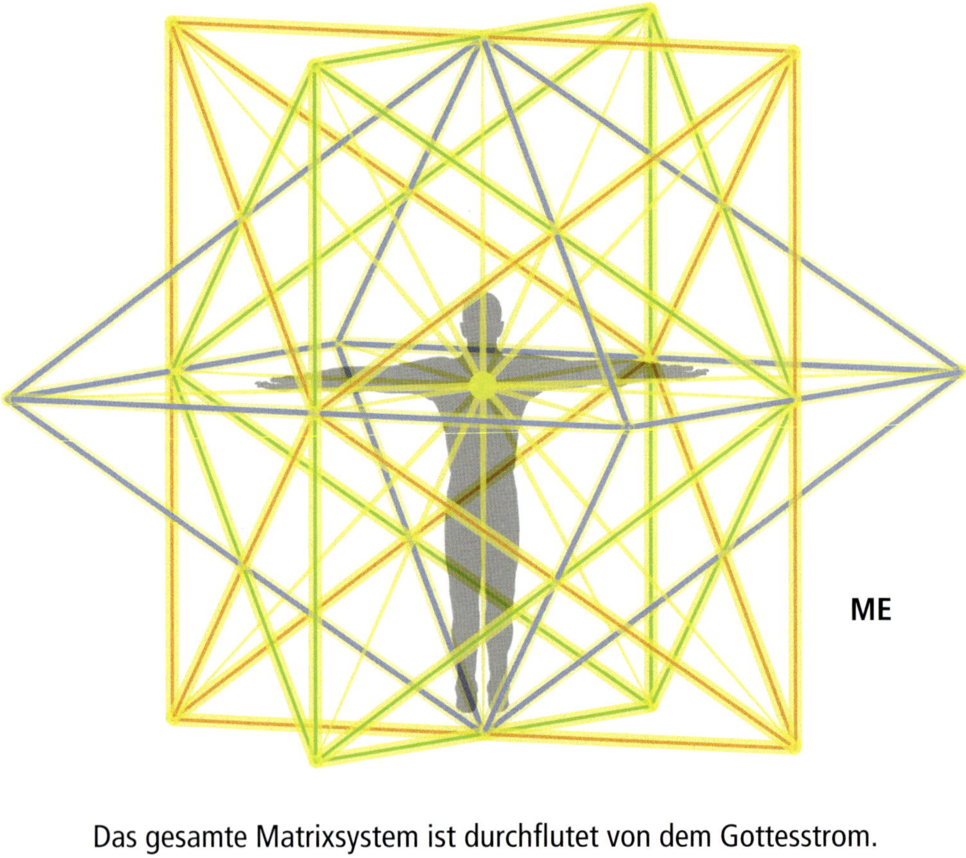

Das gesamte Matrixsystem ist durchflutet von dem Gottesstrom.

Abbildung 16
Der Gottesstrom in den Auraschichten eines Menschwesens

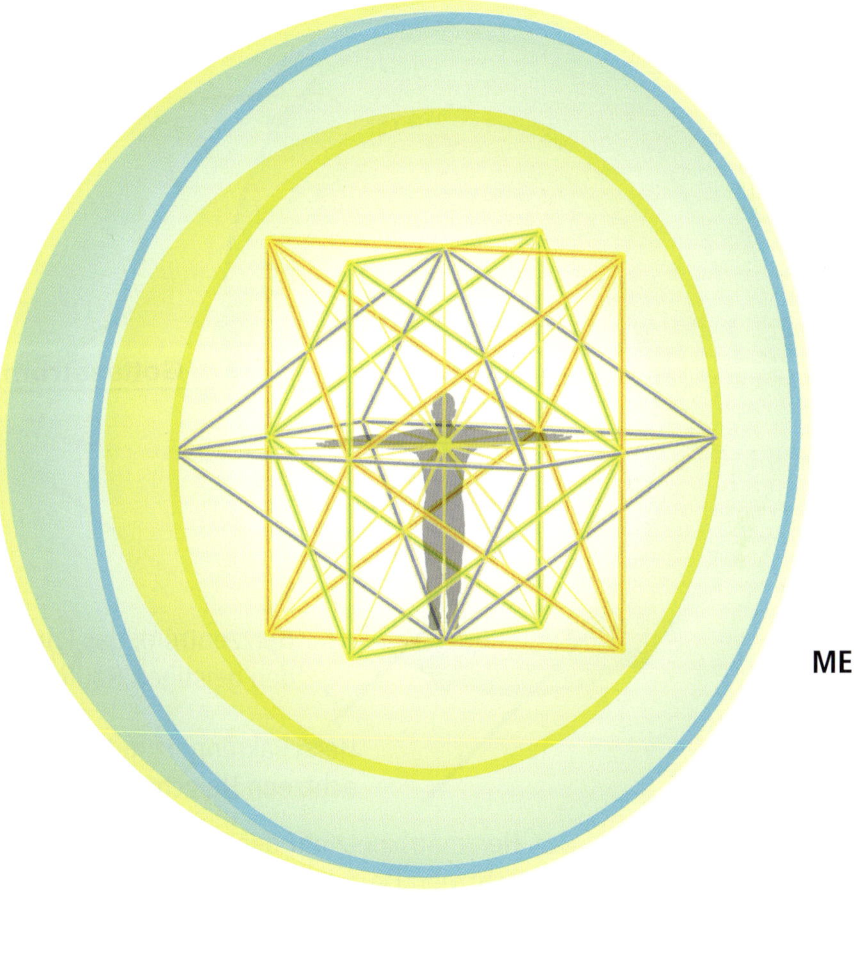

Abbildung 17
Das Herznetz der Seinsmatrix mit aktiviertem Gottesstrom

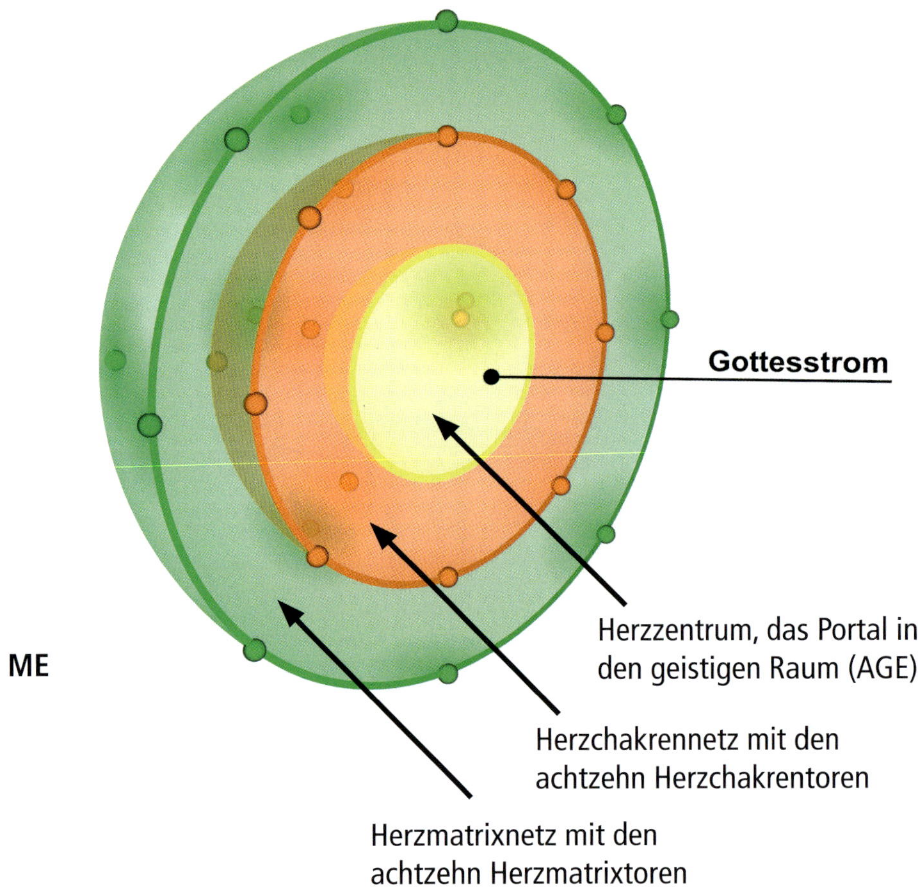

Abbildung 18
Das Herznetz der Verbindungsmatrix als Portal in den Massenbewusstseinsraum (MBR)

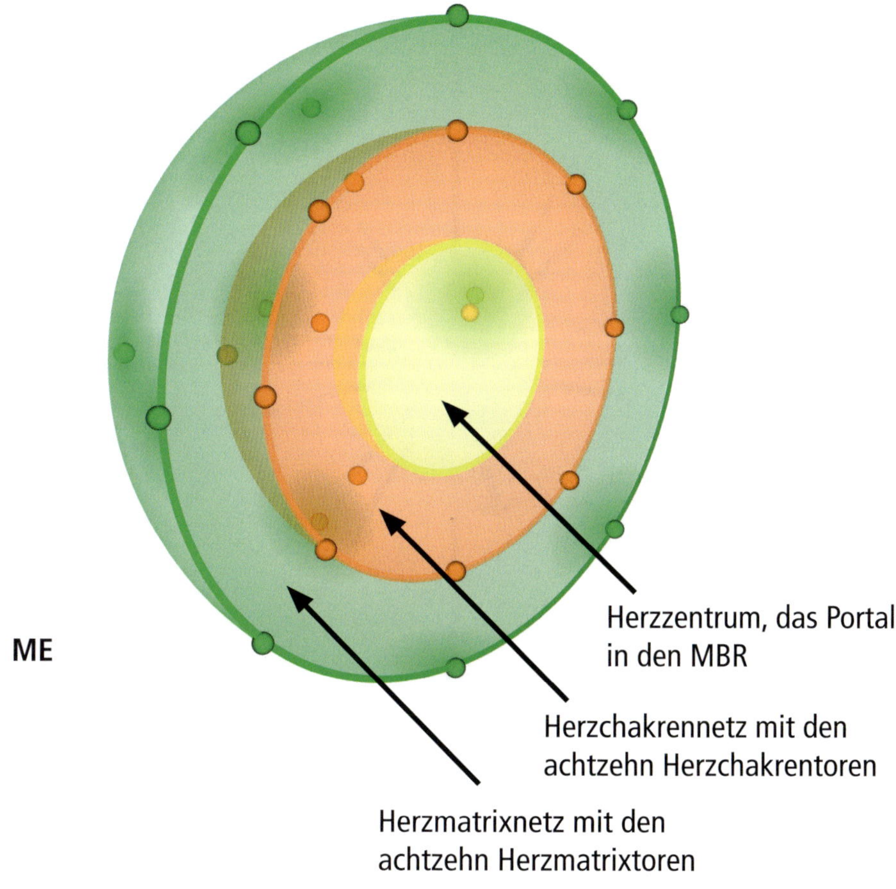

Abbildung 19 A

Der Egostrom aus dem Massenbewusstseinsraum (MBR)

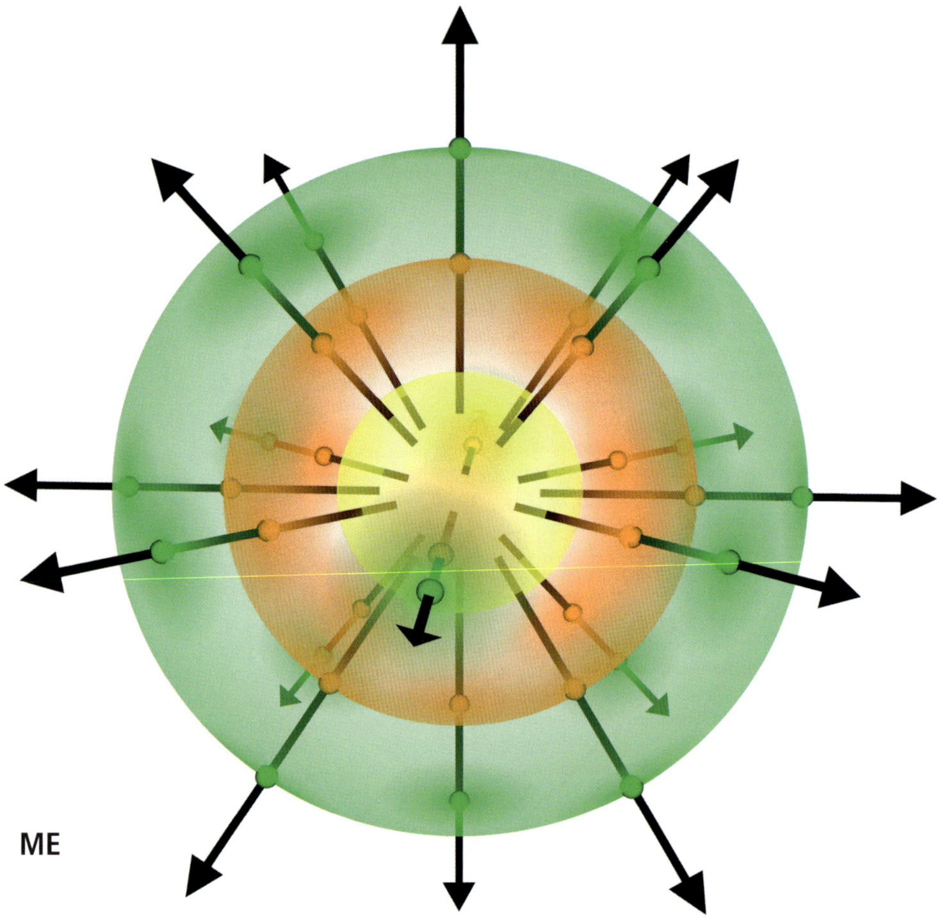

Der Egostrom aus dem Massenbewusstseinsraum strömt durch das Herzzentrum der Verbindungsmatrix in das Matrixsystem eines Menschwesens.

Abbildung 19 B
Der Egostrom in den Massenbewusstseinsraum (MBR)

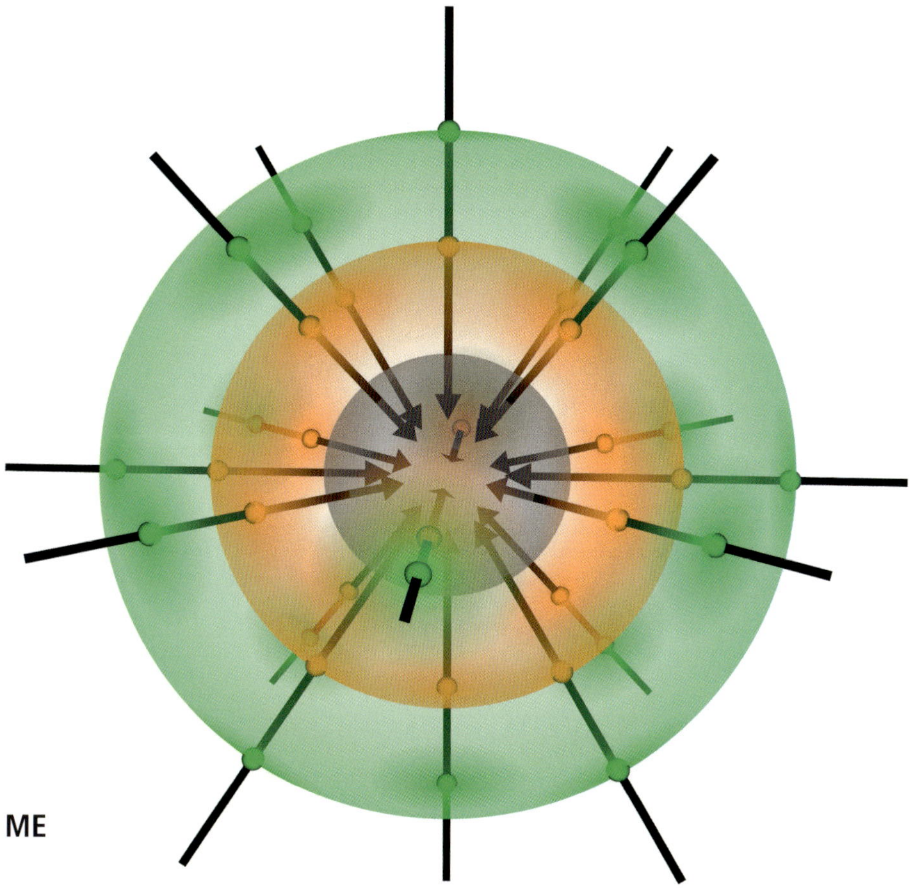

Der Egostrom aus dem Matrixsystem eines Menschwesens strömt durch das Herzzentrum der Verbindungsmatrix in den Massenbewusstseinsraum.

Abbildung 20
Der Gottesstrom in den Massenbewusstseinsraum (MBR)

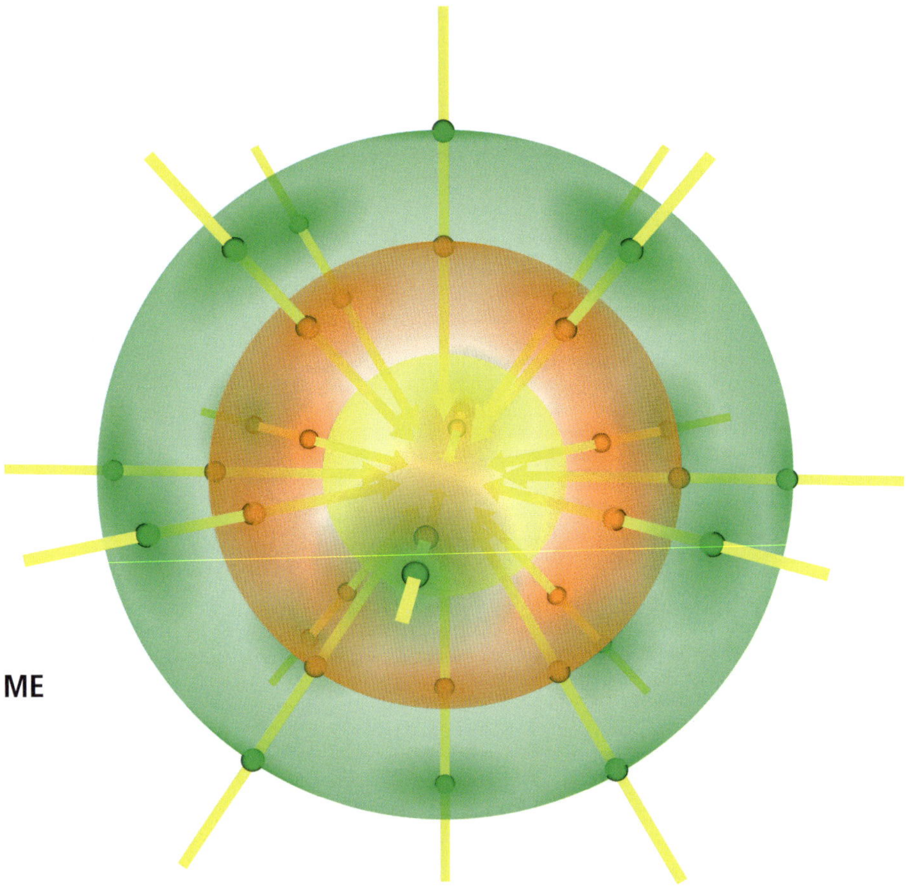

Der Gottesstrom aus dem Matrixsystem eines Menschwesens strömt durch das Herzzentrum der Verbindungsmatrix in den Massenbewusstseinsraum.

Abbildung 21
Das Herznetz der Zeitmatrix mit aktiviertem Egostrom

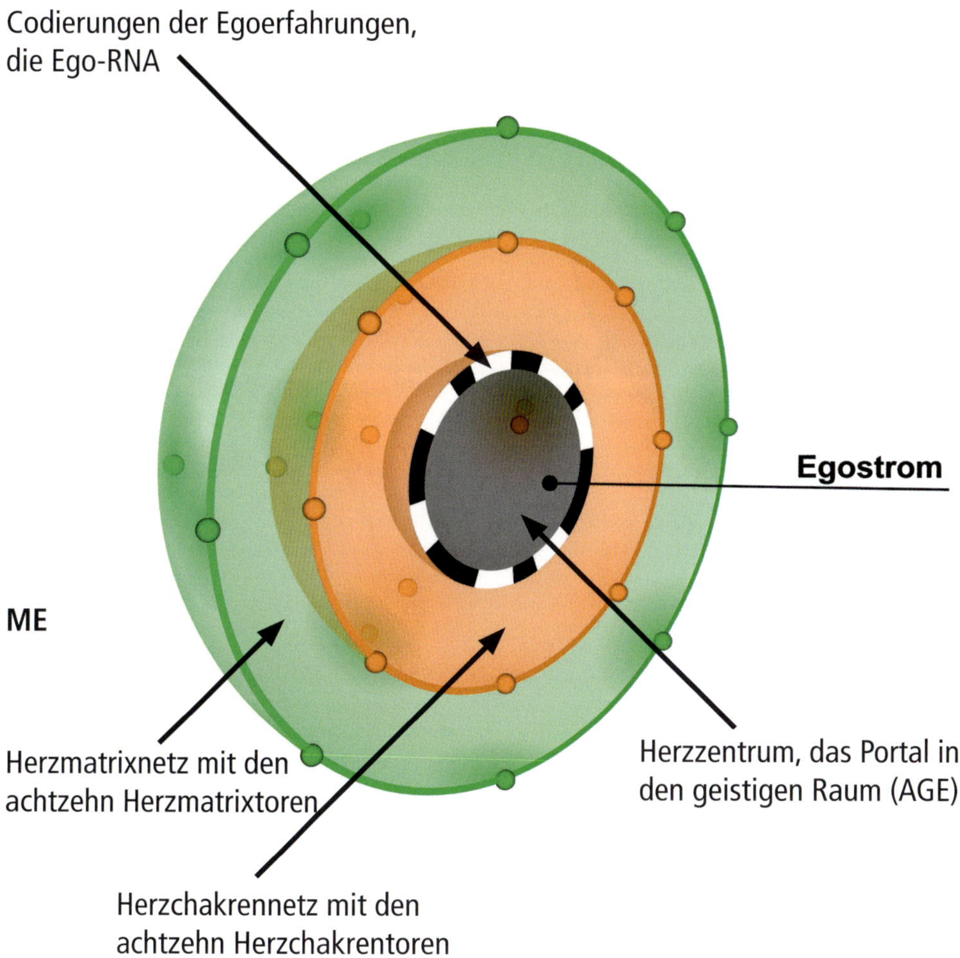

Abbildung 21 – 1/2

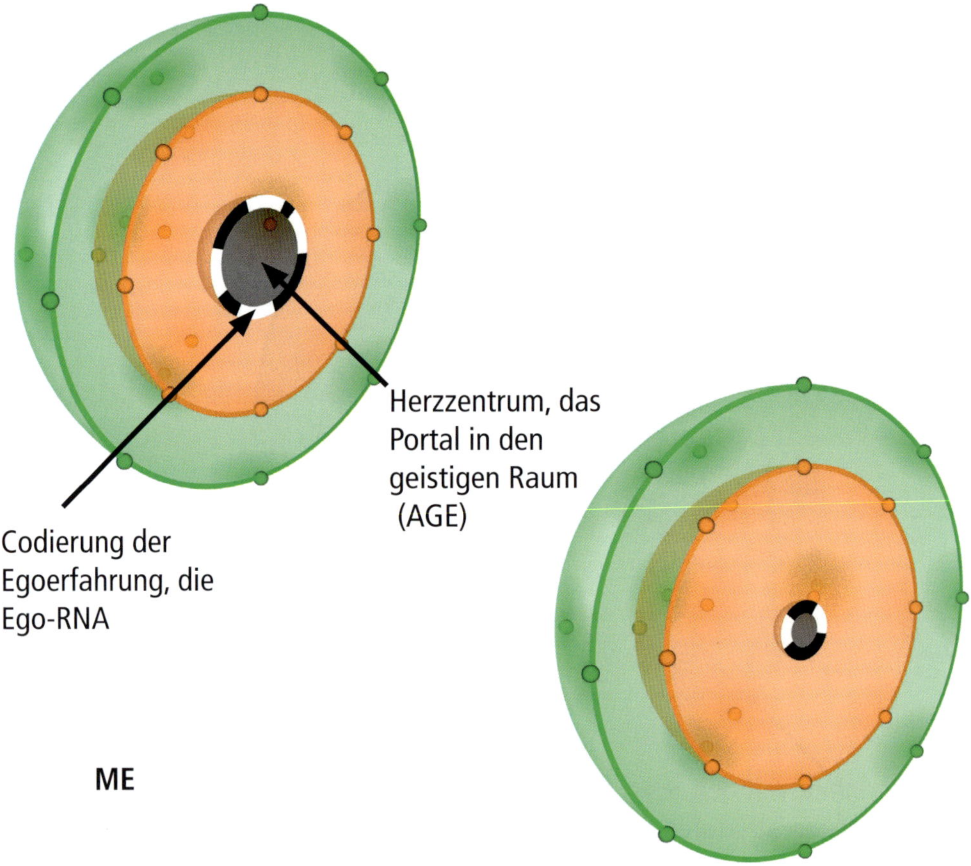

Je mehr Egoräume transformiert werden, desto mehr löst sich die Ego-RNA auf. Das Herzzentrum der Zeitmatrix kollabiert, bis sich das Portal für den Egostrom in die Authentische Geistige Ebene (AGE) schließt.

Abbildung 22
Das Herztor als Zentrum des Matrixsystems

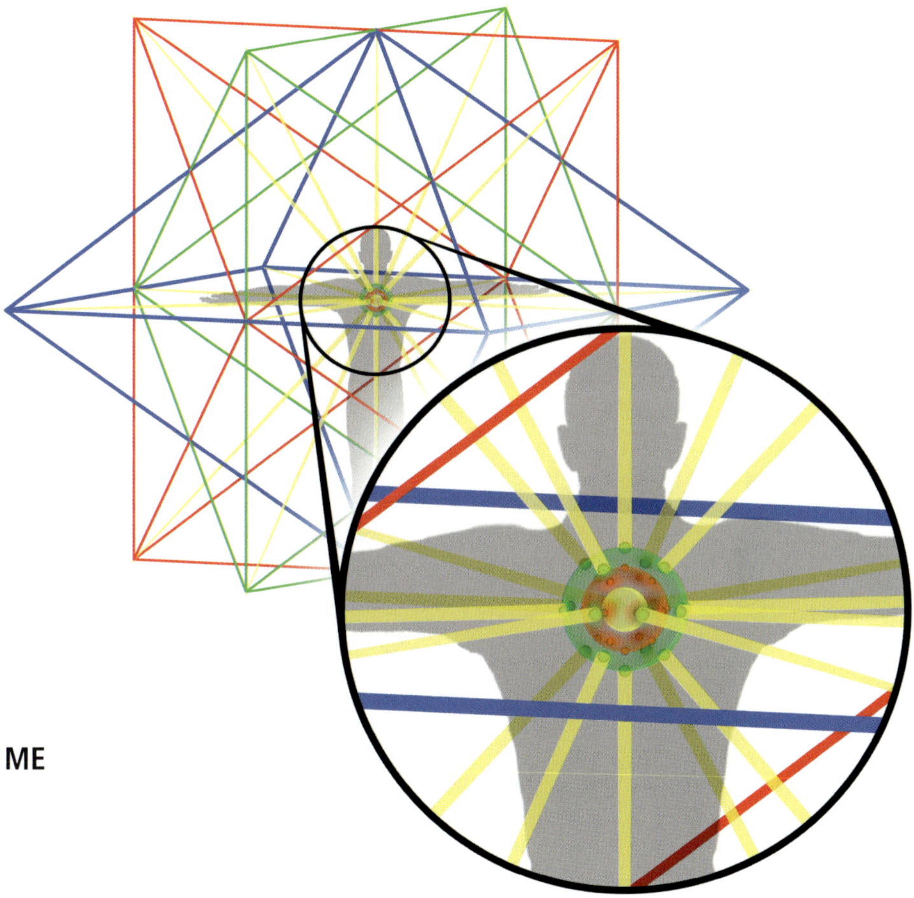

Die Energien aus dem Herzmatrixnetz strömen durch die achtzehn Herzmatrixtore in das Sammelgitter der Matrix. Von dort strömen die Energien durch die achtzehn Matrixtore in das Rahmengitter der Matrix ein.

Abbildung 23
Das Herzmatrixnetz als Sammelbecken für Energien

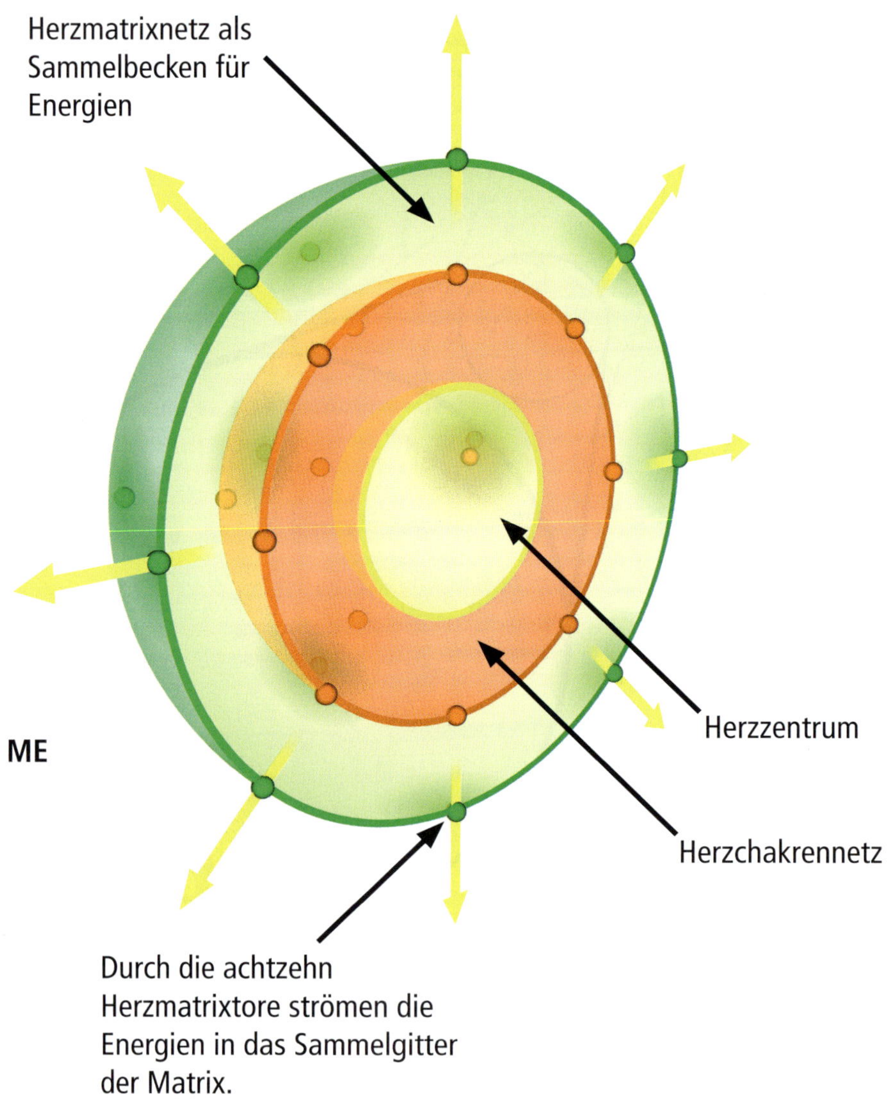

Abbildung 27 A
Das Einströmen des Universalenergienetzes in das Herznetz

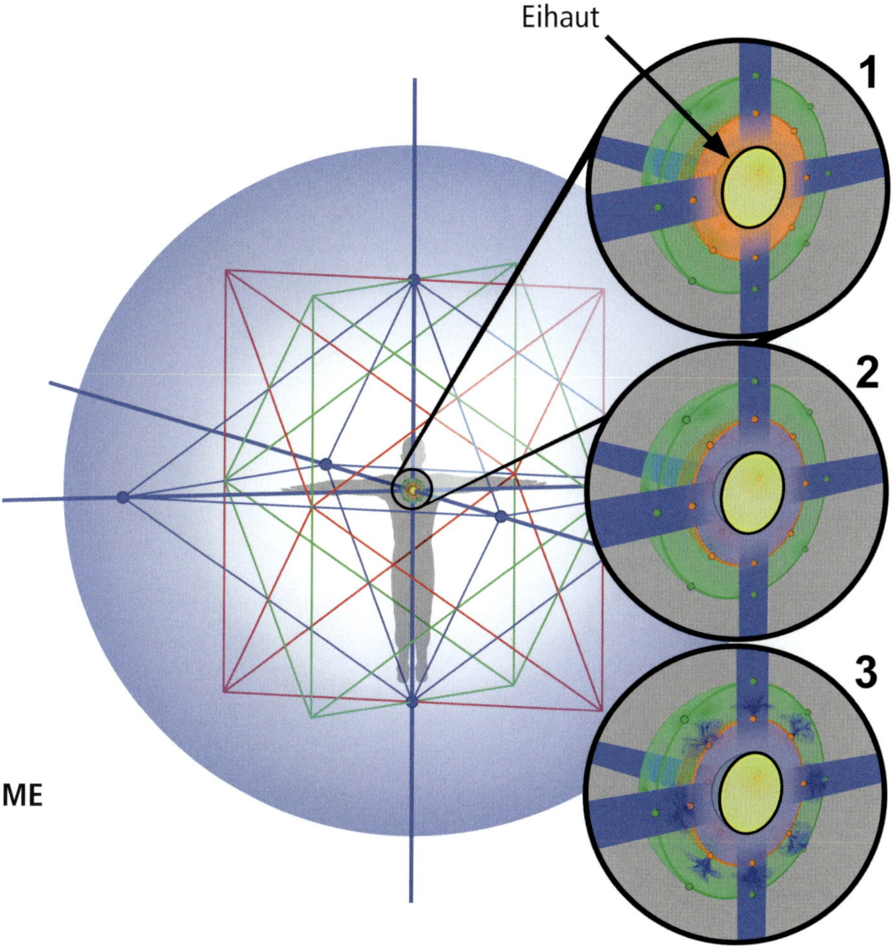

Die drei Universalkraftlinien strömen in das Herzchakrennetz ein. Von dort verteilen sich die Energien durch die achtzehn Herzchakrentore in das Herzmatrixnetz und in das Chakrensystem.

Abbildung 27 B
Die Verteilung der Universalenergien im Sammelgitter

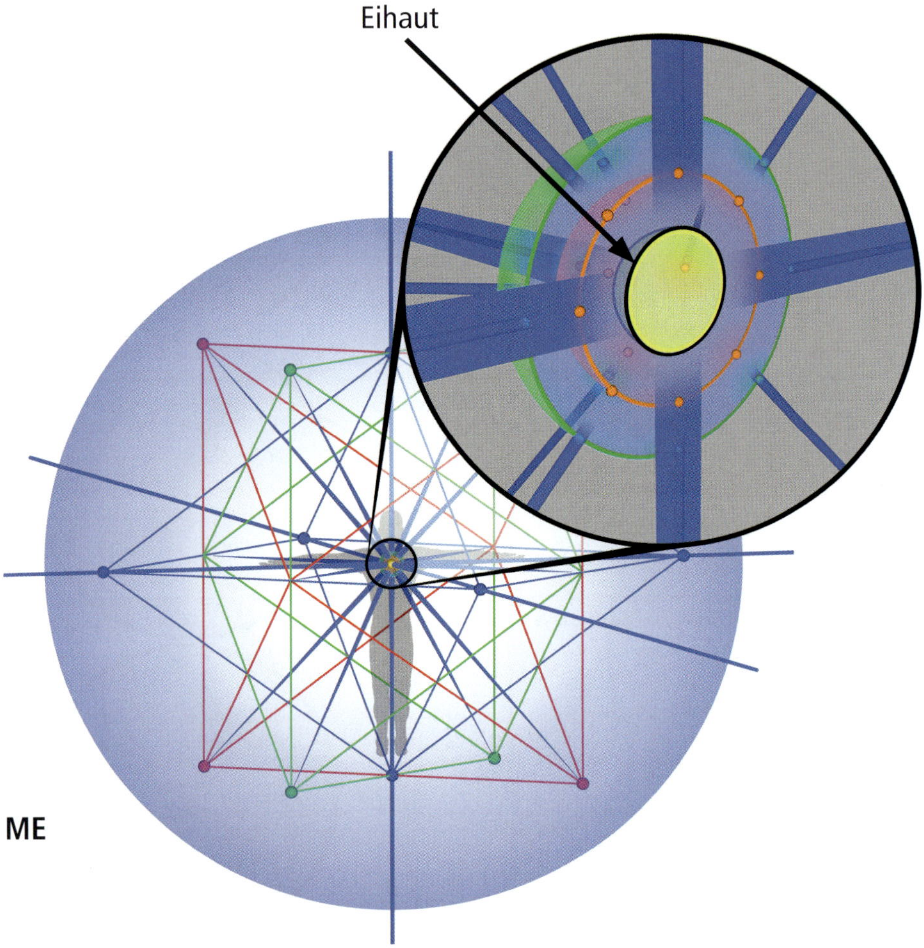

Die Universalenergien strömen aus dem Herzmatrixnetz durch die achtzehn Herzmatrixtore in das Sammelgitter des Matrixsystems ein.

Abbildung 27 C

Die gesamte Versorgung des Matrixsystems über das Universalenergienetz

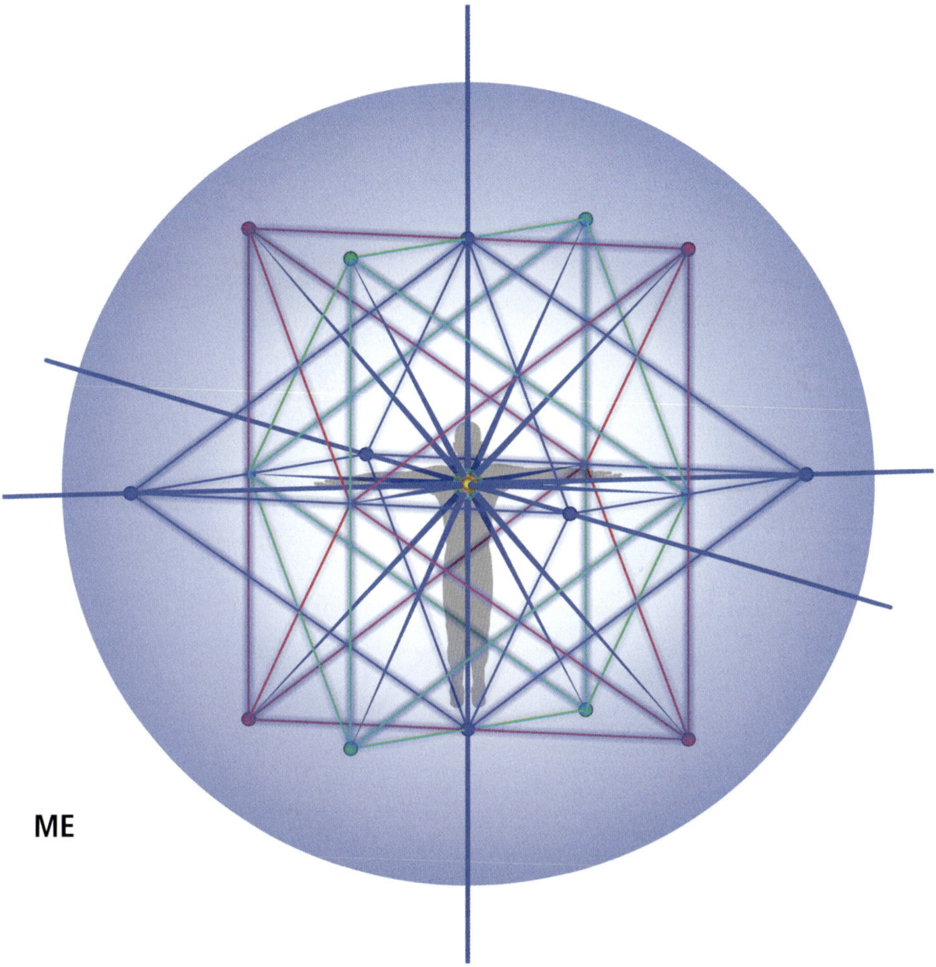

Die Universalenergien strömen über das Sammelgitter in das Rahmengitter der Matrix und weiter in die Aura ein. Das Menschwesen ist gehalten und versorgt über das Universalenergienetz.

Abbildung 28
Die Aura im Zustand des Gottesstromes

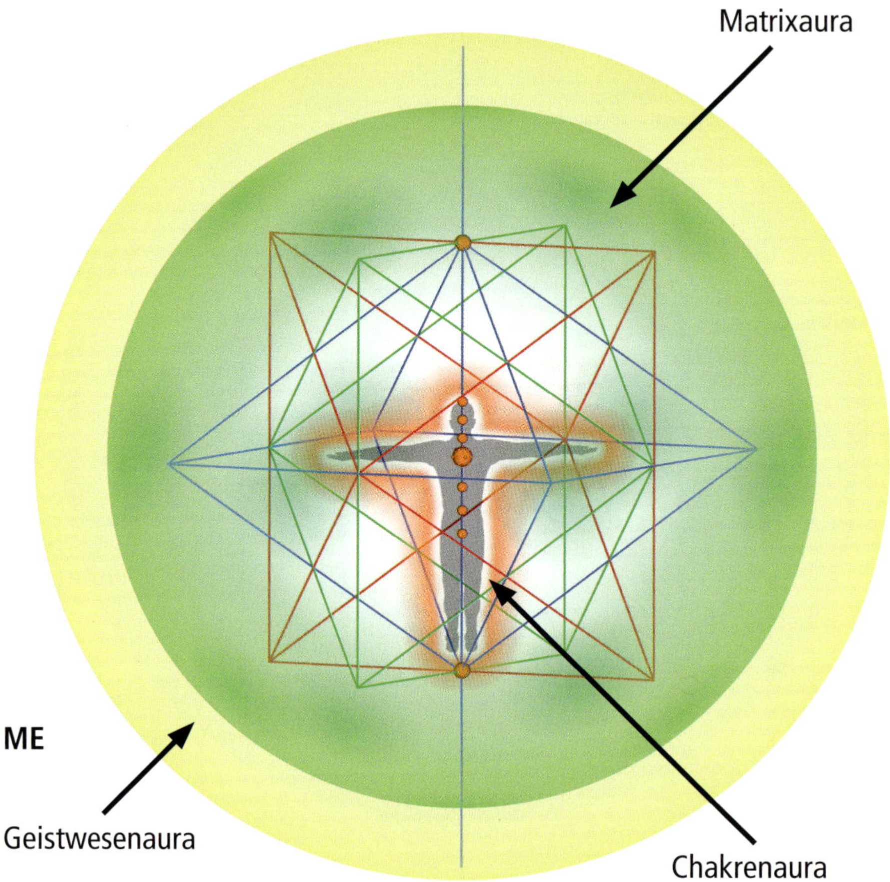

Abbildung 29 – 1-3

Die Ausdehnung des Gottesstromes im Herznetz der Seinsmatrix

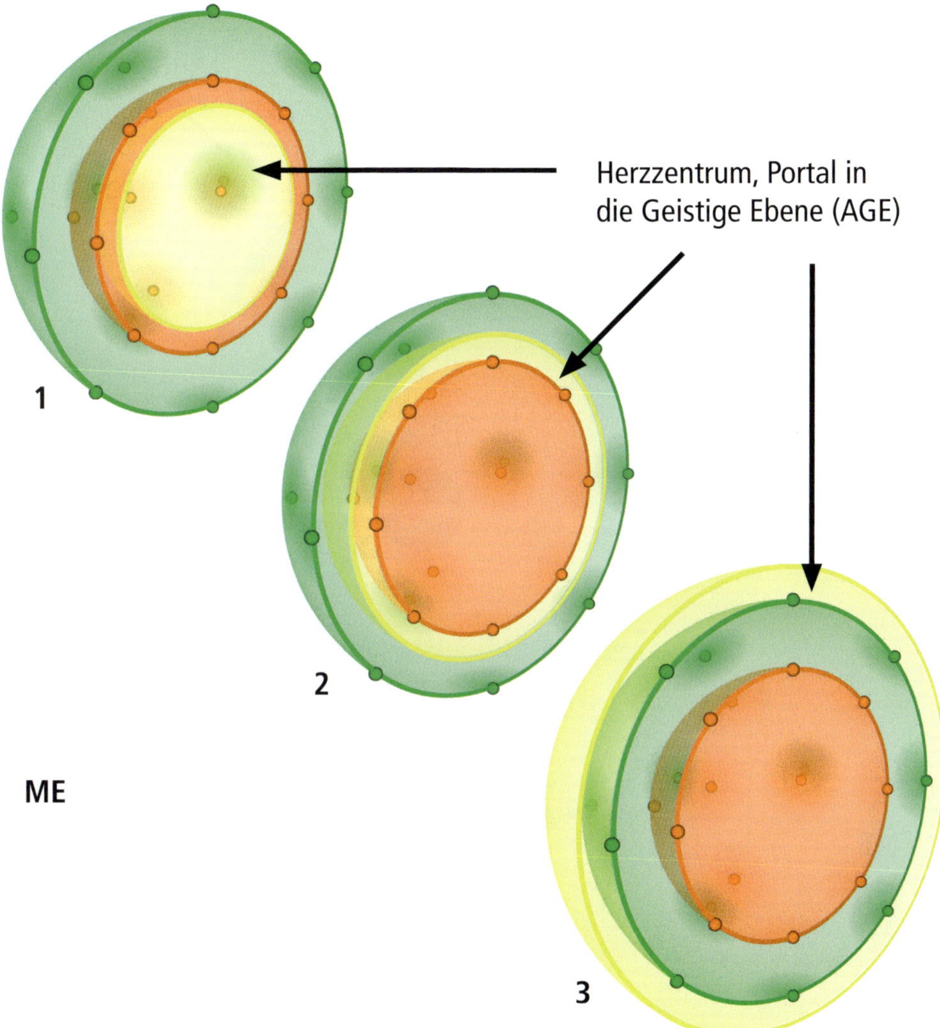

Abbildung 30
Das Herzmatrixnetz (ME) mit Tor in die Projektionsebene (PE)

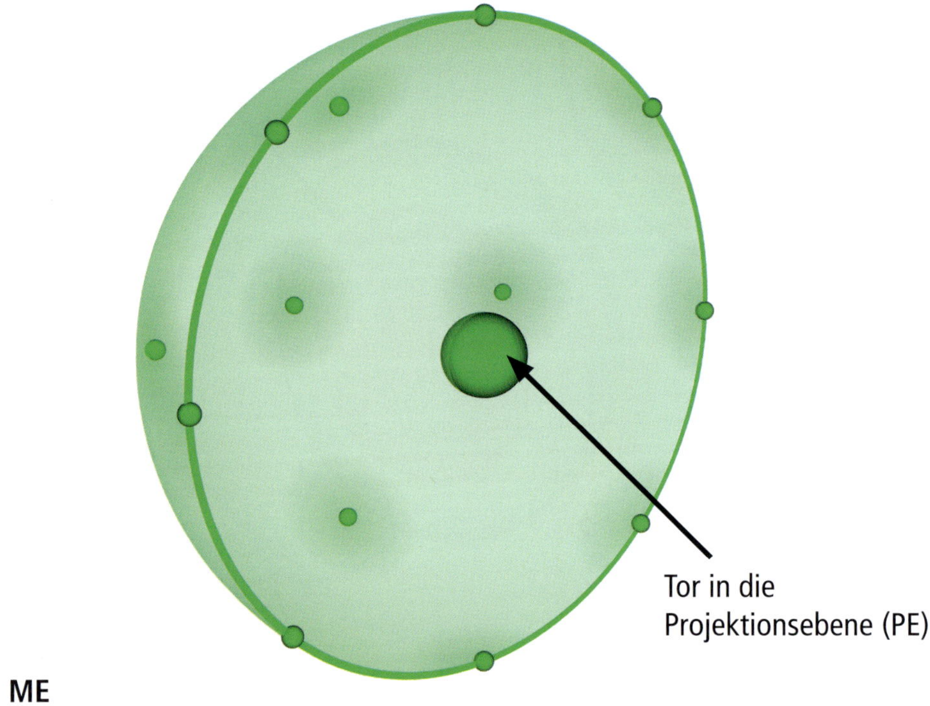

Abbildung 31
Das Herzchakrennetz mit Tor in das Chakrensystem

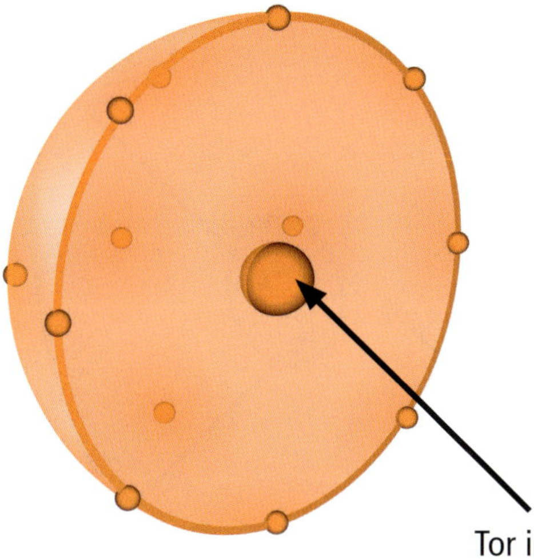

ME

Abbildung 32

Das Herznetz (ME) mit Zentrum und den jeweiligen Toren des Herzmatrix- und des Herzchakrensystems

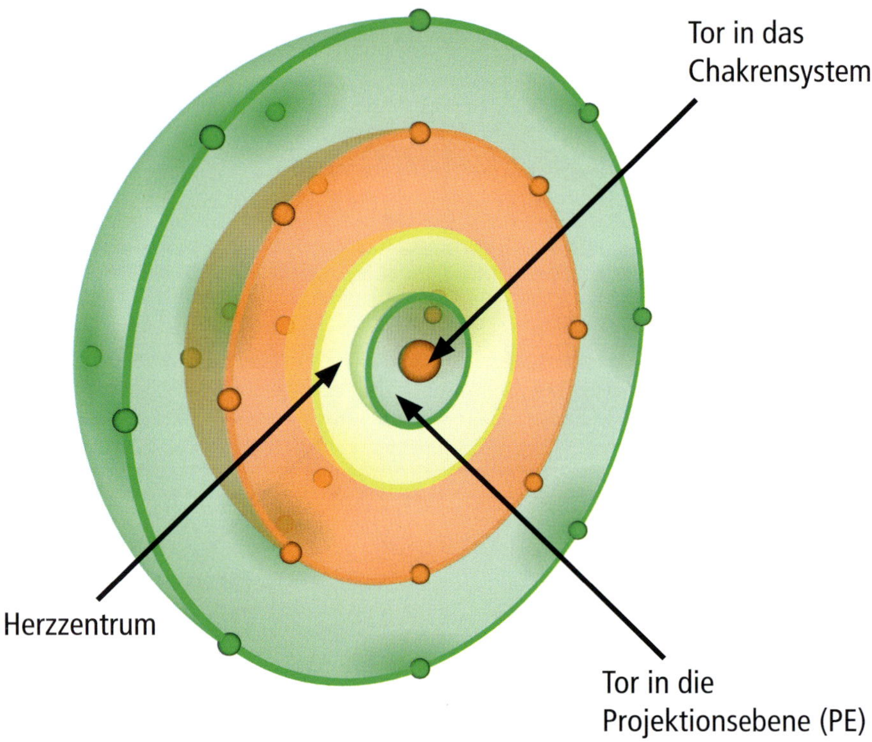

Abbildung 33
Durch den Gottesstrom entstehendes Energiefeld in der Projektionsebene (PE)

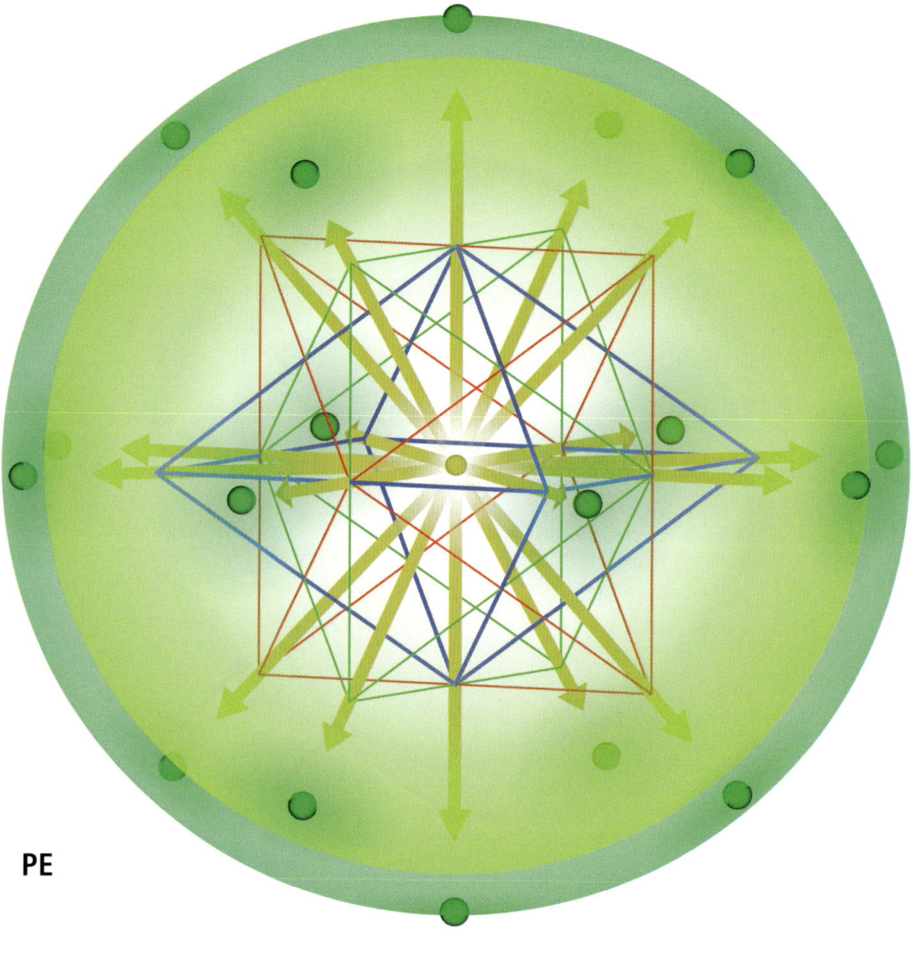

Durch das Herztor der Seinsmatrix (PE) strömt der Gottesstrom in das Matrixsystem in der Projektionsebene (PE) ein.

Abbildung 34
Das Herznetz (ME) im Zustand des ausgedehnten Gottesstromes

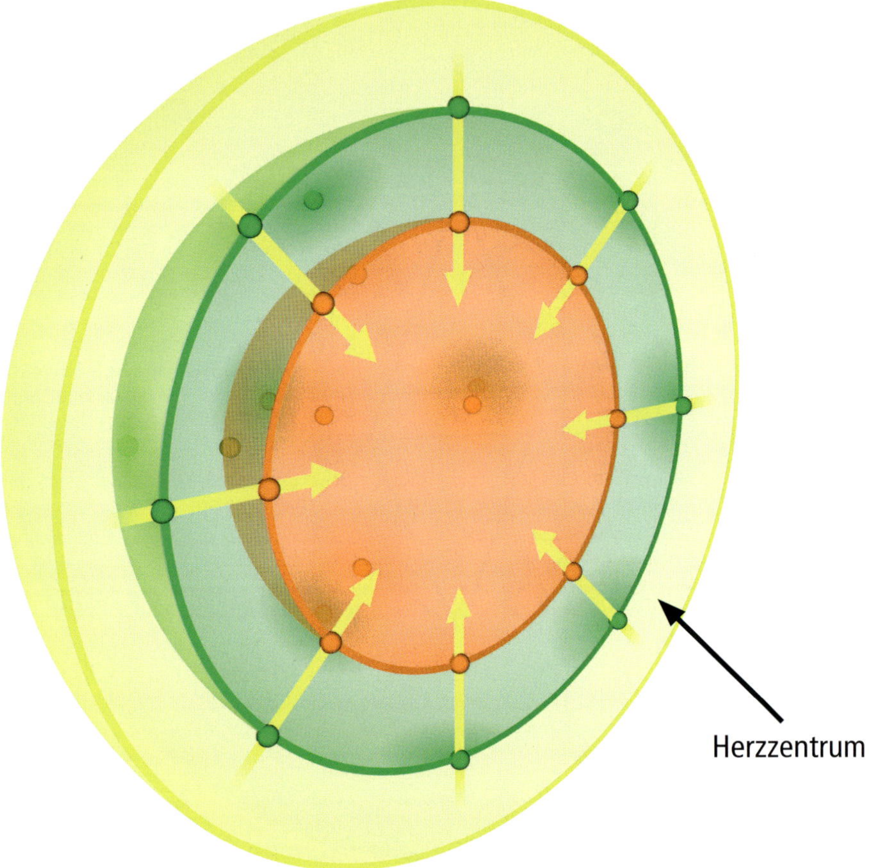

Die Gottesstromenergien strömen von außen nach innen in das Herzmatrix- und Herzchakrennetz.

Abbildung 35
Die Eihaut um das Herzzentrum der Seinsmatrix (PE)

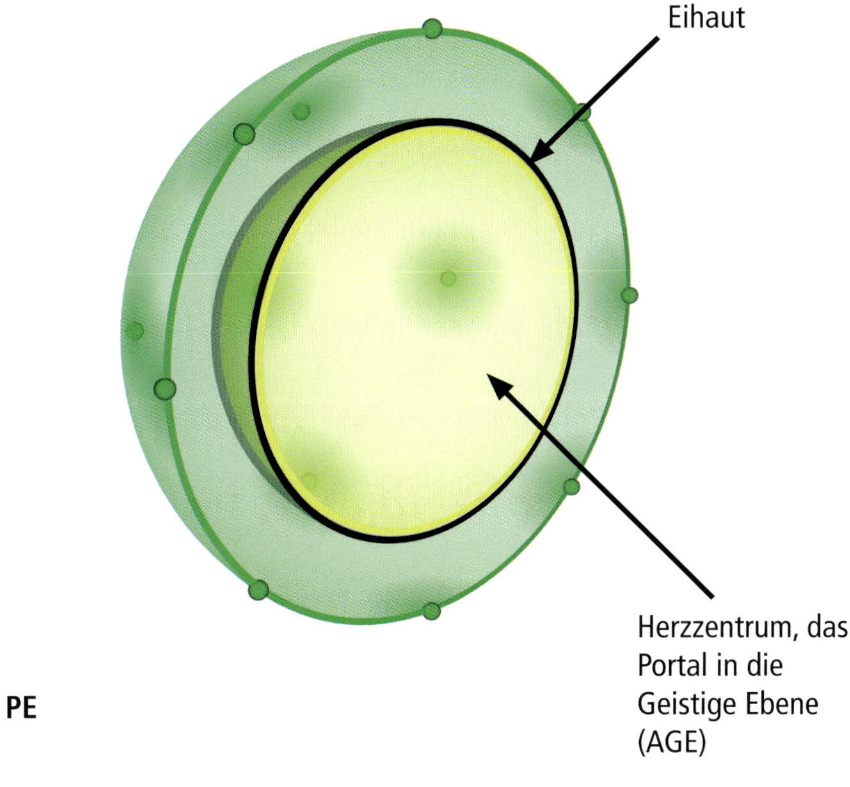

Aufgrund der Eihaut ist der Zugang in die geistige Welt verschlossen.

Abbildung 36
Das Herznetz der Zeitmatrix (PE) mit den Codierungen der Ego-RNA

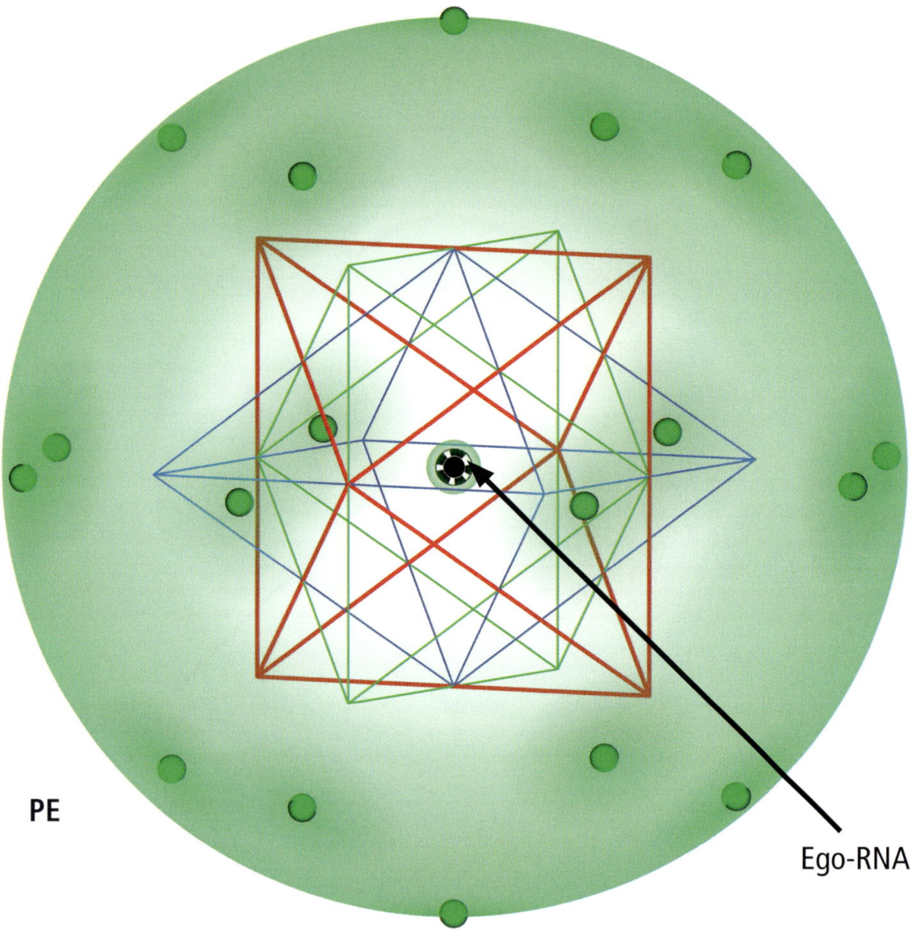

Abbildung 37
Das Herznetz der Zeitmatrix im Zustand des Egostromes

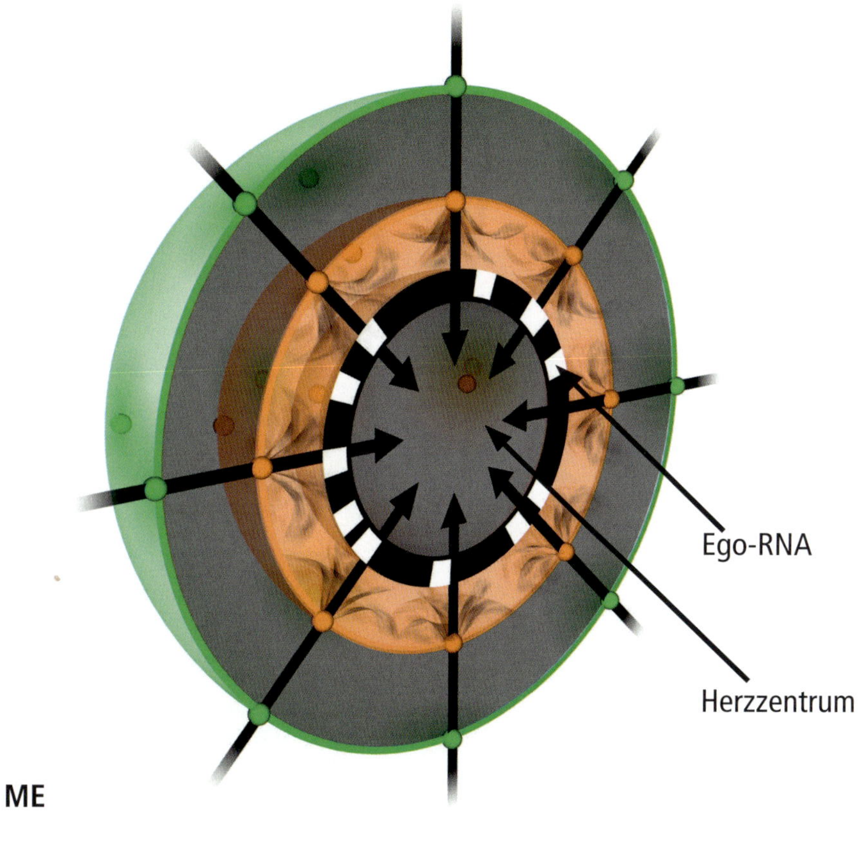

Die Egoenergien werden von außen aus dem materiellen Raum in das Herznetz gezogen. Sie strömen ins Matrix- und Chakrensystem und weiter durch das Herzzentrum in die Projektionsebene (PE).

Abbildung 38
Durch den Egostrom entstehendes Energiefeld in der Projektionsebene (PE)

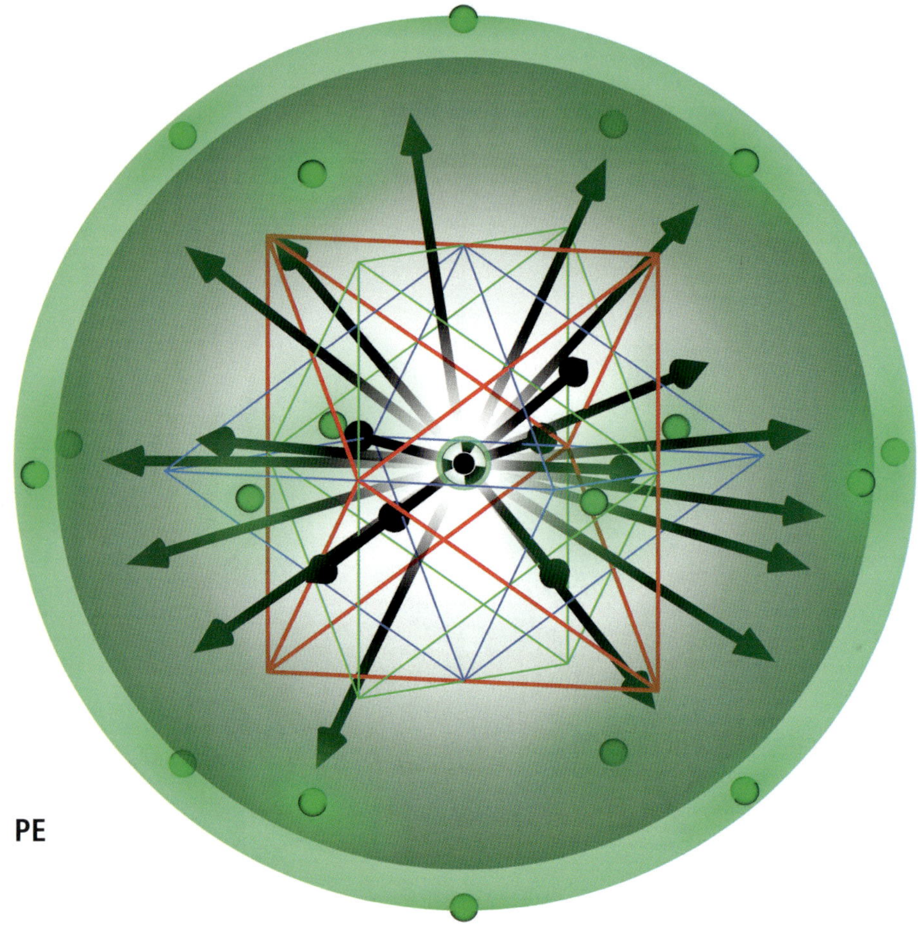

Durch das Herztor der Zeitmatrix (ME) strömt der Egostrom in das Matrixsystem in der Projektionsebene (PE).

Abbildung 39

Der Egostrom im Raum der Verbindungsmatrix in der Projektionsebene (PE)

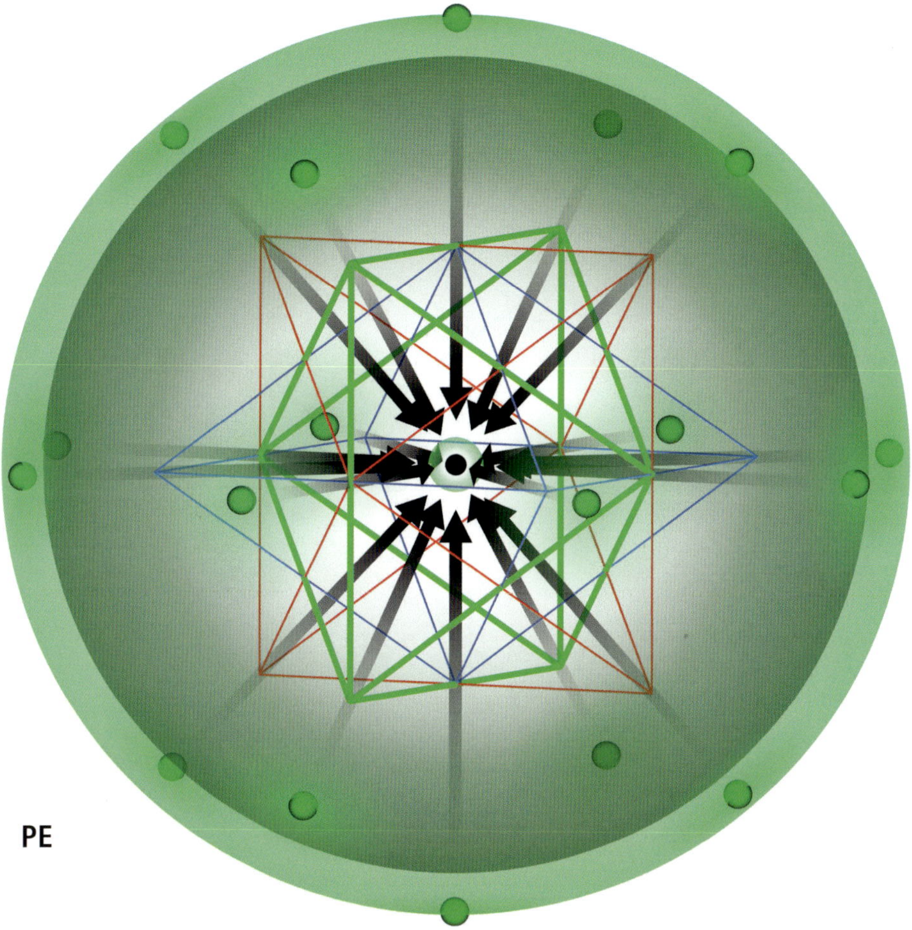

Durch das Herztor der Verbindungsmatrix strömt der Egostrom in den Raum des Massenbewusstseins (MBR) ein.

Abbildung 40

Der Gottesstrom im Raum der Verbindungsmatrix in der Projektionsebene (PE)

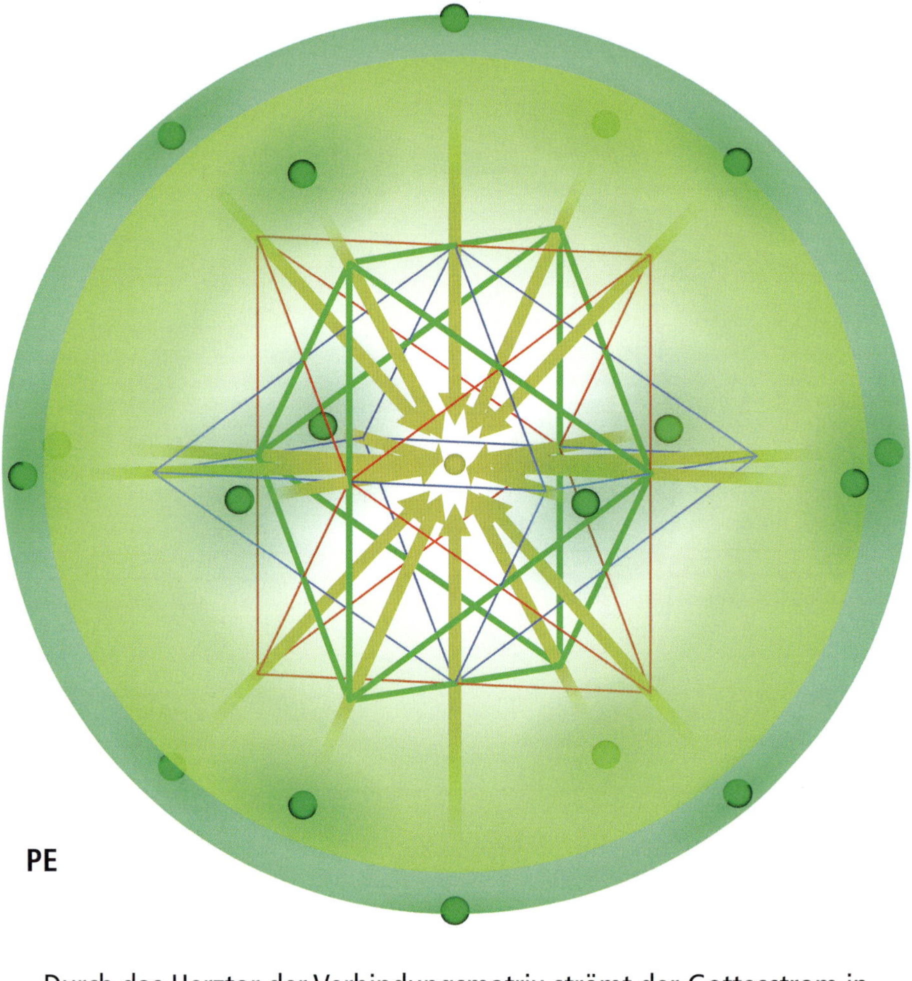

Durch das Herztor der Verbindungsmatrix strömt der Gottesstrom in den Raum des Massenbewusstseins (MBR) ein.

Abbildung 41
Schmerzkörperaura des Schattenuniversums

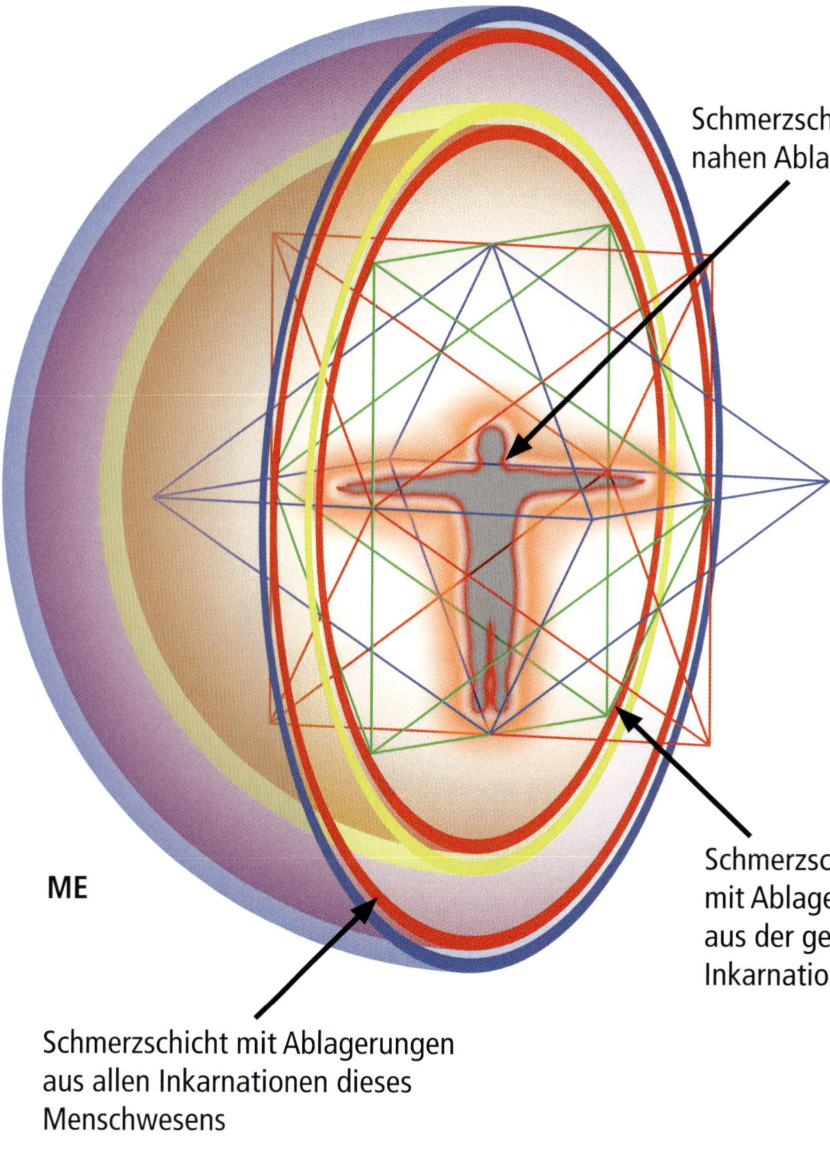

Abbildung 42
Entstehung von definierter Materie in der menschlichen Körperzelle

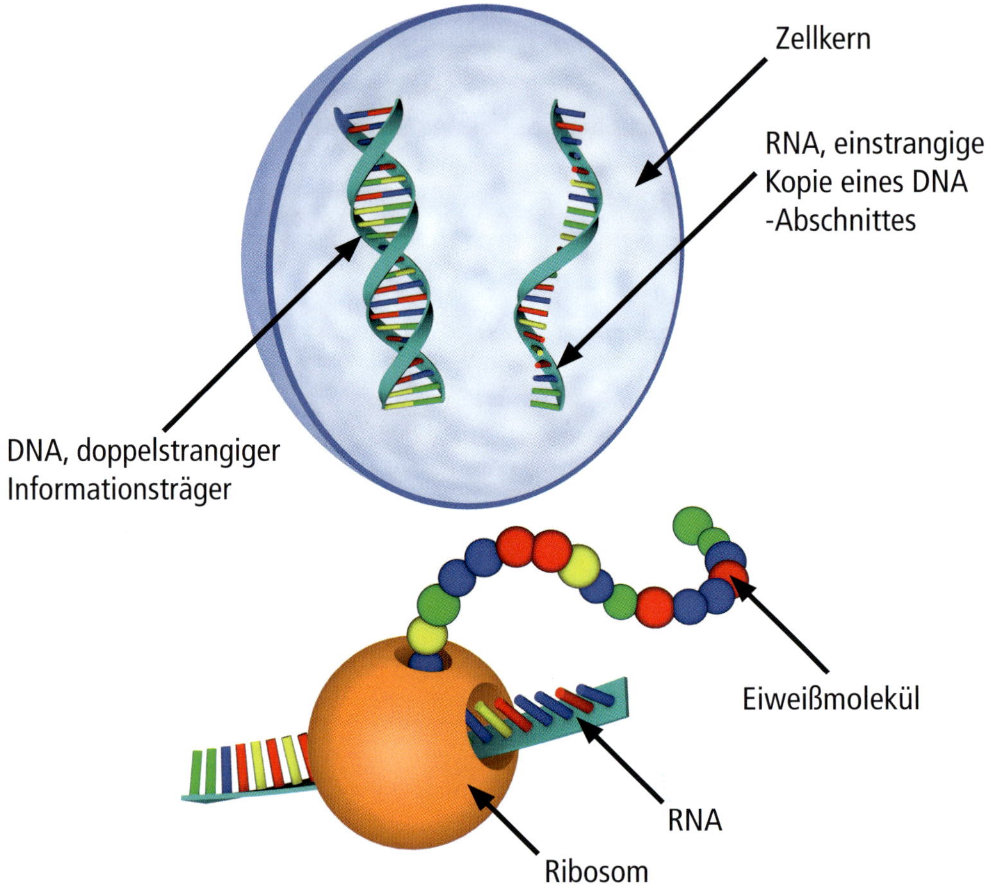

Anhand der Informationen auf der RNA baut das Ribosom eine Eiweißkette, die eine spezifische Funktion im Körper erfüllt.

Abbildung 43 A
Aktivierung eines Egoenergiefeldes

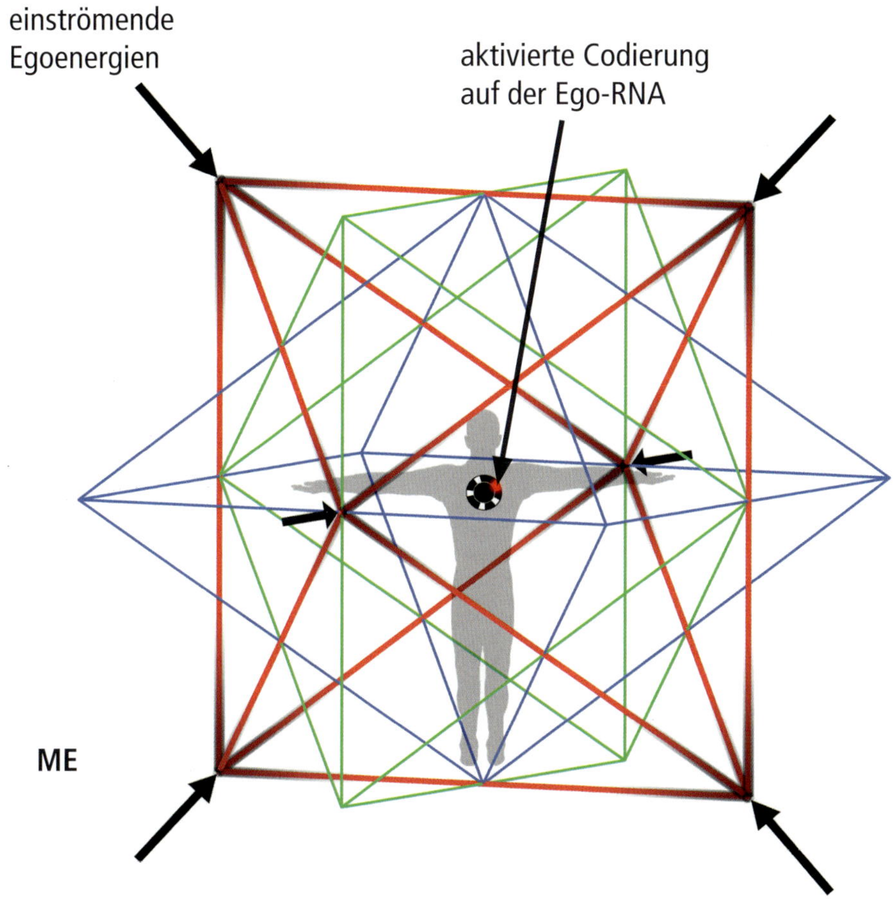

Durch die Aktivierung einer Codierung auf der Ego-RNA im Herznetz der Zeitmatrix über das Egofocusing ziehen die Zeitmatrixtore die entsprechenden Energien von außen nach innen in das Matrixsystem.
Die Präsenz dieses Menschwesens ist dadurch im Zeitraum verankert.

Abbildung 43 B
Entstehung eines Egoenergiefeldes

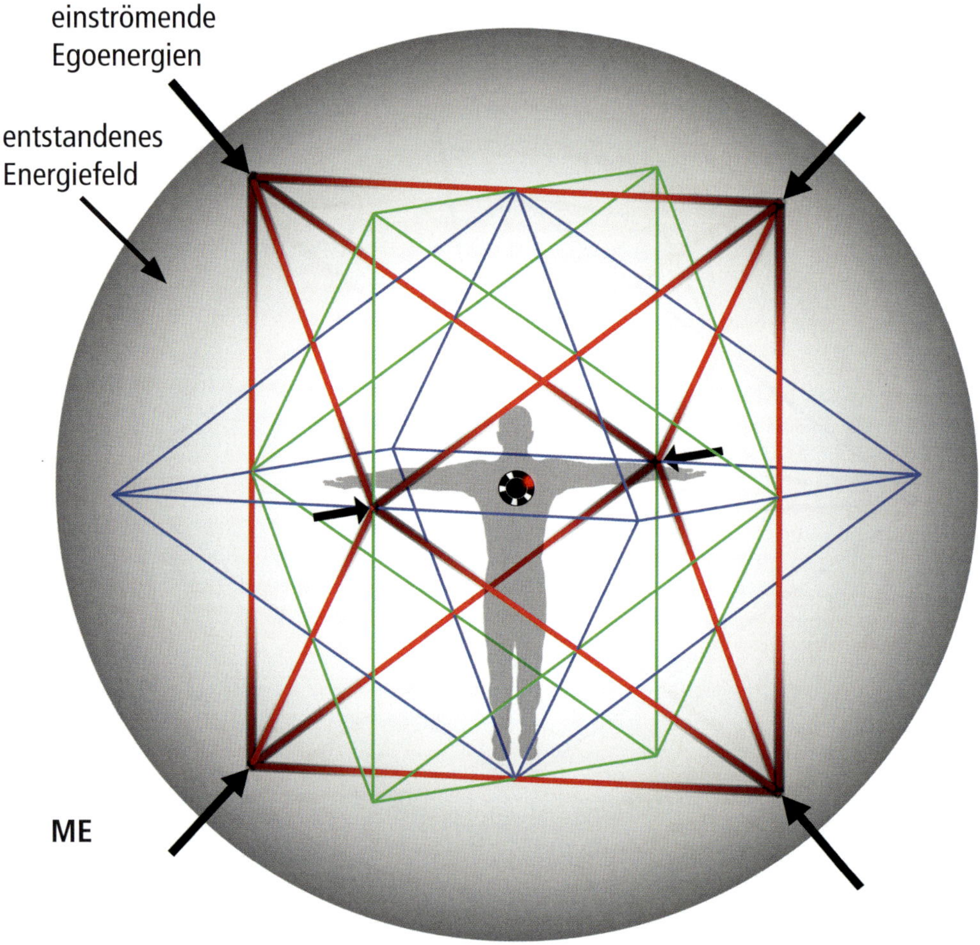

Die einströmenden Egoenergien erschaffen das der Codierung entsprechende Informationsenergiefeld. Materie bildet sich als Reaktion auf das Energiefeld im Leben dieses Menschwesens.

Abbildung 46 – 1
Der energetische Prozess bei Mitgefühl

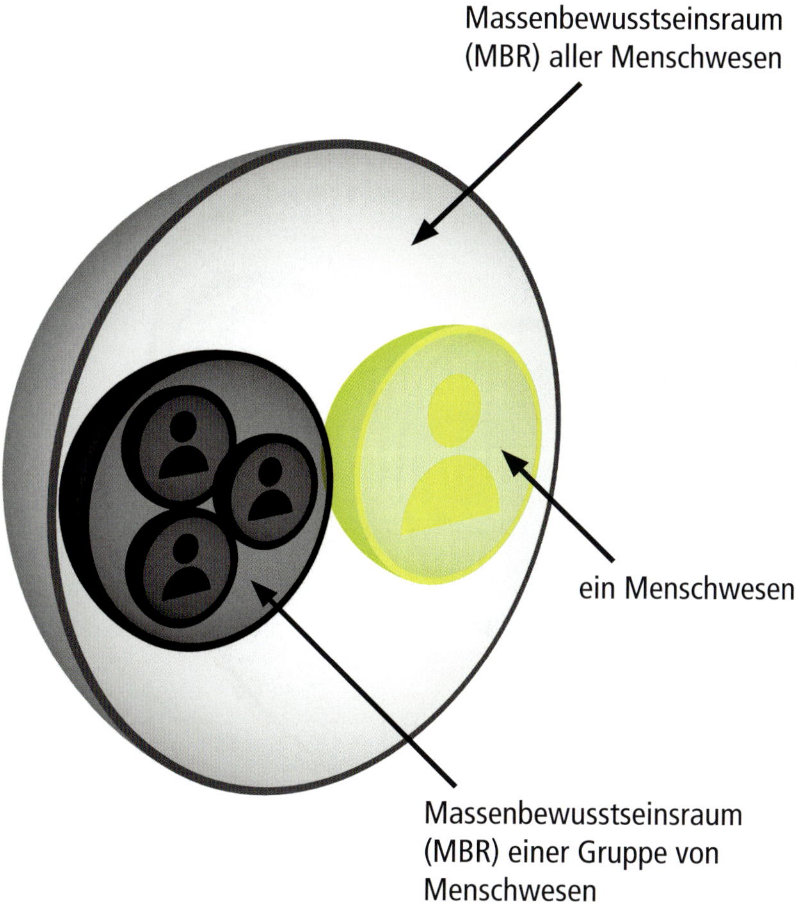

Abbildung 46 – 2

Um nicht in Resonanzgefühle zu fallen, erschafft das Menschwesen eine Abgrenzung zum Massenbewusstseinsraum (MBR).

Abbildung 46 – 3

Diese Abgrenzung des einen Menschwesens erschafft eine verstärkte Polarität. Durch die Polarität strömen im Gegenpol, im Massenbewusstseinsraum (MBR) der Gruppe, mehr Abtrennungsenergien ein.

Abbildung 46 – 4

Durch das verstärkte Einströmen an Abtrennungsenergien im Massenbewusstseinsraum (MBR) der Gruppe wird der Massenbewusstseinsraum (MBR) aller Menschwesen mit noch mehr Abtrennungsenergien gefüllt.

Abbildung 47 – 1
Der energetische Prozess bei Mitgespür

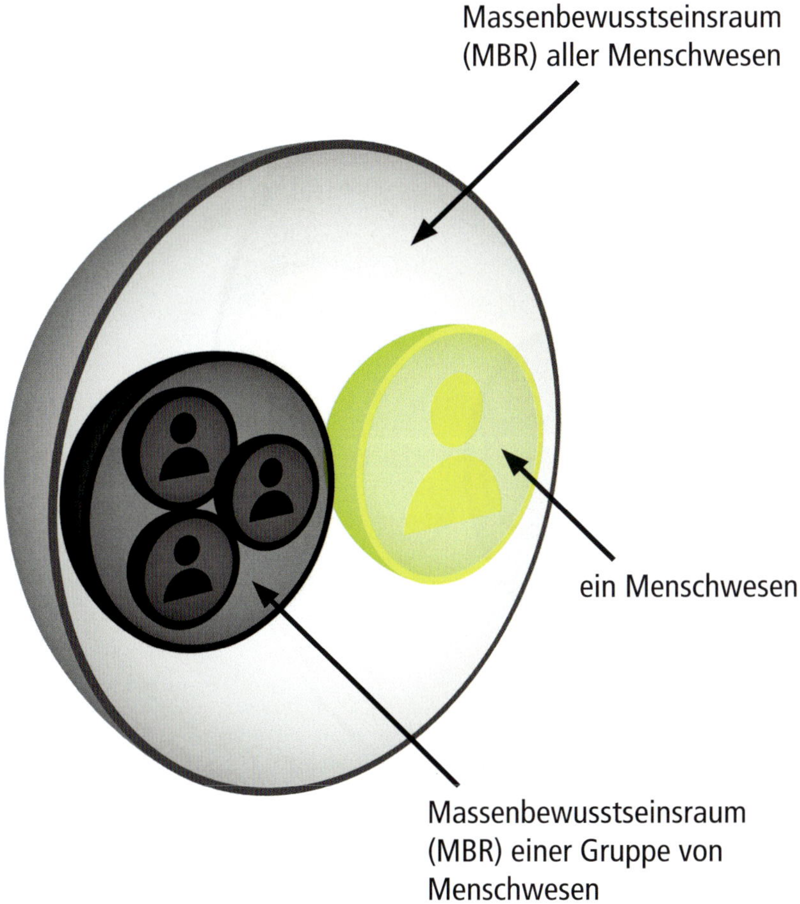

Abbildung 47 – 2

Das Menschwesen verankert seine Präsenz stabil im Seinsraum und kann somit im inneren Beobachter bleiben. Er fällt dadurch nicht in Resonanzgefühle und aktiviert somit nicht seinen Zeitmatrixraum.

Abbildung 47 – 3

Mit seiner Seinspräsenz begibt er sich in den Massenbewusstseinsraum (MBR) der Gruppe. Das Herztor des Seinsmatrixraumes ist geöffnet.

Abbildung 47 – 4

Energien aus dem geistigen Raum strömen durch das Herztor des einen Menschwesens in den Massenbewusstseinsraum (MBR) der Gruppe. Die Abtrennungsenergien aus diesem Massenbewusstseinsraum (MBR) werden transformiert.

Abbildung 47 – 5

Die Menschwesen im Massenbewusstseinsraum (MBR) der Gruppe sind jetzt präsent in ihrem Seinsraum. Durch ihre Herztore strömen Energien aus dem geistigen Raum. Der Massenbewusstseinsraum (MBR) aller Menschwesen füllt sich mit lichtvollen, angebundenen Energien.

Abbildung 48
Authentische Erfahrungsräume im geistigen Raum

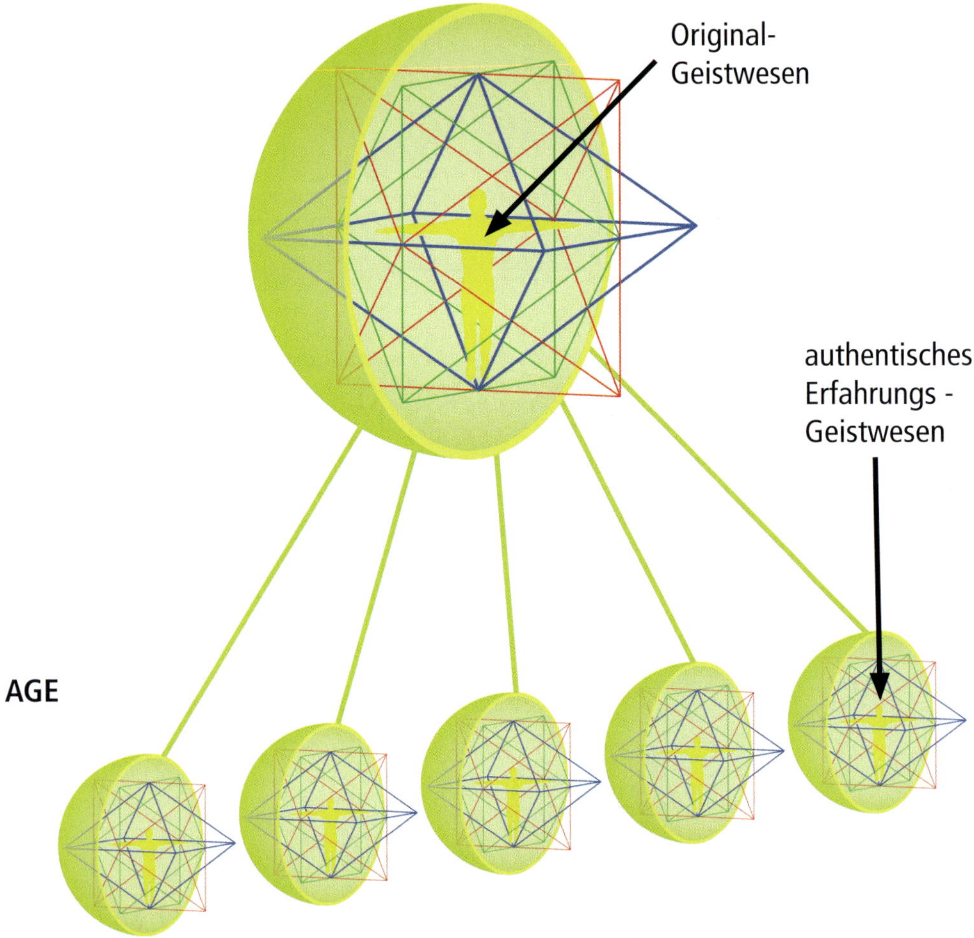

Die Räume der authentischen Erfahrungsausdrücke sind unabhängig von der Zeit bereits im geistigen Raum (AGE) vorhanden. Jeder Raum wird eröffnet von dem entsprechenden Erfahrungs-Geistwesen.

Abbildung 49
Stammbaum der Geistwesen eines Menschwesens

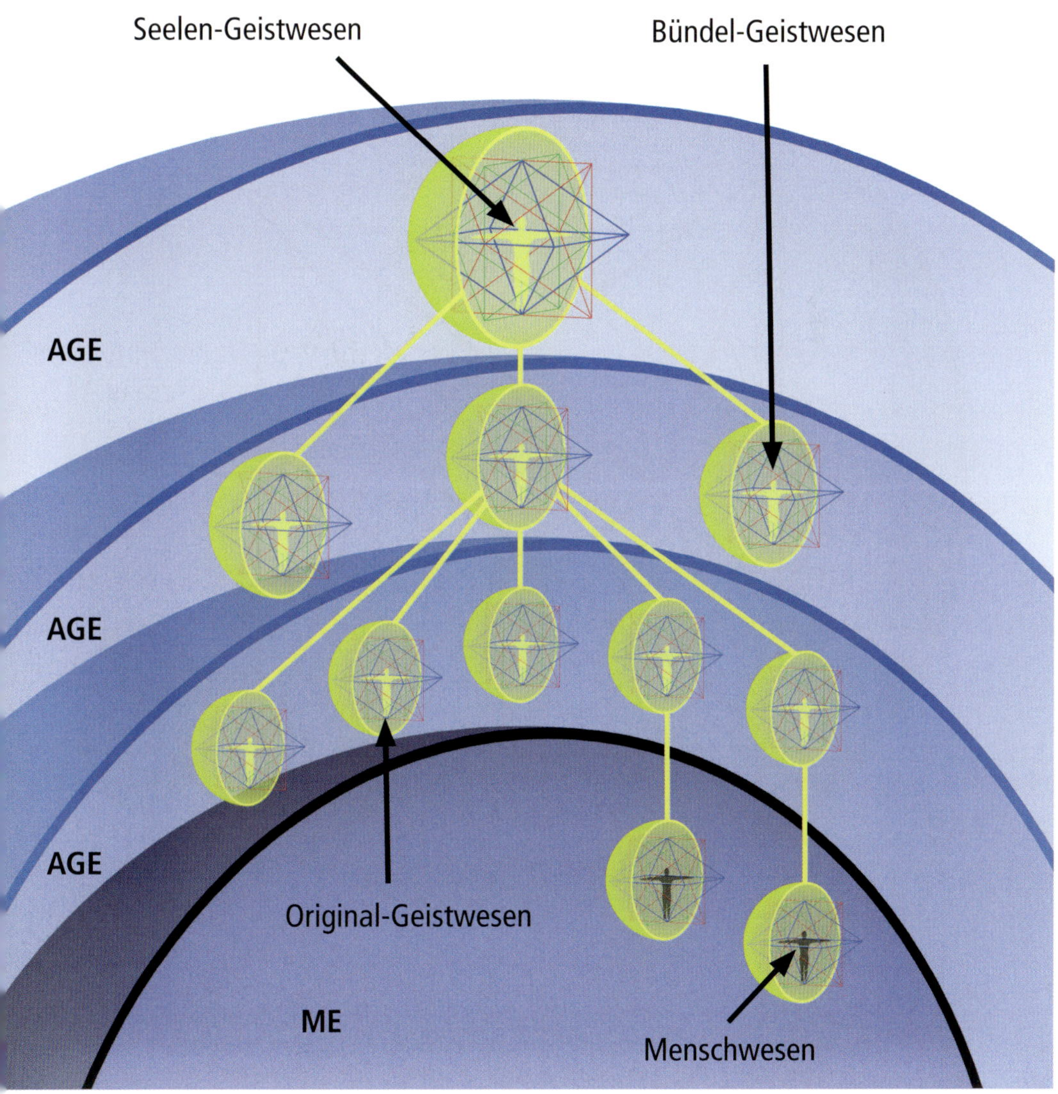

Abbildung 50
Aktivierung einer Egocodierung im Herznetz der Zeitmatrix eines Original-Geistwesens

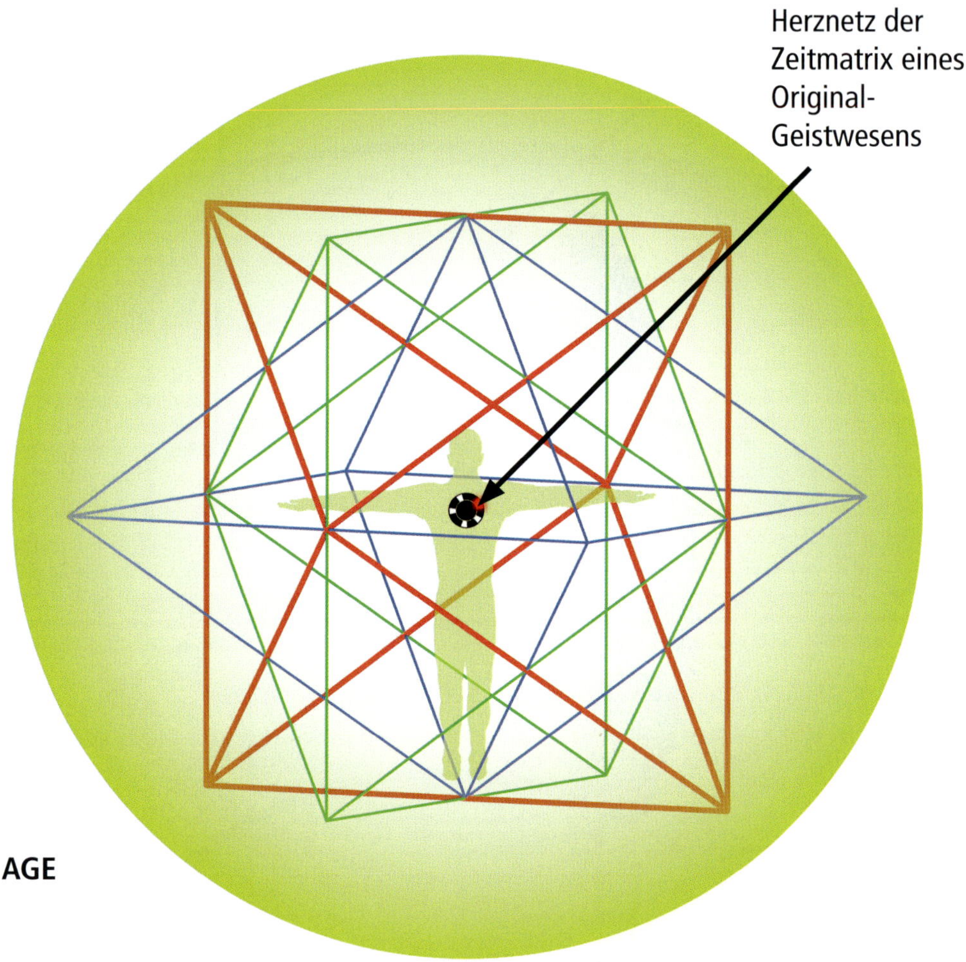

Der Egostrom eines Menschwesens strömt durch sein Herznetz der Zeitmatrix in den geistigen Raum und aktiviert die entsprechende Codierung auf dem Herznetz der Zeitmatrix des Original-Geistwesens.

Abbildung 51
Herznetz der Seinsmatrix eines Original-Geistwesens

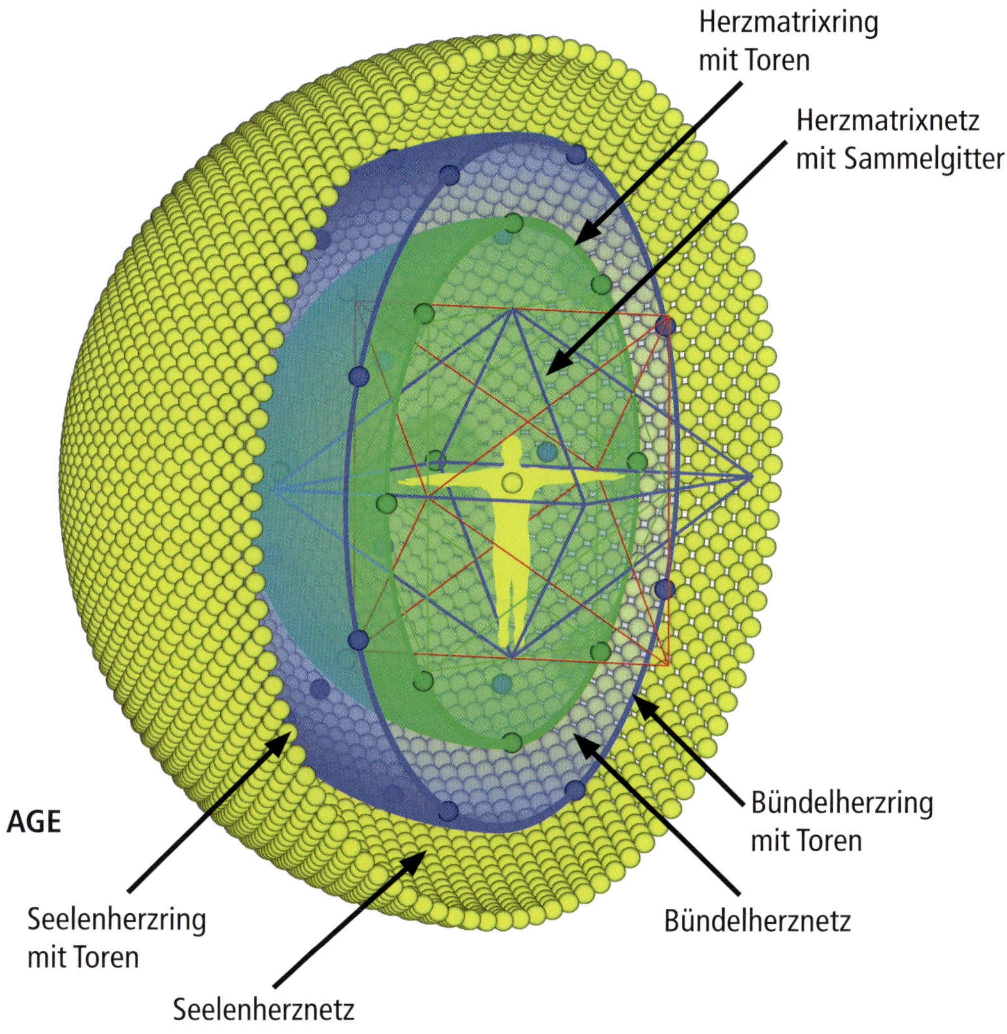

Abbildung 52
Der Verlauf des Egostroms bis in den geistigen Raum

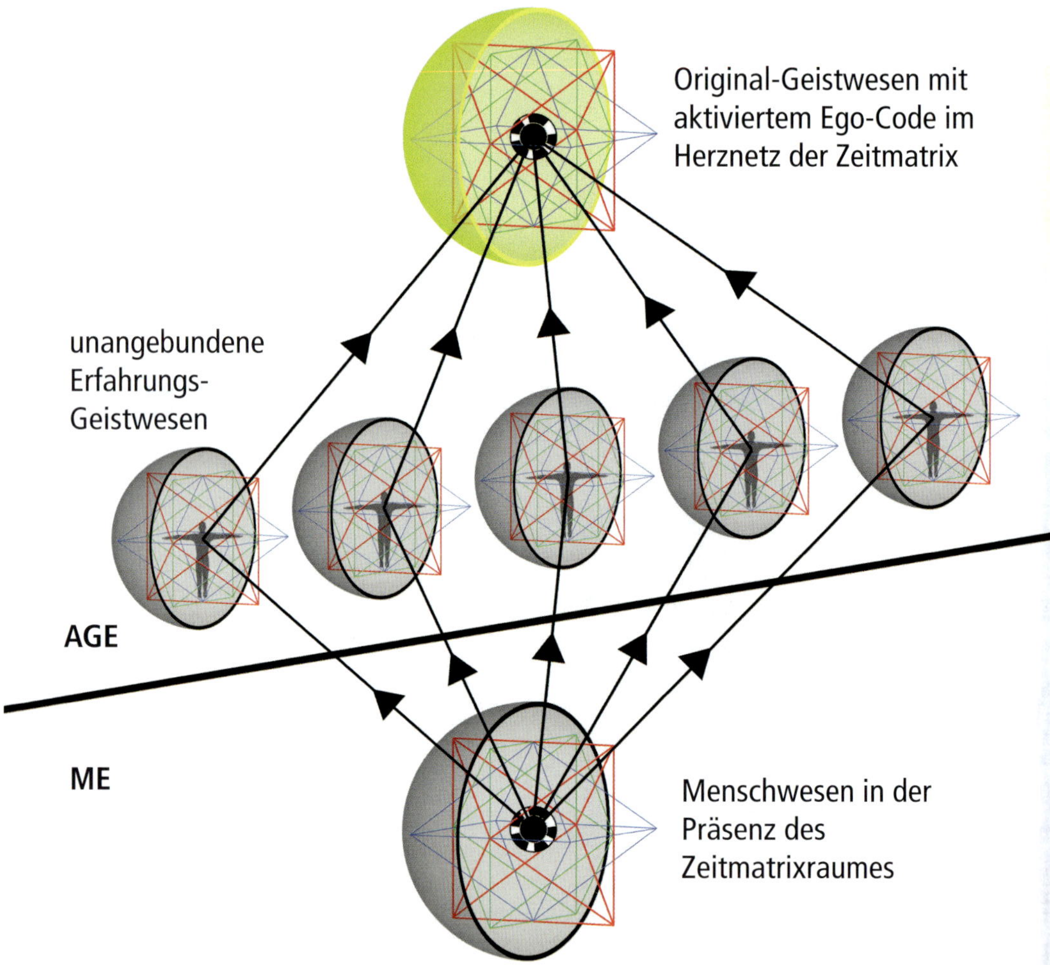

Der Egostrom eines Menschwesens erschafft im geistigen Raum (AGE) unangebundene Erfahrungs-Geistwesen. Diese aktivieren über den Egostrom die entsprechende Codierung auf dem Herznetz der Zeitmatrix des Original-Geistwesens.

Abbildung 53
Unterteilung der Räume in der Geistigen Ebene (AGE)

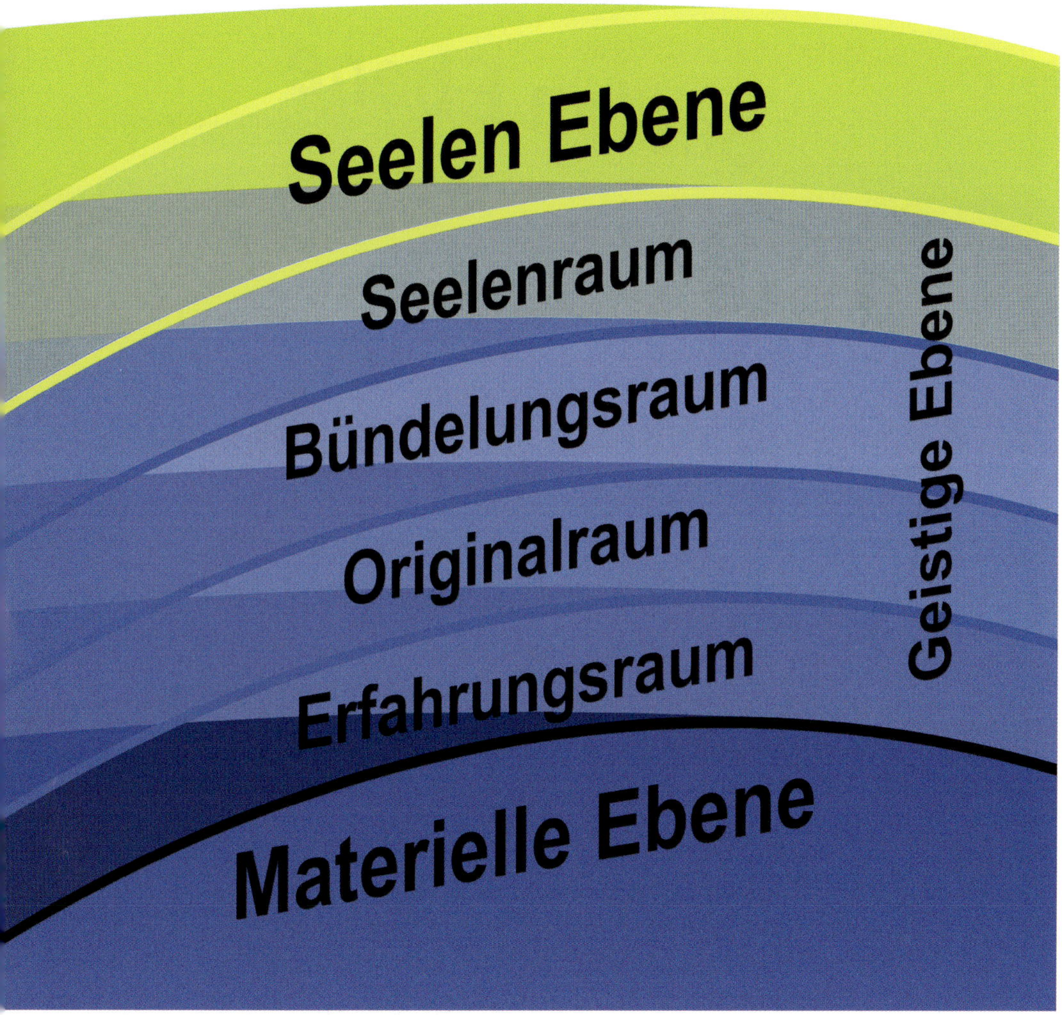

Abbildung 54
Entstehung eines unangebundenen Bündel-Geistwesens durch den Egostrom

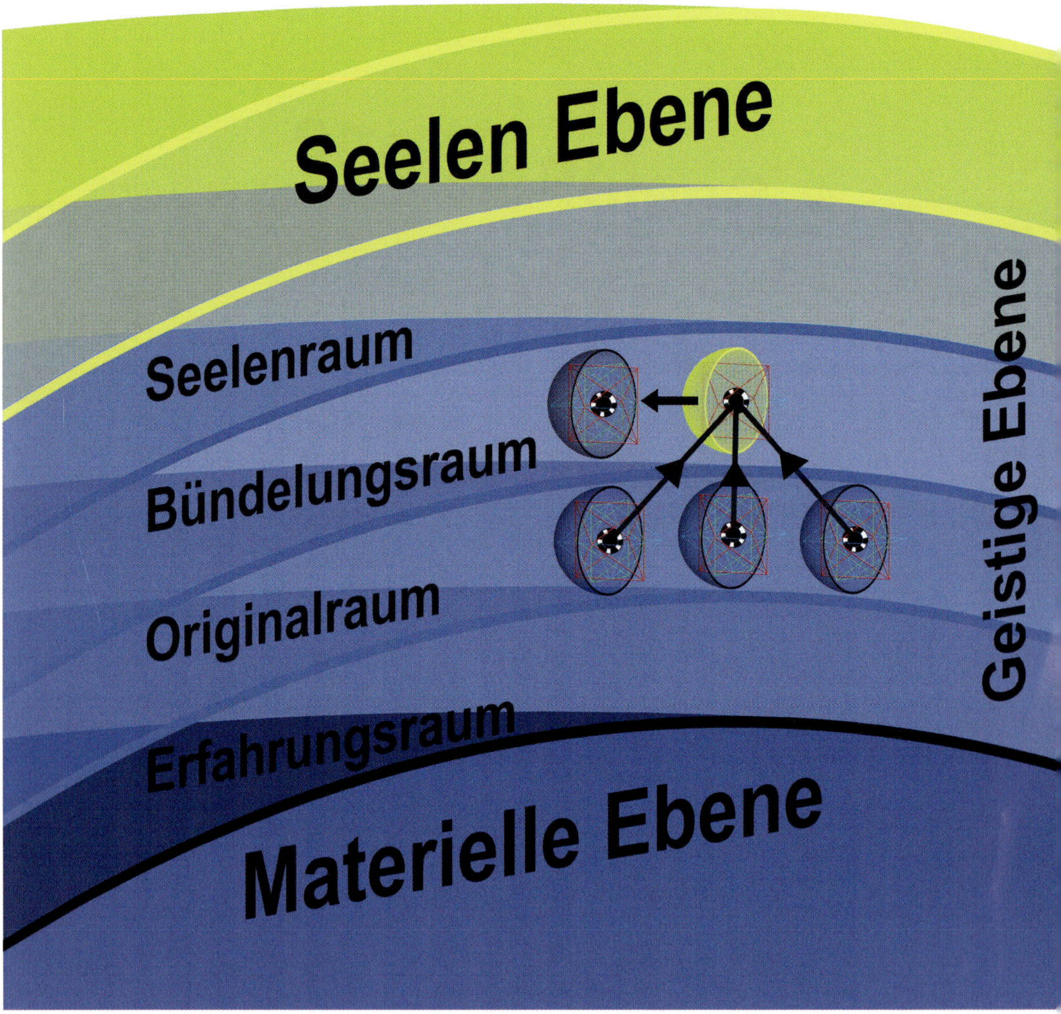

Unangebundene Original-Geistwesen aktivieren über den Egostrom aus ihren Zeitmatrixherztoren die Codierung im Zeitmatrixherznetz eines Bündel-Geistwesens. Die Kopie eines unangebundenen Bündel-Geistwesens entsteht.